B.I.-Hochschultaschenbücher
Band 630

Einführung in die logische Programmierung mit PROLOG

von

Prof. Dr. Fevzi Belli

Hochschule Bremerhaven

2., überarbeitete und erweiterte Auflage

B·I·

Wissenschaftsverlag

Mannheim/Wien/Zürich

CIP-Titelaufnahme der Deutschen Bibliothek

Belli, Fevzi:
Einführung in die logische Programmierung mit PROLOG /
von Fevzi Belli. - 2., überarb. u. erw. Aufl. - Mannheim; Wien;
Zürich: BI-Wiss.-Verl., 1988
(BI-Hochschultaschenbücher; Bd. 630)
ISBN 3-411-05630-4
NE: GT

Druck: Druckerei Krembel, Speyer
Bindearbeit: Pilger-Druckerei GmbH, Speyer
Printed in Germany
ISBN 3-411-05630-4

Vorwort

Die primären Ziele des vorliegenden Buches können wie folgt formuliert werden:

- Einführung in die nicht-imperative Denkweise als Grundlage der deklarativ/prozeduralen logischen Programmierung anhand von PROLOG,

- Einblick in die Methoden des Mensch-Maschine-Dialogs bei PROLOG,

- Einblick in die Wissensdarstellung und -verarbeitung mit PROLOG.

Für die Auswahl von PROLOG als Beispielsprache für die logische Programmierung können viele Gründe angegeben werden; der wichtigste ist wohl die Eignung dieser relativ jungen Sprache für den Einsatz bewährter Programmier-Techniken, wie wir sie von der traditionellen Programmierung kennen; beispielhaft seien hier das Konzept der Modularität und das Konzept der Daten- bzw. Prozeß-Abstraktion, die sich in PROLOG durch schrittweise Erstellung von Klauseln für Prozeduren annähernd wie in der konventionellen Programmierung realisieren lassen Hier wird "annähernd" betont, denn - im Gegensatz zur traditionellen Programmierung - ist der theoretische Boden für den Einsatz dieser Techniken in der logischen Programmierung noch nicht befestigt. Es existiert jedoch eine Fülle von hervorragenden Beiträgen, die das logische Programmieren in PROLOG vom Versuchsstadium schon lange auf den sicheren Boden der "disziplinierten", produktorientierten Programmierung gebracht haben. Diesen Arbeiten, die im laufenden Text zitiert werden, verdanken wir den Mut und die Entstehung unserer Idee, über logische Programmierung eine Pflicht-Lehrveranstaltung an unserer Hochschule einzuführen. Die Ausarbeitung des Skripts dieser Lehrveranstaltung, die an der Hochschule Bremerhaven im Studiengang Systemanalyse im Hauptstudium erstmalig im WS 1985/86 gehalten wurde, bildete die Grundlage für dieses Buch. Die im Übungsbetrieb benutzten Übersetzer bilden den Gegenstand eines Folgebuches (/BELL88/), das noch weitere Systeme beschreibt. Diese Systeme halten sich weitgehend an die Syntax von /CLOC85/, genau wie das vorliegende Buch auch.

Die Entstehung des Buches erklärt seine Verwendung: Es ist primär an Leser mit elementaren Vorkenntnissen in Programmierung in herkömmlichen Programmiersprachen, wie Pascal, gerichtet. Diese Vorkenntnisse können selbstverständlich auch nebenbei (etwa mit Hilfe der angegebenen, einschlägigen Literatur) erworben werden. Der Inhalt ist so gegliedert, daß zu seiner Ausarbeitung in der Lehre ca. 15 Doppelstunden ausreichen. Damit ergibt sich die Faustregel "pro Woche ein Abschnitt".

Die Abschnitte sollten sequentiell bearbeitet werden. Dem Leser mit vertieften Programmier-Kenntnissen und mit "sehr wenig Zeit", der sich möglichst schnell und "lediglich" in die Programmiersprache PROLOG einarbeiten möchte, kann empfohlen werden, zunächst den Abschnitt 2 zu lesen, um dann mit Hilfe der vergleichenden Betrachtungen verschiedener Algorithmen in PROLOG und Pascal im Abschnitt 13 sofort zum "Kern" der Sache (d.h. zu PROLOG-Eigenheiten) zu kommen. Dieser Kern wird in den Abschnitten 5, 6 und 10 behandelt. Abschnitt 4 und Anhang 1 sollten dabei öfter nachgeschlagen werden. Den Abschluß dieser "PROLOG-Exkursion im Eiltempo" sollte das Beispiel im Abschnitt 14 bilden. Im folgenden wird für den "Normal-Leser" eine Übersicht über die einzelnen Abschnitte gegeben.

Der erste Abschnitt erklärt einleitend die Ziele des Buches: Verwendung der Logik als Programmiersprache, Grundsätze bei der Gestaltung der Mensch-/Maschine-Interaktion der EDV und Elemente der wissensbasierten Systeme, die von den herkömmlichen EDV-Systemen wesentlich abweichen.

Um den Leser sehr schnell zum "Selbermachen" zu motivieren, wird im zweiten Abschnitt eine sehr knappe, erste Einführung in PROLOG gegeben. Mit Hilfe eines auf dem Markt erhältlichen Übersetzers möge er sofort seine ersten Kenntnisse über diese Sprache in die Tat umsetzen

(Hinweise zu PROLOG-Systemen auf verschiedenen Rechnern - vom Personal Computer bis zum Main-frame - für verschiedene Betriebssysteme finden Sie in /BELL88/).
Der Abschnitt 3 legt eine "Programmierpause" ein ("weg vom Rechner!") und versucht, die Zusammenhänge zwischen Logik, genauer "Prädikatenlogik erster Ordnung", der logischen Programmierung und PROLOG im Licht der gerade (durch Abschnitt 2) gemachten praktischen Erfahrungen zu erläutern. Der rein pragmatisch orientierte Leser kann diesen Abschnitt zunächst überspringen; von Nachteil wäre allerdings - außer einigen interessanten theoretischen Zusammenhängen - der evtl. verpaßte Einblick in die Entstehung und Gründe der verschiedenen Notationen (d.h. Syntaxformen) der "PROLOG-artigen"-Sprachen.

Im Abschnitt 4 wird die Syntax von PROLOG behandelt; dieser Abschnitt ist mit dem Anhang I (Syntax-Diagramme) auch zum Nachschlagen geeignet. Zwei Aspekte sollten gleich hier bemerkt werden:

- Die Begriffe "Wissensbasis", "PROLOG-Programm", "Klausel" etc. werden hier von der einschlägigen Literatur etwas abweichend behandelt. So gehören die Abfragen ("Queries") m.E. zum Programm, denn sie ermöglichen die "Benutzerberatung", d.h. die Interaktion zwischen Benutzer und System und ihre Formulierung ist ein Bestandteil des Entwurfsprozesses. Daher müssen sie - genau wie die Wissensbasis, die das Fachwissen darstellt - im voraus sorgfältig durchdacht werden. Dieser Aspekt wird im Abschnitt 14 erörtert.

- Es wird kein Anspruch auf die vollständige Wiedergabe einer bestehenden Syntax erhoben, denn es existiert ohnehin noch kein Standard für PROLOG und es ist vorauszusehen, daß bis zur Erstellung einer solchen Norm noch viele Dialekte entstehen werden. Es ist andererseits als sicher anzusehen - gleichgültig welcher Dialekt sich am Ende in diesem Standard niederschlägt - daß einige "Urelemente" der logischen Programmierung in diesem Standard als Grundkonstrukte enthalten sein werden, wie z.B. "CUT", "Univ" etc., wenn auch evtl. unter neuen, einprägsameren Bezeichnungen. Daher werden im Abschnitt 4 hauptsächlich die Grundkonstrukte betrachtet, die dem Programmierer herkömmlicher Sprachen weniger bekannt sein dürften.

Abschnitt 5 gibt einen Überblick über verschiedene Datenstrukturen in PROLOG und einen ersten Einblick in die rekursive Abarbeitung der PROLOG-Prozeduren.

Abschnitt 6 erläutert die Kontrollmechanismen in PROLOG. Es kann gar nicht oft genug wiederholt werden, daß PROLOG primär zur Realisierung der deklarativen und prozeduralen Elemente der logischen Programmierung konzipiert wurde und nicht zur Implementierung des Kontrollflusses bei der Abarbeitung der Prozeduren. Die hier vorgestellten Konstrukte für den Kontrollfluß sind daher etwas spärlich, gehören jedoch zum Sortiment jeder Implementierung, die die Erstellung von PROLOG-Programmen mit Praxis-Bezug, d.h. nicht nur für Experimentier-Zwecke, ermöglichen sollten. Sie bilden quasi den "syntactical sugar" der logischen Programmierung.

Abschnitt 7 gibt die Ein-/Ausgabe-Möglichkeiten in PROLOG wieder; diese sind hier knapp behandelt, denn die PROLOG-eigenen Ein-/Ausgabe-Möglichkeiten für einen Dialog ("tests", "Antwort-Generierung" etc.) wurden bereits im Abschnitt 2 behandelt. Außerdem hat jede Implementierung ihre Eigenheiten für die Ein-/Ausgabe und sollte mit Hilfe des eigentlichen System-Handbuches und nicht eines Lehrbuches erlernt werden. Dem mit herkömmlichen Programmiertechniken vertrauten Leser dürften diese Eigenheiten keine Schwierigkeit bereiten.

Die Syntax von PROLOG kann durch den Benutzer erweitert werden; dieser Aspekt bildet den Inhalt des Abschnitts 8.

Im Abschnitt 9 werden die Standard-Operatoren als eingebaute Prozeduren erläutert, die inzwischen - wie z.B. "sqrt" in Pascal - zum Syntax-Umfang der Sprache gehören

Abschnitt 10 erklärt die Umwandlung der Sprachkonstrukte Klauseln, Datenstrukturen und Listen. Damit wird eine Brücke zur symbolischen Programmierung wie etwa in LISP gebildet, um z.B. die dort bewährten Programmier-Techniken zu übernehmen.

Die Abschnitte 11 und 12 vertiefen hauptsächlich die Rekursivität und geben weitere Beispiele dazu. Die wichtigsten Programmiertechniken der PROLOG werden hier behandelt. Außerdem entstehen in diesen Abschnitten Prozeduren, die später in anderen PROLOG-Programmen als "Service-Funktionen" verwendet werden.

Grundsätze zur Erstellung von PROLOG-Programmen werden in den Abschnitten 13 und 14 erörtert. Zu diesem Zweck werden zunächst klassische Algorithmen (so z.B. "Türme von Hanoi" und einige einschlägige Sortieralgorithmen) in PROLOG und Pascal implementiert, um einen Vergleich der logischen Programmierung mit der traditionellen Programmierung zu ermöglichen (jedoch nicht im Sinne eines bench-marking). Hier wird mit Absicht bekannte Algorithmen genommen, denn Beispiele sollten nicht Probleme werden, und "alt-vertraute Freunde" erleichtern den Einstieg in die Problematik. Im Abschnitt 14 wird in Anlehnung an /BALZ85/ versucht, allgemeine Prinzipien des Software-Engineering in der Erstellung logischer Programme einzusetzen. Zu diesem Zweck wird exemplarisch ein PROLOG-Programm schrittweise erstellt und dokumentiert. Zum Schluß dieses Abschnittes werden die bei den Studenten während der PROLOG-Programmierung beobachteten Schwierigkeiten aufgeführt, um potentielle Fehlerquellen bei PROLOG-Anfängern zu identifizieren, die durch langjährige konventionelle Programmierung "verdorben" sind.

Die vorliegende "Einführung in die logische Programmierung mit PROLOG" wird mit einigen Bemerkungen im Abschnitt 15 in Form von Rückblick auf das dargelegte und Ausblick in die umliegenden Gebiete abgeschlossen.

Für anregende und konstruktive Kritik bei der Ausarbeitung des Skripts zu diesem Buch möchte ich mich bei meinen Kollegen Herrn Prof. Dr. H. Bonin und Herrn Prof. Dr. G. Matthiessen herzlich bedanken (dem Letzteren vor allem für seine tatkräftige Unterstützung beim Erstellen des Abschnitts 3); ohne ihr Zutun wären einige Stellen im Text im "Telegrammstil" und etliche Zusammenhänge nur als Gedankenskizzen verblieben. Den Herren Dipl.-Ing. H. Köster und Dipl.-Ing. H. Troebner möchte ich für ihre spontane Bereitschaft danken, das Programm im Abschnitt 14.2.7 für das Buch auszuarbeiten (dem letzteren danke ich auch für seine Anregungen zur Gestaltung des Abschnitts 14.2). Herrn R. Heß danke ich für seine konsequente Vorgehensweise beim Testen der Beispiele; vor allem für die Umsetzung der Algorithmen im Abschnitt 13.2 in Pascal-Programme. Bei der Erstellung des Beispiels im Abschnitt 14.2 stand mir mein Kollege Herr Prof. D. Ebert vom Fachgebiet "Transport gefährlicher Güter" beratend zur Seite, wofür ich meinen Dank ausspreche. Dem B.I.-Verlag möchte ich für die zügige Bearbeitung des Buches und für die Hilfestellung danken.

Mein besonderer Dank gilt meiner Frau Bettina Belli, die das Skript größtenteils erfaßte und in den letzten Monaten für meine Angespanntheit großes Verständnis zeigte. Ohne ihre Unterstützung wäre dieses Buch nicht entstanden.

Bremerhaven, März 1986

Bemerkungen zur Zweiten Auflage

Für die vorliegende Fassung wurden Bemerkungen und Kritiken vieler Besprechungen berücksichtigt. Die Literaturhinweise wurden um neuere Arbeiten ergänzt. Außerdem wurden Tippfehler korrigiert, die den Lesern der bisherigen Version Kopfzerbrechen verursacht haben mögen. Ein Abkürzungsverzeichnis ist als Leseerleichterung dem Anhang hinzugefügt. Die Lösungen der Übungsaufgaben, die von Herrn A. Schmidt sorgfältig ausgearbeitet wurden, sind ebenfalls im Anhang enthalten.

Zahlreiche Anfragen über PROLOG-Übersetzer bewegten mich dazu, eine Liste der mir bekannten Bezugsquellen zu erstellen. Diese Liste ist im Anhang zu finden. Eine umfangreiche Betrachtung vieler PROLOG-Systeme findet die/der Leser(in) in /BELL88/.

Für Kritiken, Anregungen und Bemerkungen durch Zuschriften und Anrufe möchte ich mich herzlich bedanken. Ich würde mich auch über weitere freuen.

Ich möchte nicht versäumen, für die Bereitschaft zur zweiten Auflage innerhalb eines relativ kurzen Zeitraumes dem B.I.-Wissenschaftsverlag meinen Dank auszusprechen, insbesondere Herrn H. Engesser.

Bremerhaven, April 1988

Verwendete Notation und Konventionen

< XXX >	Nicht-terminales Symbol
" XXX "	Terminales Symbol
/* .. */ . . .	Kommentare innerhalb des Programms oder laufenden Textes
{..}	Menge (nicht "bag", d.h. $\{a,b\}=\{a, b, b\}$)
$\wedge$	logisches Und
$\vee$	logisches Oder
$\neg$	logische Negation
$\forall$	All-Quantor (Für alle ... gilt ..)
$\exists$	Existenz-Quantor (Es gibt ein .. mit der Eigenschaft ..)
:=	wird definiert durch ..
$\triangleq$	Äquivalenz (auch: "entspricht")
a, b, ...	logische Aussagen oder Klauseln
/<AAAA><99>/	Literaturhinweis (<AAAA>: Kürzel für Autor(en), <99>: Kürzel für das Erscheinungsjahr)
"MERKE!"	Dieser Imperativ wird benutzt, wenn es um Sachverhalte geht, die den Charakter einer Regel, Konvention etc. haben.
"VORSICHT!", "ACHTUNG!"	Diese Imperative unterstreichen diffizile Sachverhalte.

Bemerkungen

- In vielen Beispielen wird die Wirkung von PROLOG-Konstrukten durch Antworten des Systems auf Abfragen ("queries") dargestellt. Dies darf nicht als Einschränkung verstanden werden; die zu beschreibenden Konstrukte können grundsätzlich auch im Prämissen-Teil der Regeln ("procedure declarations") vorkommen.

- Beim "Ausprobieren" der im Buch angegebenen Programme sollte auf folgendes geachtet werden:

  Die Umlaute "ä", "ö" etc. in den Bezeichnern sollten durch "ae", "oe" etc. und "|" evtl. durch "¦" ersetzt werden, um evtl. Mißinterpretation der Zeichen durch den jeweiligen Übersetzer zu vermeiden.

  Die aus Gründen des "pretty printing" und des Taschenbuchformats notwendig gewordenen Zeilenumbrüche innerhalb der Klauseln könnten Schwierigkeiten bereiten.

Inhaltsverzeichnis

1. Einleitung

Im Mittelpunkt des Interesses der Einführungs-Lehrveranstaltungen bzw. -Lehrbücher in die Programmierung steht i.A. die Vermittlung von

- prozeduraler Denkweise als Grundlage konventioneller, imperativer Programmierung. Dies kann schematisch wie folgt formuliert werden (Vergl. z.B. /WIRT76/):

PROGRAMM = ALGORITHMUS + DATENSTRUKTUR

  Diese Formulierung fand in der Praxis und der Lehre der traditionellen Programmierung eine sehr starke Akzeptanz. Obwohl Algorithmen als realisierte Kontrollstrukturen der Programme mit den Objekten dieser Kontrollstrukturen, sprich Datenstrukturen, in einer sehr engen, interaktiven Beziehung stehen, hat sich eine getrennte, aufeinander abgestimmte Betrachtung dieser beiden Aspekte durchgesetzt.

- Konventionen bei der Erstellung von Programmen und ihrer Dokumentation als Grundlage des Software-Engineering. Dies kann wieder schematisch als

DISZIPLINIERTE PROGRAMMIERUNG

  formuliert werden (vergl. z.B. /DIJK72/).

Die Programmierung, die zunächst zwischen Handwerk und "Kunst" (s. z.B. /KNUT73/) pendelte, wurde bald als eine anspruchsvolle, wissenschaftliche Tätigkeit betrachtet und als eine Herausforderung wahrgenommen. Die darauf konzentrierten Arbeiten brachten sehr bald handfeste

Ergebnisse (vergl. z.B. /HOAR69, PARN72/). Diese Ergebnisse wurden in der Praxis mit großem Interesse beobachtet und erfolgreich "in die Tat" umgesetzt, z.B. durch allgemeine Prinzipien und Methoden des Software-Engineering (s. auch Abschn. 14.1).

Ausgehend von den bisher stichwortartig aufgeführten Kenntnissen und Elementen der traditionellen Programmierung werden im vorliegenden Buch folgende Ziele angestrebt:

- Einführung in die nicht-imperative (deklarativ/prozedurale oder logische) Programmierung (anhand von PROLOG), deren Grundgedanke schematisch als

  ALGORITHMUS = LOGIK + STEUERUNG

  formuliert werden kann (Abschn. 1.1; vergl. /KOWA79/),

- Möglichkeiten der Gestaltung von Mensch-Maschine-Schnittstellen bei PROLOG-Programmen (Abschn. 1.2),

- Einführung in die Wissensdarstellung und -verarbeitung in wissensbasierten Systemen (Abschn. 1.3).

Diese Ziele werden im laufenden Text nicht unbedingt in der oben angegebenen Reihenfolge (etwa durch sukzessive Abschnitte) verfolgt; die Reihenfolge gibt eher die festgelegte Priorität ihrer Erfüllung in dem hier vorgesehenen Rahmen als Einführung an. Daher sollte es nicht verwunderlich sein, daß nur die Gegenstände des ersten Zieles (d.h. "Logische Programmierung" und "PROLOG") sich in den Titeln der Abschnitte wiederspiegeln und die Gegenstände der letzten beiden Ziele (d.h. "Dialoggestaltung" und "wissensbasierte Systeme") lediglich durch Beispiele behandelt werden.

1.1 Logik als Programmiersprache

Die oben zitierte Gleichung

ALGORITHMUS = LOGIK + STEUERUNG

gibt an, daß ein Algorithmus aus einer Logik-Komponente ("logic") und einer Steuerungs-Komponente ("control") besteht. Die Logik-Komponente definiert, welches Wissen und welche Zielsetzungen dem Algorithmus zugrunde liegen; in unserem Sprachgebrauch gibt sie also die präzise Spezifikation dieses Algorithmus an. Die Steuerungs-Komponente gibt dagegen die "Strategie" an, d.h., wie diese Definitionen einzusetzen sind (/KOWA79/).

Die beiden Komponenten können bis zu einem gewissen Grad (wie bei der Dualität "Algorithmen" und "Datenstrukturen") getrennt betrachtet werden. So kann man z.B. die Effizienz eines Algorithmus durch Änderung der Logik der Lösung beeinflußen, wie es z.B. für Sortierprobleme durch grundsätzlich verschiedene Verfahren, wie etwa "Sortieren durch Einfügen" statt "Sortieren durch Austauschen" geschieht. Eine Effizienz-Steigerung des betrachteten Algorithmus kann natürlich auch durch Änderung der Steuerung - ohne Änderung der Logik - erzielt werden. Diese Vorgehensweise ist nicht der logischen Programmierung zu eigen; sie wird bereits durch Erstellung mehrerer Versionen eines Algorithmus mit gleicher "Philosophie" für verschiedene Zwecke praktiziert, wie z.B. unterschiedliche Realisierungen des Sortieralgorithmus "quicksort", durch einen PROLOG-Interpreter oder durch einen Pascal-Compiler. Für eine ausführlichere Betrachtung siehe Abschn. 13.2.

Die eingangs aufgestellte Gleichung "Algorithmus = ..." kann mit der anderen, ebenfalls eingangs aufgestellten Gleichung "Programm = ..." wie folgt verknüpft werden:

Programm = Algorithmus + Datenstruktur
Programm = (Logik + Steuerung) + Datenstruktur

Diese Interpretation ist allerdings nicht zulässig; die Komponente "Datenstruktur" wird eigentlich als natürlicher Bestandteil der Logik angesehen; die Verwendung der Logik hier entspricht weitgehend dem Begriff des "abstrakten Datentyps". Daher kann die obige Gleichung wie folgt umstrukturiert werden:

Programm = (Logik + Datenstruktur) + Steuerung

, wobei die Datenstruktur mit der Logik "verschmolzen" wird:

Programm = Logik + Steuerung

Schließlich wird entsprechend den eingangs aufgeführten Überlegungen die Steuerungs-Komponente vernachlässigt; sie stellt einen Mechanismus dar, dessen Aufgaben weitgehend von einem Interpreter automatisch ausgeführt werden kann. Daher braucht sich der Programmierer damit nicht zu beschäftigen; er soll sich dem eigentlichen Inhalt seiner Arbeit, der Logik, widmen:

PROGRAMM = LOGIK

Diese Überlegungen werden in den Abschnitten 3 und 13 bis 15 fortgesetzt. Zunächst erläutern wir die anderen Zielsetzungen.

1.2 Techniken der Interaktion bei Mensch-/Maschine-Systemen

Mensch/Maschine-Systeme (MMS) der EDV bilden eine Symbiose, bei der sehr intensiv kommuniziert wird. Daher muß diese Kommunikation (im Sinne einer Arbeitsteilung und zur Förderung kreativer Tätigkeit) gut durchdacht und gestaltet werden.

Es herrschen folgende Philosophien zur Gestaltung der Mensch-/Maschine-Interaktion (MMI), wobei sie hier bewußt überspitzt formuliert werden (s. auch z.B. /SMIT80, NEES80/):

- Der Mensch ist die führende, aktive Komponente der MMS; der Rechner dagegen die passive. Das System ist nichts anderes als die Summe seiner Komponenten und auch nichts anderes als eine gewöhnliche technische Einrichtung.

- MMS der EDV bilden neuartige, bisher nicht gekannte Systeme, die das "Wissen verarbeiten" und nicht lediglich die Information zu akkumulieren und wiederzufinden helfen. Fazit: das System ist mehr als die Summe seiner Komponenten (Für grundsätzliche Überlegungen in dieser Richtung s. z.B. /HAKE82/).

Der erst genannten Philosophie entsprechen folgende "konventionelle" Kommunikationsformen der MMI:

- Kommandosprache: Zur Benutzung des Systems muß der Benutzer eine spezielle Sprache lernen. Die Maschine wartet auf seine Instruktionen, bevor sie tätig wird. Beispiele: Job Control Language bei einigen Großrechnern, Kommandosprache bei CP/M oder MS DOS.

- Benutzerführung: Zur Durchführung einer Aufgabe wird der (meist als EDV-Laie angenommene) Benutzer an die Hand genommen. Der Rechner ist für ihn nichts anderes als ein Instrument zur Lösung dieser und nur einer Aufgabe; das MMS bildet eine abstrakte Maschine zur effizienten Lösung einzelner Probleme; sie ist nicht a priori lern- und erweiterungsfähig. Beispiele hierfür sind vor allem bei Computer-Spielen wie "Labyrinth" zu finden.

- Menü-Technik: Wie bei der o.g. Kommunikationsform "Benutzer-Führung" wird auch hier angenommen, daß der Rechner der Erledigung einer speziellen Aufgabe dient; dem Benutzer werden jedoch mehrere Alternativen auf mehreren Funktionsstufen zur Verfügung gestellt. Er kann bei der Erledigung seiner Aufgabe zwischen diesen Alternativen wählen. Einige Text-Systeme, so z.B. WordStar, sind so gestaltet.

- Objekt-orientierte Kommunikationsform: Der Benutzer kann "Objekte" seiner Umwelt, Arbeitsumgebung auf dem MMI-Medium (Terminal, Plotter, data tablet etc.) durch mnemotechnische Zeichen (icons) abbilden. Mehr noch: Er kann sie mit Hilfe einer Einrichtung (mouse) greifen und in seinem erdachten Raum verarbeiten, bewegen, vernichten etc. Die Systeme "Star" von Xerox oder "Lisa" von Apple können hierfür als Beispiele dienen.

In der Praxis findet man reine Realisierungen der einen oder anderen Form kaum; moderne Systeme beinhalten vielmehr Kombinationen der beschriebenen Kommunikationsformen.

1.3 Wissensbasierte Systeme ("Expertensysteme")

Die objektorientierte Kommunikationsform bildet den Übergang der im Abschn. 1.2 erst genannten MMI-Philosophie zur zweiten, in der der Rechner zusammen mit der Software als quasi-intelligenter Partner angesehen wird: Das MMS dient nicht zur bloßen Sammlung, Verarbeitung und Wiederfindung von Daten, sondern zur "Wissensverarbeitung". Erinnerung: Die Begriffe "Datum", "Information" und "Wissen" bilden eine Hierarchie bez. Pragmatik; ein Datum (z.B. "555" in einem Telegramm von Tante Frieda) stellt eine Information dar, wenn es durch den Empfänger - etwa nach einem verabredeten Code - interpretiert wird (z.B. "555" als "Am 5. Mai dieses Jahres um 5 Uhr früh kommt Tante Frieda."). Durch Verknüpfung der Information mit anderen, dem Empfänger verfügbaren Informationen kann Wissen entstehen (z.B. "Am 5. Mai dieses Jahres um 5 Uhr müssen 5 Brötchen statt - der üblichen - 4 gekauft werden.")

Wissensbasierte Systeme müssen das Wissen akquirieren, zweckmäßig speichern, erweitern und den Benutzer als den "Besitzer von Problemen" in relevantem Fachgebiet sachkundig beraten (Im obigen - nicht ganz realistischen - Beispiel könnte ein "Besorgungs-Berater" aus dem Datum "555" und weiterer, ihm bekannten Fakten das aufgestellte Ergebnis bez. der Brötchen-Besorgung ableiten.).

Die wissensorientierte Denkweise schafft für die Erstellung der MMS eine neue Disziplin: Knowledge Engineering (KE) (/QUIN82/). Die maschinelle Komponente des MMS bildet dabei ein "wissensbasiertes System" oder etwas geheimnisvoller ausgedrückt, ein "Expertensystem" (ES). Für bestimmte, (noch) eng begrenzte Fachgebiete wird das vorhandene (Fach-)Wissen in loser, evtl. nicht abgeschlossener Form in einer "Wissensbasis" gesammelt. Mit Hilfe besonderer Techniken kann aus dieser Basis neues Wissen gebildet werden, wie es auch von Kennern (Experten) dieses Fachgebiets gemacht wird. Knowledge Engineering befaßt sich sowohl mit Problemen der Ableitung des Wissens ("Inferenz") als auch mit Problemen der Wissensgewinnung, der zweckmäßigen Wissensdarstellung etc. Ein ES besteht aus folgenden Komponenten (s. Bild 1.1 in Anlehnung an /RAUL82, HAYE84/):

- Dialoggestaltung,

- Wissensakquisition (Wissensgewinnung, -darstellung, -erweiterung und -aktualisierung),

- Problemlösung und Erklärung der gefundenen Lösung,

- Wissensbasis und "Wandtafel".

Die angegebenen Komponenten sind in den existierenden wissensbasierten Systemen unterschiedlich ausgeprägt; für einen Überblick über den Stand und den Einsatz dieser Systeme siehe z.B. /DAVI82, DUDA83, FICH85, GEWA82, MICH85, NAU_83/; für den Aufbau und Organisation siehe z.B. /BRAU85, BUCH83, COOM84, FORS84, HAYE83-84, PUPP86, RAUL82, STEF82, WARR85/.

Die Dialogkomponente realisiert u.a. die natürlich- und fachsprachlich orientierte Benutzer-Schnittstelle. Dem Benutzer muß die Formulierung seiner Problemstellung, auch wenn sie zunächst vage ist, ermöglicht werden.

Die Lösung des gestellten Problems erfolgt anhand eines Lösungsschemas (der sog. Wandtafel) mittels Wissensbasis. Die Wissensbasis beinhaltet zum einen allgemeine fachspezifische Fakten und Tatsachen; dadurch wird das "passive" oder deklarative Wissen dargestellt, z.B. Brennbarkeits- oder Explosions-Eigenschaften von Stoffen. Die Wissensbasis enthält zum anderen Regeln für die Verknüpfung und Anwendung von Fachwissen; dadurch wird das "aktive" oder prozedurale Wissen dargestellt, z.B. welche Ausnahmen bez. der gegenseitigen (negativen) Beeinflußung beachtet werden müssen, die das Transport-Risiko erhöhen, wenn mehrere Stoffe zusammengeladen werden.

Der Lösungsweg des Problems sollte - auf Wunsch - dem Benutzer erklärt werden, damit dieser abschätzen kann, ob und inwieweit der vom ES vorgeschlage Lösungsvorschlag verläßlich ist. Stellt der Benutzer an der vorgeschlagenen Lösung Unstimmigkeiten fest, so ist es wahrscheinlich, daß es dem ES an Qualität, Quantität oder Aktualität von Fachwissen fehlt. In diesem Fall muß über eine Dialog-Komponente das Wissen erweitert bzw. aktualisiert werden.

Für die Kommunikation und die Koordination der Komponenten wird eine multifunktionale "Wandtafel" (black board) benutzt, wie sie auch für das interdisziplinäre Zusammenarbeiten von Experten eingesetzt wird. Die Wandtafel enthält einen "Planer", der den Einsatz des deklarativen und prozeduralen Wissens steuert, z.B. das Auswahlverfahren zur Bestimmung einer bez. des Gewinns und des Transport-Risikos optimalen Ladung. Diese Art Wissen wird auch "Kontrollwissen" genannt. Ein "Agenda" wacht darüber, welche Entscheidungen bzw. (Teil-)Probleme noch ausstehen und nach welchen Kriterien der nächste Schritt bestimmt wird, z.B. durch eine Ziel-Hierarchie, wenn mehrere Alternativ-Regeln für die Ausführung zur Verfügung stehen. In der Wandtafel ist schließlich ein Konsistenz-Prüfer enthalten, der die erstellte Lösung vor der Ausgabe an den Benutzer bez. Inhalt, Darstellung etc. überprüft. Der Konsistenz-Prüfer wird bei der Modifikation der Wissensbasis ebenfalls aktiviert.

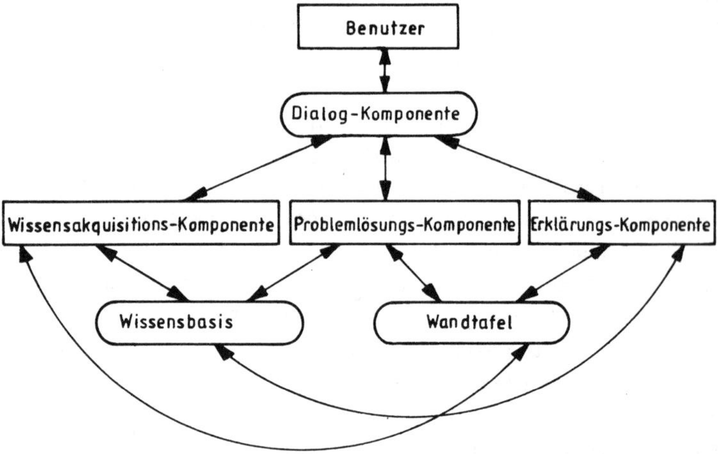

Bild 1.1: Komponenten wissensbasierter Systeme

Die Wandtafel ist bisher nur in wenigen ES realisiert; sie stellt auch die Kommunikations-Komponente für mehrere ES verschiedener Fachrichtungen, die "kooperieren".

Implementierung von ES bildet ein gemeinsames Einsatzgebiet der Künstlichen Intelligenz und des Software-Engineering (s. Abschn. 14 und 15).

1.4 "Unkonventionelle" Programmiersprachen

Zur Implementierung von ES und anderen Systemen der KI sind besondere Sprachen entwickelt worden, die von den konventionellen Sprachen wesentlich abweichen. Diese sind z.B. LISP, PROLOG, OPS5, LOOPS etc.

Durch die Auswahl von PROLOG bei der Entwicklung der 5. Rechnergeneration in Japan als Programmiersprache kam dieser Sprache und damit dem logischen Programmieren eine besondere Bedeutung zu (vergl. Abschn. 2.1). Logisches Programmieren wird auch "nicht-algorithmisches Programmieren" oder "nicht-deterministisches Programmieren" genannt. Die wichtigsten Eigenschaften dieser Sprachen sind:

- Sie unterstützen primär die Darstellung des deklarativen und prozeduralen Wissens. Sie eignen sich nicht ohne weiteres zur Darstellung des Kontrollwissens.

- Die meisten Implementierungen dieser Programmiersprachen arbeiten interpretativ; die Kommunikation zwischen Rechner und Benutzer ist der wichtigste Bestandteil der Programme in solchen Sprachen.

Die wichtigsten Einsatzgebiete der "unkonventionellen" Sprachen (s. Abschn. 15) sind:

- Implementierung von wissensbasierten Systemen (ES),
- formale Spezifikation von Software-Systemen,
- Prototyping,
- Analyse/Implementierung natürlicher Sprachen für MMI.

Weitere Beispiele für nicht-imperative Programmiersprachen werden im Abschn. 15 besprochen.

1.5 Übungsaufgabe

Versuchen Sie für die EDV-Systeme, die Sie kennen, ihre MMI zu identifizieren und festzustellen, welche Kommunikationsform sie realisieren. Sind sie ES? Wenn nicht, welche Komponenten der ES sind nicht enthalten?

2. Die ersten Schritte in PROLOG

In diesem Abschnitt wird versucht, ein Einblick in die Programmier-Sprache PROLOG zu vermitteln, mit dessen Hilfe die Erläuterungen in den späteren Abschnitten etwas konkreter gestaltet werden können. Für ähnlich aufgebaute "Erste-Hilfe"-Einführungen in PROLOG s. z.B. /CLAR85, COHE85, COLM85, FERG81, GENE85, KOWA85, SCHN84/.

2.1 Geschichte von PROLOG

PROLOG (Programming in Logic) wurde Anfang der siebziger Jahre von A. Colmerauer und einer Reihe von Wissenschaftlern an der Universität Marseille konzipiert und erstmals implementiert (/ROUS75/).

Ab Mitte der siebziger Jahre standen weitere Implementierungen zur Verfügung; so z.B. die "Edinburgh"-Implementierung (Compiler/Interpreter auf DEC-10) (/PERE78/), die "UNIX"-Implementierung (/BUND79/).

PROLOG basiert auf Prinzipien der logischen Programmierung (Abschn. 3), die vor allem durch Arbeiten von R. Kowalski (/KOWA79, LLOY84/) ein theoretisch solides Fundament erhielt. Die Grundlagen hierfür, inbesondere mechanische "Theorem Proving" wurden u.a. von Robinson geschaffen (/ROBI65/).

Durch die Wahl von PROLOG als Sprache der Rechner "5th. Generation" in dem breit angelegten japanischen Forschungs- und Entwicklungsvorhaben gelang dieser Sprache der weltweite Durchbruch zu einer "Sprache der Künstlichen Intelligenz (KI)" neben LISP (/CACM85, IEEE85/). Bereits jetzt wird über ein sehr breites Anwendungsspektrum berichtet: Von der Implementierung von wissensbasierten Systemen, Prototyping bis hin zum VLSI-Entwurf (s. z.B. /CLOC86, CONN86, COST87, HAND87, IESW85, MARU85, SCHU88, SZPA87/ und Abschn. 15).

Für ausführliche geschichtliche Betrachtungen über PROLOG s. z.B. /CLAR83, DAVI85, HOGG84/.

2.2 Bestandteile eines PROLOG-Programms

PROLOG-Programme bestehen aus Aussagen ("Klauseln", "clauses" oder "statements", jedoch nicht aus Anweisungen!). Die Reihenfolge der Aussagen spielt bei der Ausführung der Programme keine Rolle (vielmehr: in "guten" PROLOG-Programmen sollte es so sein; implementierungsbedingt kann diese Forderung jedoch vielfach nicht eingehalten werden)!

Bestandteile von PROLOG-Programmen sind "Klauseln" (clauses), die folgende Erscheinungsformen haben (Die Syntax wird im Abschn. 3 betrachtet; hier erhalten Sie eine erste "Geschmacksprobe"):

- "Fakten" ("facts") auch "allgemeine Tatsachen" genannt, z.B.

```
"Otto ist lieb."          /* Formulierung auf Deutsch */
"lieb(otto)."                 /* PROLOG-Formulierung */
```

  Noch ein Beispiel:

```
"Otto ist Vater von Karl."
              /* natürlich-sprachliche Formulierung */
"ist_vater(otto, karl)."     /* PROLOG-Formulierung,
                 wobei die Reihenfolge der Argumente
                 "otto" und "karl" wichtig sind */
```

- "Regeln" ("rules"), z.B.

```
"Wenn  ein  Mann lieb ist  und
      Vater eines Kindes ist,
            so ist er ein lieber Vater vom Kind."
              /* natürlich-sprachliche Formulierung */
```

In PROLOG wird dies wie folgt formuliert:

```
"ist_lieb_vater(Mann, Kind) :-
                          lieb(Mann),
                          ist_vater(Mann, Kind)."
```

- "Abfragen" ("queries") fangen mit "?-" an, z.B.

"?- lieb(otto)."   (Sprich: "Ist Otto lieb?")

<u>MERKE</u>: Klauseln (Fakten, Regeln, Abfragen) enden mit einem Punkt "." ("dot").

Bestandteile von Klauseln sind "Terme", die folgende Ausprägungen haben können:

- "Atom" oder "Funktor", z.B. otto, 'OTTO', abstand
- ganze Zahl, z.B. 1923
- "Variable", z.B. Papa, SOHN
- "Struktur", z.B. date(85, 9, 7, [samstag, samedi])

Einen besonderen Term bilden "Listen", z.B.
"[samstag, samedi]" oder (andere Syntax):
".(samstag, .(samedi, []))"

Wie der aufmerksame Leser bemerkt haben mag, wurde der Begriff "Datentyp" vermieden; er existiert in der logischen Programmierung im Sinne der konventionellen Programmierung nicht. Daher gibt es z.B. keine (Typen-)Konvertierungsfehler. Auch der Begriff "Datenstruktur" wird etwas anders interpretiert (s. Abschn. 5).

PROLOG kennt den Algorithmus-Begriff im üblichen Sinne ebenfalls nicht! Es gibt z.B. keine (expliziten) Iterationen, Verzweigungen oder GOTO's!

Da jedoch auch PROLOG-Programmierer "programmieren" sollen, gibt es in PROLOG folgende "Wissens-Auswertungs-Strategien" als Kontrollstrukturen:

- sequentielle Durchführung bzw. Abarbeitung der Fakten und Regeln bei der Beantwortung von Abfragen.

- Rücksetzen und Wiederanlauf der sequentiellen Abarbeitung in der Wissensbasis ("backtracking").

- Abbrechen der regulären Abarbeitung bei Auftreten bestimmter Ereignisse ("CUT").

2.2.1 Ein typisches PROLOG-Programm besteht aus:

- Aufstellung von Fakten,
- Aufstellung von Regeln,
- vielen, vielen /* Kommentaren */.

und - während der Benutzung -

- Abfragen,
- Hinzufügung weiterer Fakten und Regeln.

Fakten und Regeln bilden die Wissensbasis (auch Datenbasis oder Datenbank genannt). Z.B. bildet der Fakt

```
lieb(otto).    /* Otto ist lieb. */
```

bereits eine (allerdings sehr "kleine") Wissensbasis.

2.2.2 Typischer Mensch-/Maschine-Dialog bei PROLOG-Programmen

Im Abfrage-Modus ("query") können an die Wissensbasis beliebige Fragen gestellt werden. Die verfügbaren Übersetzer arbeiten meist interpretativ und werden bei Eingabe von "?-" "beweisend" aktiv, z.B. bei der o.g. Beispiel-Datenbasis:

```
?- lieb(otto).    /* Ist Otto lieb? */
```

antwortet das (Laufzeit-)System

```
yes
```

Hat man die Beispiel-Datenbasis gelöscht, so erhält man die Antwort

```
no
```

Wegen des "yes/no"-Verhaltens wird der Übersetzer oft "Beweiser" genannt. Dies ist allerdings nicht der einzige Grund dafür und die wortkarge Sequenz "Abfrage-yes/no" nicht die einzige Kommunikationsform.

Selbstverständlich kann man die Wissensbasis während des Dialogs durch weiteres Wissen erweitern und dadurch "qualifiziertere" Antworten vom System erwarten.

2.3 Fakten

Fakten sind allgemein (vor allem dem Programmierer) bekannte Tatsachen. Umgangsprachliche Formulierung eines Faktes kann z.B. sein:

"Otto mag Utta."

Ein Fakt besteht aus

- Objekten beliebiger Anzahl wie z.B. "Otto, Utta" und
- einem Prädikat bzw. einer Relation wie z.B. "mag".

2.3.1 Darstellung der Fakten in PROLOG

Der o.g. Beispiel-Fakt könnte in PROLOG wie folgt formuliert werden:

```
mag(otto, utta).
```

Die Besonderheiten dieser Formulierung sind:

- Die Relation (oder "das Prädikat") (hier "mag") wird als erstes geschrieben.
- Die Objekte folgen dem Prädikat in Klammerstruktur (hier: "(otto, utta)") und werden durch Komma getrennt.
- Sowohl die Relation als auch die Objekte beginnen mit Kleinbuchstaben.
- Die Objekte werden Argumente der Prädikate genannt.
- Der Punkt "." beendet einen Fakt.
- Die Reihenfolge der Objekte ist wichtig:
  mag(otto,utta). ≠ mag(utta,otto).

2.3.2 Beispiele für Fakten

Betrachten Sie folgende PROLOG-Fakten und versuchen Sie, sie zu interpretieren:

```
männlich(otto).
männlich(gustav).
männlich(eike).
weiblich(utta).
teuer(pelzmantel).
```

```
schwer(blei).
ist_schwester(utta, otto).
ist_vater(karl, otto).
gibt(otto, küßchen, utta).
stiehlt(otto, buch, utta).
spielt(otto, beckenbauer, fußball).
spielt(utta, boris_becker, tennis).
kini(strauß, bayern).
```

Wie Sie merken, bei einigen Fakten ist es relativ leicht, auch als "Außenseiter", d.h. als Leser des Programms die Interpretation des Programmierers zu vermuten, wie z.B. daß es sich bei dem Fakt "weiblich(utta)." wohl um die Tatsache "Utta ist weiblich." handelt. Bei einigen Fakten dagegen ist dies schwieriger; so z.B. bei "gibt(otto, küßchen, utta)." ist nicht klar, ob Utta dem Otto oder Otto der Utta die Liebenswürdigkeit erweist.

MERKE: Die Interpretation der Ordnung der Objekte innerhalb der Klammern ist dem Programmierer überlassen.

Nichtdestoweniger wichtig ist die Namensgebung; sie sollte die Interpretation unterstützen, daher niemals "a(b,c)." schreiben.

Objekte sind vom Übersetzer eindeutig identifizierbar; sie stellen also keine Gattungsnamen, sondern Ausprägungen der Gattungen dar. Daher würde sich der Leser auch z.B. bei dem Fakt "schwer(blei)." vorstellen, daß es sich um ein bestimmtes Stück Blei handelt, und nicht allgemein um den Stoff Blei; es sei denn, die letztere Interpretation ist vom Programmierer beabsichtigt und genügend dokumentiert.

Wie bereits eingangs erwähnt, eine (logisch und sachlich nicht unbedingt abgeschlossene) Sammlung von Fakten bildet bereits eine "Wissensbasis" (auch "Datenbasis" ("databasis") genannt).

2.4 Abfragen an die Wissensbasis

Wenn eine Wissensbasis (auch eine leere) erstellt wurde, können dem System Fragen gestellt werden. Abfragen fangen mit "?-" an, z.B.:

```
?- lieb(otto).
```

Der Interpreter (Beweiser) durchsucht die Wissensbasis danach, ob der Kern der Fragestellung, das Prädikat, ("Ziel" oder "goal" der Aktion) dem System "bekannt" ist, d.h., ob ein gleichnamiges Prädikat z.B. in einem Fakt der Wissensbasis vorhanden ist. Ist dies der Fall, dann werden einzelne Objekte des Ziels mit den Argumenten des gerade gefundenen Prädikats verglichen ("pattern matching" nach einem "goal"). Endet die Untersuchung mit Erfolg, d.h. "gelingt der Beweis", so erhält der Benutzer die Antwort

```
yes
```

Das bedeutet, die Fragestellung (oder Behauptung) konnte mit Hilfe der dem System zur Verfügung stehenden Wissensbasis beantwortet bzw. bestätigt werden, oder anders formuliert, "Das Ziel konnte erreicht werden.".

Wenn kein passender Fakt vorhanden ist bzw. wenn Objekte den Argumenten nicht entsprechen, so erscheint der negative Bescheid

no

als Antwort auf dem Ausgabemedium. Das bedeutet, die Schlußfolgerung kann nicht bewiesen werden; d.h. nicht, daß sie "absolut" falsch ist.

Das Beispiel zeigt die erste Form der Benutzung einer Wissensbasis als einfache "Befragung" des Systems über das gerade zusammengestellte Wissen: "Test" (oder "Prüfung") aufgrund der "Inferenz" ("Beweisführung", "Bestätigung") einer "Behauptung" ("denial"). Man nennt diese Art Fragen auch "qualifizierte" Abfragen.

Die in diesem Abschnitt etwas vage eingeführten Begriffe wie "goal", "pattern matching", "Beweisen" etc. werden in späteren Abschnitten, z.B. 2.7 und 3, genauer erläutert.

2.5 Variablen

Will man z.B. alle männlichen Objekte der o.g. Beispiel-Datenbasis aufstellen oder "generieren", wäre es möglich, wie folgt vorzugehen:

```
?- männlich(otto).
yes

?- männlich(gustav).
yes

?- männlich(eike).
yes

?- männlich(utta).
no

?- männlich(dallidallimatschocha).
no
```

Einfacher und eleganter ist es, mit "Variablen" zu arbeiten, die mit einem Großbuchstaben anfangen und Stellvertreter aller Objekte des Prädikats darstellen:

```
?- männlich(Person).     /* Das System antwortet dann: */
Person = otto
```

In der obigen Abfrage ist "Person" eine Variable. Sie bewirkt sinngemäß eine Fragestellung an das System: "Gib mir alle Objekte in der Wissensbasis, die die Argumente des Prädikats "männlich" sind."

Eine Variable wird auf eine Konstante "instanziert", wenn in der Wissensbasis durch "pattern matching" ein Objekt gefunden werden kann, für das sie steht. Sonst kann sie nicht instanziert werden.

Die Variable "Person" wird oben auf die Konstante "otto" instanziert. Diese Stelle wird in der Datenbasis markiert.

Die Abfrage kann mit ";" fortgesetzt werden, um evtl. weitere passende Objekte zu finden:

```
?- männlich(Person).
Person = otto;          /* 1. Antwort */

Person = gustav;        /* 2. Antwort */

Person = eike;          /* 3. Antwort */

no                      /* kein passendes Objekt mehr */
```

Das ist die zweite Form der Benutzung einer Wissensbasis und der Kommunikation mit dem System: die "Generierung" von Antworten. Die dazu führenden Abfragen werden gelegentlich auch "unqualifizierte" Abfragen genannt, wenn sie als Argumente nur Variablen beinhalten. Sind in den Abfragen als Argumente neben den Variablen auch Atome (z.B. "otto") vorhanden, so handelt es sich um "teilqualifizierte" Abfragen.

Die Systemmeldung "no" am Ende der Aussage-Generierung bedeutet, daß der Wissensbasis für pattern matching keine weiteren passenden Objekte mehr vorliegen.

2.6 Konjunktionen bei Abfragen

Folgende Fakten mögen gelten, d.h. sie bilden eine Wissensbasis:

```
mag(otto, essen).
mag(utta, otto).
mag(utta, milch).
mag(otto, utta).
mag(otto, milch).
```

Nun können folgende Abfragen an die Wissensbasis gestellt werden (Die jeweiligen Antworten erscheinen in den darauf folgenden Zeilen):

```
?- mag(otto, utta), mag(utta, essen).
no

?- mag(otto, utta), mag(utta, milch).
yes
```

Hier sind zwei Ziele ("goals") zu erreichen oder zwei Aussagen zu beweisen ("satisfy", "pattern matching"), die durch ein Komma im Sinne einer logischen UND-Verknüpfung aneinander gekettet sind.

Die Ziele werden einzeln und hintereinander ("von links nach rechts") bewiesen oder abgelehnt. Mißlingt der Beweis des ersten Ziels, so wird nicht weiter "gematcht".

Auch mit Variablen können Konjunktionen gebildet werden:

```
?- mag(otto, Irgendwas), mag(utta, Irgendwas).
Irgendwas = milch;
no
```

Wie hat das funktioniert? Diese Fragestellung wird im nächsten Abschnitt behandelt.

2.7 Instanzieren, "undo" und "backtracking"

Im obigen Beispiel wird für den Beweis zunächst versucht, das 1. Ziel zu erreichen (s. Bild 2.1). Ein Prädikat "mag" ist in der Wissensbasis sofort zu finden: in der Klausel "mag(otto, essen).". Diese Klausel besitzt als erstes Argument "otto", das zu dem ersten Objekt des ersten Ziels paßt. Im Bild 2.1 wird dies symbolisch durch einen Punkt an dem senkrechten Zeiger unter "mag(otto, X)" dargestellt. Das Ziel konnte befriedigt werden; der pattern-matching-Vorgang kann also fortgesetzt werden. Nun wird untersucht, ob auch das zweite Objekt ("X") des ersten Ziels dem zweiten Argument ("essen") der gefundenen Klausel entspricht. Das zweite Objekt "X" ist eine Variable und Variablen "passen immer"; also wird sie auf "essen" instanziert. Gleichzeitig wird die Variable "X" des zweiten Ziels ebenfalls auf "essen" instanziert. Das zweite Ziel hat nun die (vorläufige) Form "mag(utta, essen)." Schließlich wird die Stelle der benutzten Klausel innerhalb der Wissensbasis markiert.

Als nächstes wird die Datenbasis danach durchsucht, ob eine Behauptung "mag(utta, essen)." ebenfalls bestätigt werden kann. Dies ist nicht der Fall.

Das Mißlingen der Beweisführung zwingt das System, alternative Beweiswege zu suchen. Dafür wird die Variable "X" des ersten Ziels "zurückinstanziert" ("undo") und nach demselben Schema wird der pattern-matching-Vorgang wiederholt. Im Bild 2.1 wird das Zurückinstanzieren durch einen Pfeil nach oben ("zurück") symbolisch dargestellt. Dann wird die Suche ab zweiter Klausel der Datenbasis fortgeführt; zur Vermeidung unnötiger Wiederholung war ja die Stelle der ersten, versuchsweise genommenen Klausel markiert worden. Das vorwärts Suchen wird im Bild 2.1 durch einen Pfeil nach unten angedeutet. Der Vorgang des Hin- und Her-Suchens wird "backtracking" genannt. Die Ziele der Abfrage werden von links nach rechts so lange abgearbeitet, bis alle befriedigt werden oder für ein Ziel die Datenbasis mit negativem Erfolg (d.h. endgültiges Mißlingen eines Beweises) ausgeschöpft wird. Im Bild 2.1 sind die Fakten, die zum Gelingen des Beweises führen, im horizontalen Zeiger dick angestrichen.

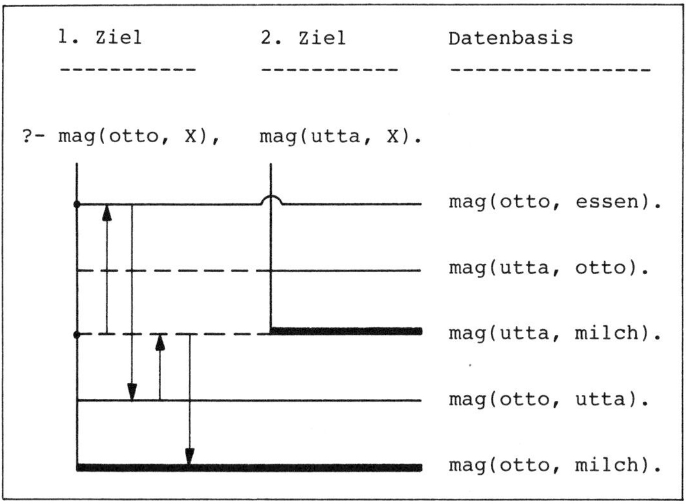

Bild 2.1: Instanzieren, "backtracking", "undo"

2.8 Regeln

Nehmen wir an, wir wollen folgende Tatsache angeben:

"Otto mag Essen."

Wir könnten schreiben

"Otto mag Brot."
"Otto mag Wurst."
"Otto mag Käse."
...

und

"Brot ist eßbar."
"Wurst ist eßbar."
"Käse ist eßbar."
...

Das wäre ein mühsames Unterfangen. Besser wäre die Angabe einer allgemeinen Regel, z.B.:

"Otto mag ein Objekt O,
wenn O eßbar ist."

Diese Aussage ist gleichbedeutend mit der Aussage

"Otto mag alle Objekte,
wenn sie eßbar sind."

Eine Regel kann auch Definitions-Charakter haben, wie z.B. Bruder-Beziehung:

"Person1 ist der Bruder der Person2,
wenn
Person1 männlich ist, und
Person1 und Person2 dieselben Eltern haben."

2.8.1 Darstellung der Regeln in PROLOG

Die o.a. Regel wird in PROLOG wie folgt formuliert:

```
mag(otto, O) :- eßbar(O).
```

Das Symbol ":-" (sprich: "wenn") deutet das Zeichen "<--" (Implikation) an. Eine Regel ("rule") in PROLOG besteht aus zwei Teilen:

- einem "Kopf" ("head") (prädikatenlogisch: "Konklusion") und

- einem "Rumpf" ("body") (prädikatenlogisch: "Prämisse")

In dem obigen Beispiel ist "O" eine Variable; sie wird hier zweimal, im Kopf und Rumpf der Regel, benutzt. Sie kann z.B. auf "Käse" instanziert werden. Damit sind allerdings die beiden Erscheinungen der Variable O "gebunden". Außerhalb dieser Regel kann der Bezeichner O wieder (z.B. zur Bezeichnung anderer Variablen) benutzt werden; diese Variable steht mit der obigen Relation nicht mehr im Zusammenhang.

Zu beachten ist auch, daß der Kopf einer Regel nur eine Aussage (als Ergebnis) enthalten darf, während der Rumpf aus mehreren, durch Konjunktion miteinander verbundenen Aussagen bestehen kann.

> <u>MERKE:</u> Auch Regeln enden (wie Fakten und Abfragen) mit einem Punkt (".").

2.8.2 Beispiele für Regeln

Folgende Wissensbasis sei gegeben:

```
männlich(otto).
männlich(karl).

weiblich(brunhild).
weiblich(irmhild).


eltern(karl, irmhild, otto).
eltern(brunhild, irmhild, otto).
```

Die letzten Prädikate haben drei Objekte mit der Bedeutung:

```
eltern(Kind, Mutter, Vater).
```

<u>Beispiel</u>: Wir betrachten folgende Regel, die im Abschn. 2.8 bereits als Definition der "Bruder-Beziehung" erwähnt wurde, etwas näher:

```
Objekt "Bru" ist der Bruder des Objektes "Personl"

          <--  /* "wenn" */
```

- "Bru" ist männlich,
- "Bru" hat Mutter "Ma" und Vater "Pa" als Eltern,
- "Personl" hat dieselben Eltern.

In PROLOG lautet diese Regel:

```
ist_bruder(Bru, Personl) :-
                    männlich(Bru),
                    eltern(Bru, Ma, Pa),
                    eltern(Personl, Ma, Pa).
```

Die Variablen "Ma" und "Pa" kommen im Kopf der Regel nicht vor. Beim Beweisen/Generieren werden diese Variablen zunächst nicht instanziert, d.h. sie passen immer. Wenn sie instanziert werden, dann werden allerdings alle "Ma's" und "Pa's" in dieser Regel auf demselben Objekt instanziert ("gebunden") (s. auch Abschn. 2.7.1).

Nun kann an das System folgende Abfrage gestellt werden:

```
?- ist_bruder(karl, brunhild).
yes    /* PROLOG beantwortet */
```

Das bedeutet, daß PROLOG auch bei den Regeln beweisend arbeiten kann. Eine Antwort-Generierung ist ebenfalls möglich, z.B.:

```
?- ist_bruder(karl, Person).
Person = brunhild   /* PROLOG beantwortet */
```

Die Frage kann mit ";" fortgesetzt werden, d.h. "Ist Karl Bruder von weiteren Personen?":

```
no      /* PROLOG beantwortet */
```

Das bedeutet, basierend auf der vorgegebenen Wisssensbasis können die Variablen nicht weiter instanziert werden, oder anders ausgedrückt, die Aussage kann für weitere Objekte nicht bewiesen werden.

Wie hat das alles funktioniert?

Machen Sie sich mit der Funktionsweise mit Hilfe folgender Abfragen und der Wissensbasis (Bild 2.2) in Analogie zur Funktionsweise der Fakten (Abschn. 2.7) und Bild 2.1 vertraut.

Machen Sie sich auch die Funktionsweise der folgenden Wissensbasis und Abfrage klar:

```
ist_dieb(otto).

mag(utta, essen).
mag(utta, trinken).

mag(otto, Person) :- mag(Person, trinken).

mag_stehlen(Person, Etwas) :-  ist_dieb(Person),
                               mag(Person, Etwas).
```

Wie wird die folgende Abfrage von PROLOG bearbeitet?

```
?- mag_stehlen(otto, Etwas).
```

Das heißt, auf was wird "Etwas" instanziert?

```
Ziel(e)                              Datenbasis
-------                              ----------


?- ist_bruder(karl,brunhild).
?- ist_bruder(karl,Person).

                                     männlich(otto).
                                     männlich(karl).
                                     weiblich(brunhild).
                                     weiblich(irmhild).
                                     eltern(karl,irmhild,otto).
                                     eltern(brunhild, irmhild,
                                                 otto).

                                     ist_bruder(Bru,Personl) :-
                                         männlich(Bru),
                                         eltern(Bru,Ma,Pa),
                                         eltern(Personl,Ma,Pa).
```

Bild 2.2: Beispiel für die Regeln in PROLOG

2.9 Übungsaufgaben

Aufgabe 2.1

Führen Sie die angegebenen Beispiele am Rechner aus und ergänzen Sie sie um neue, sinnvolle Fakten und Regeln, so daß neue Abfragen möglich sind. Identifizieren Sie eventuelle backtrackings und führen Sie sie zunächst durch Handsimulation aus.

Aufgabe 2.2

Schreiben Sie für Ihre Familie ein Mini-"Expertensystem" in PROLOG zur Feststellung der Verwandschaften, d.h. Generierung, Test und Abfrage von Verwandschaftsbeziehungen. Dabei sollte Ihre Familie mindestens 10 Mitglieder haben; ist dies nicht der Fall, so denken Sie sich (Wunsch-)Wahlverwandte aus. Im einzelnen sollten folgende Fragen möglich sein:

- Ist ein Objekt "person_i" männlich oder weiblich?

- Ist das Objekt person_i ein/eine Vater, Mutter, Tante, Schwester, Bruder, Großvater, Sohn, Elternteil?

- Wenn ja, von welchen Objekten (person_j)?

- Ist person_i Vater bzw. Mutter etc. von person_j?

- Ist person_i mit person_j verwandt?

(Die Atome person_i und person_j sind Platzhalter für Ihren Namen bzw. Namen Ihrer Verwandten.)

Aufgabe 2.3

Nach der "ist_Bruder"-Regel, wie Sie sie im Abschn. 2.8.2 kennenlernten, ist jedes Objekt ist_Bruder von sich selbst. Ändern Sie das Programm so, daß es nicht möglich wird.

Hinweis: Riskieren Sie einen Blick "nach vorn", d.h. zum Abschn. 9.3.3!

3. Logische Grundlagen

Bisher erhielten Sie eine kurze Einführung in PROLOG als eine Beispielsprache für logische Programmierung. Diese Einführung wird fortgesetzt. Doch zunächst soll ein kurzer Einblick in die Logik, speziell in die "Prädikatenlogik erster Ordnung" als Grundlage der logischen Programmierung erfolgen.

Die Gründe des Interesses für die Logik dürften klar sein: Durch logische Programmierung möchten wir in erster Linie allgemeine Tatsachen und Verknüpfungen zwischen diesen Tatsachen, kurzum eine "Wissensbasis", darstellen. Dieses Wissen bildet dann die Basis für die anschließende "Benutzerberatung" (oder "Wissensverarbeitung"), welche i.A. die Prüfung der Ableitbarkeit weiterer Aussagen aus dem vorhandenen Wissen beinhaltet. Zur Lösung dieser Probleme bildet die Logik eine solide Grundlage. Unsere Ziele sind dabei (s. auch z.B. /BERG77, BÖRGE85, GALL86, LAKA79, MATT86, TURN84/):

- Zusammenhänge zwischen PROLOG und der Prädikatenlogik erster Ordnung zu erläutern und die Analogie zwischen den Elementen der Logik und den Konstrukten der Programmiersprache PROLOG (z.B. Aussage, Fakt, Ausdruck, Term etc.) herbeizuführen,

- logische Grundlagen des maschinellen Beweisens (vor allem Resolventenprinzip) zu erklären, um einen Einblick in die Wirkungsweise und Restriktionen von PROLOG zu vermitteln, und

- verschiedene Notationen der Syntax von PROLOG auf einen "gemeinsamen (logischen) Nenner" zu bringen.

3.1 Prädikatenlogik

Gegenstand der Logik, wie wir sie hier betrachten, ist (im weiteren Sinne) die Klärung von Beziehungen zwischen Aussagen. Dafür müssen die Aussagen in einer dem logischen Gehalt angemessenen sprachlichen Form vorliegen.

Wir haben es hier mit der "Mathematischen Logik" oder "Prädikatenlogik" zu tun. Im Mittelpunkt steht die "Folgerungsbeziehung": Unter welchen Bedingungen kann man aus der Gültigkeit von Voraussetzungen auf die Gültigkeit von Folgerungen schließen?

Gegenstände der Prädikatenlogik sind (im engeren Sinne) Aussagen, denen Wahrheitswerte zugeordnet werden können: "wahr" oder "falsch". Die Logik ist also - wie wir sie hier brauchen - keine Methode, die die absolute Wahrheit oder Falschheit von elementaren Aussagen herausbringt; sie untersucht lediglich die Beziehungen der Aussagen untereinander.

Beispiele für Aussagen gelten:

"Otto ist lieb."
"Der Bier trinkende Bayer ist durstig."
"Die Menschen sind sterblich."
"Norddeutsche sind Seeleute."

Diese Aussagen können leicht in PROLOG-Fakten umgesetzt werden:

"ist_lieb(otto)."
"ist_durstig(bier_trinkender_Bayer)."

"ist_sterblich(Mensch)."
"ist_Seemann(Norddeutscher)."

Die betrachteten Aussagen bestehen aus

- "Individuen" (Konstante) wie "Otto", oder (ein bestimmter, z.B. Bier trinkender) "Bayer",

- "Variablen" wie (irgend ein) "Mensch", (irgend ein) "Norddeutscher", und

- "Prädikate" über Individuen und Variablen wie "lieb" bei "Otto ist lieb.", oder "Seeleute" bei "Norddeutsche sind Seeleute.".

Konstante und Variablen werden auch "Objekte" oder "Argumente" der Prädikate genannt. Aussagen, die nur ein Prädikat enthalten, werden "einfache" oder "atomare" Aussagen genannt.

Objekte sind "einfache Ausdrücke" ("terms"), wenn sie einzelne Individuen oder Variable wie in den obigen Beispielen darstellen.

"Zusammengesetzte Ausdrücke" bestehen aus

- einer "Funktion" (auch "Abbildung" oder "Verknüpfung" genannt) und

- einer geordneten Menge (Vektor) von Ausdrücken als die "Argumente" der Funktion.

Die Funktion kann durch ein Funktionszeichen ("functor") dargestellt werden.

Beispiel: Die Entfernung zwischen zwei Punkten kann durch eine Funktion "entf" angegeben werden:

entf(punkt1, punkt2)

ACHTUNG: In PROLOG wird die semantische Unterscheidung zwischen Funktion und Prädikat syntaktisch nicht unterstützt. Das ist die Aufgabe des Programmierers. Interpretieren Sie das obige Beispiel als Prädikat!

Die Gültigkeit einer Aussage hängt i.A. von dem betrachteten "Weltmodell" ab. Ob also die Aussage

"entf(Paris, Berlin) beträgt 20000 Otto-Finger."

wahr ist, hängt davon ab, was unter den Objekten "Paris, Berlin, Otto-Finger" etc. gemeint ist. So ist z.B. die Aussage

"Oktober ist größer als November."

nicht wahr, wenn die Relation "größer" sich auf die Reihenfolge (als eine ganze Zahl) der Monate in einem Jahr bezieht ($\neg(11>12)$); diese Aussage ist wahr, wenn sich diese Relation auf die Anzahl der Tage in den Monaten bezieht ($31>30$).

3.2 Prädikatenlogik erster Ordnung

Die Aussagen können durch folgende Operationen ("Junktoren" und "Quantoren") miteinander verknüpft werden (Dabei werden die Aussagen durch Symbole abgekürzt). Junktoren mit jeweiligem Kurzzeichen sind:

- Negation(Verneinung): " ¬ ",
- Konjunktion (logisches Produkt): " ∧ ",
- Disjunktion (Alternative, logische Summe): " ∨ ",
- Implikation: "-->",
- Äquivalenz: "<-->".

Die Quantoren mit jeweiligem Kurzzeichen sind:

- All-Quantor (Generalisator): " ∀ ",
- Existenz-Quantor (Partikulator): " ∃ ".

In der Prädikatenlogik erster Ordnung wird über Individuen und Variablen quantifizert (z.B. "Otto ist dick.", "Alle Menschen sind sterblich.").

In der Prädikatenlogik zweiter (oder höherer) Ordnung wird über Prädikatenvariablen quantifiziert (Prädikatenprädikate oder Funktionenfunktionen) (z.B. "Zwei Menschen sind genau dann gleich, wenn sie die gleichen Eigenschaften haben.").

Wir bleiben bei der Prädikatenlogik erster Ordnung. Da wir die höheren Stufen nicht behandeln, werden wir auch die Angabe "erster Ordnung" weglassen.

<u>Beispiel:</u> Sei das Modell der natürlichen Zahlen gegeben (d.h. die natürlichen Zahlen mit ihren wohl bekannten Eigenschaften). Dann ist für $y=5$, $z=8$ die Aussage

$$\exists x\ (y<x \wedge x<z)$$

wahr, denn es kann ein x, z.B. $x=6$ gefunden werden, das die Aussage erfüllt.

Der All-Quantor kann durch das De-Morgansche Gesetz über den Existenz-Quantor definiert werden:

$$\forall x\ a := \neg \exists x\ \neg a$$

, wobei a eine Aussage bedeutet, die als Objekt x haben kann.

<u>Beispiel:</u> Es gelten die obigen Aussagen $y=5$, $z=8$.
Was kann man über die folgende Aussage sagen?

$$\forall x\ (x<y \wedge z<x)$$

Per Definition gilt

$$\forall x\ (x<y \wedge z<x) := \neg\exists x \neg\ (x<y \wedge z<x)$$

Die zu quantifizierende (innere) Aussage kann durch $x=6$ verifiziert werden:

$$\neg(x<y \wedge z<x) = \neg\ (6<5 \wedge 8<6) = \neg\ (\text{falsch} \wedge \text{falsch})$$
$$= \neg\ (\text{falsch}) = \text{wahr}$$

und somit ist die gegebene Aussage

$$\neg\exists x\ \neg\ (x<y \wedge z<x) = \text{falsch}$$

Durch diese Beispiele sehen wir

- Mit Hilfe der Prädikatenlogik ist es möglich, den Wahrheitswert zusammengesetzter Aussagen auf formalem Weg zu bestimmen. Wir haben es hier mit einem Kalkül zu tun.

- Die Berechnung eines Wahrheitswertes ist nicht immer ohne weiteres möglich, da ggf. unendlich viele Fälle zu untersuchen sind.

3.3 Ableitbarkeit der Aussagen

Nach unserer kleinen Exkursion in die Logik kehren wir zu der ursprünglichen Fragestellung zurück: Folgen bestimmte Aussagen b1, b2, ..., bn (als Behauptungen) aus einer Menge gegebener Aussagen a1, a2, ..., am, die evtl. nur teilweise ein Modell definieren? Eine ähnliche Fragestellung ist: Wenn wir eine Menge von Klauseln haben, welche Konsequenzen haben sie, d.h. welche Aussagen können aus ihnen abgeleitet werden?

Die vorhandene Menge der Aussagen wird "Axiomen-" oder "Hypothesen-System" genannt. Die zu verifizierenden Behauptungen werden "Theoreme" oder "Sätze" genannt. Ihre Richtigkeit soll entweder bestätigt oder verworfen werden. Wir haben es hier mit dem Gebiet "Maschinelles Beweisen" der Logik (und der Künstlichen Intelligenz) zu tun.

Die Ableitbarkeit können wir wie folgt notieren:

$$(a1 \wedge \ldots \wedge am) \text{ --> } (b1 \vee \ldots \vee bn)$$

, wobei m, n >= 0 gilt.

Hier haben wir es mit einer zusammengesetzten Aussage zu tun, die durch Implikation der Aussagen aj und bk (0=<j,k=<m,n) miteinander entsteht. Dabei sind die Aussagen aj miteinander konjunktiv, die Aussagen bk dagegen disjunktiv verknüpft. Die Gesamtaussage wird eine "Klausel" und diese Schreibweise "Klauselform" genannt.

Enthalten in der obigen Klausel die Aussagen aj, bk Variable x1, .., xm, so bedeutet die obige Implikation

$$\forall x1 \, \forall x2 \ldots \forall xn \; (a1 \wedge \ldots \wedge an) \text{ --> } (b1 \vee \ldots \vee bn)$$

Existenz- und All-Quantor können in der Klauselform durch Verwendung von Variablen umschrieben werden. Beispielsweise kann die Klausel

es_gibt_Vorfahre(Wesen) <-- für_alle_Mensch(Wesen)

wie folgt interpretiert werden: "Es gibt für alle Wesen, die Menschen sind, ein Individium, das Vorfahre des Wesens ist".

(Bemerkung: Eine einheitliche Benennung für "Klausel" ist noch nicht erreicht; wir werden hier von "Klauseln" sprechen. Bezeichnungen "Klause" (Mehrzahl: "Klausen") oder "clause" werden ebenfalls benutzt.)

Wir können die obige Klausel umformen zu

$bl \vee \ldots \vee bn \vee \neg (al \wedge \ldots \wedge am)$

$bl \vee \ldots \vee bn \vee \neg al \vee \ldots \vee \neg am$

In diesem Zusammenhang werden die nicht-negierten Aussagen "positive Literale", die negierten "negative Literale" genannt.

3.4 Entscheidung der Ableitbarkeit

Wir haben bisher festgestellt

- Prädikatenlogik erster Ordnung könnte für die logische Programmierung ein brauchbares Werkzeug bilden.

- Die (quantorenfreie) Klauselform ist der Prädikatenlogik erster Ordnung nicht gleichmächtig; diese Nicht-Äquivalenz kann jedoch durch die Konventionen für die Interpretation der Variablen "gemildert" werden (s. das letzte Beispiel im Abschn. 3.3).

Nun müssen wir jedoch weiterhin feststellen

- Prädikatenlogik ist aufzählbar,
- Prädikatenlogik ist nicht entscheidbar.
- Quantorenfreie Prädikatenlogik ist entscheidbar.

Diese Ergebnisse aus der Entscheidbarkeits-Theorie besagen, daß die Prädikatenlogik zwar kalkülisierbar ist, jedoch für ihre bisherige, allgemeine Form kein allgemein durchführbares Verfahren zur Beantwortung der Ableitbarkeits-Frage existiert. Mit anderen Worten, wir können zwar Algorithmen als Regelsysteme erstellen, die aus dem vorgegebenen Axiomensystem (d.h. aus der Menge der Aussagen) die Menge aller Aussagen als Konsequenz der vorgegebenen Aussagen ableiten können. Solche Regelsysteme sind jedoch nicht imstande, für eine vorgegebene Aussage in endlicher Zeit und immer zu entscheiden, ob diese Aussage aus dem Axiomensystem ableitbar ist oder nicht. Praktisch bedeutet das, wenn wir mit Hilfe eines Rechners das Ableitbarkeitsproblem lösen wollen, kann es passieren, daß wir nach zwei Stunden Rechenzeit immer noch keine Antwort erhalten. Dies wiederum bedeutet, die Antwort kann in zwei Tagen oder aber nie kommen.

3.5 Horn-Klauseln und PROLOG

Zur Konstruktion von Übersetzern für konventionelle Programmier-Sprachen existieren zur Lösung des Problems "Gehört ein vorgegebener Konstrukt zu einer Sprache oder nicht?" ("Rekognitionsproblem") effiziente Verfahren, wie z.B. für Parser durch LL(1)-Grammatiken (/AHOU77/). Auch für maschinelles Beweisen können effiziente Algorithmen für spezielle Klauselsysteme erstellt werden. Auch hier werden Mehrdeutigkeiten des ursprünglichen Systems durch Einschränkung der Allgemeinheit beseitigt, ohne dadurch an der Pragmatik viel zu verlieren, d.h. ohne als Ergebnis Trivialitäten erzielen zu müssen.

Durch solche Einschränkungen soll eine spezielle Klauselform gefunden werden, die folgende Eigenschaften haben:

- Die Ableitbarkeit wird effizient entschieden. "Effizienz" bedeutet hier Entscheidbarkeit mit vertretbarem Aufwand,

- Die durch die Spezialisierung der Klauseln bedingte Einschränkung hat geringen pragmatischen Einfluß auf das zu lösende Problem. "Pragmatik" bedeutet hier leichte Formulierbarkeit der Regeln und Fakten als Wissenskomponenten.

Eine Einschränkung der Prädikatenlogik erfolgt durch "Horn-Klauseln". Eine Horn-Klausel (/HORN51/) ist eine Klausel mit höchstens einer Konklusion (oder mit höchstens einem "positiven Literal", s. Abschn. 3.3):

b <-- a1 ∧ ... ∧ an

Dabei kann "b" ggf. die Form eines Widerspruchs (z.B. $x \neq x$ oder falsch) haben. In diesem Fall sagen wir, daß der Konklusionsteil aus der leeren Aussage (anderes Wort für falsch oder "false") besteht.

Es gibt folgende zulässige Formen von Horn-Klauseln:

- Allgemeine Horn-Klauseln: Diese stellen Implikationen dar und werden auch "procedure declarations" oder "conditionals" genannt:

  b <-- a1 ∧ ... ∧ an

- Horn-Klauseln ohne rechten Teil: Das sind Tatsachen (d.h. sie gelten ohne Prämisse, oder sie sind immer wahr) und werden auch "assertions" genannt:

  b <--

- Horn-Klausel ohne Kopf: Das sind Behauptungen oder Aussagen, die abgeleitet (d.h. bewiesen oder verworfen) werden müssen. Sie werden auch "procedure calls", "Negationen" oder "denials" (s. Abschn. 3.3) genannt:

  <-- a1∧ ... ∧an

  (sprich: "Behauptung, daß für kein Argument a1 und ... an gilt.)

- Leere Horn-Klausel: Diese Klausel ist immer falsch und wird auch "Widerspruch" oder "contradiction" genannt:

  <--

Ein Vergleich der oben aufgeführten Klauselformen zeigt sofort, daß PROLOG-Fakten, -Regeln und -Abfragen ein Horn-Klauselsystem bilden:

- Das Zeichen für die Implikation ("<--") wird in PROLOG durch ":-" ersetzt.

- Implikationen entsprechen den Regeln in PROLOG, wie z.B.
  "sohn(X) :- mummy(X,Y), mensch(Y)."

- Tatsachen entsprechen den Fakten in PROLOG, z.B. "lieb(otto)."

  (In PROLOG wird bei Fakten das Zeichen ":-" nicht geschrieben, weil rechts davon nur die leere Aussage als Prämisse vorkommt; dies bedeutet, daß die Konklusion immer wahr ist.)

- Behauptungen entsprechen in PROLOG einer Abfrage ("query"), z.B.
  "?- lieb(otto)."

- die leere Aussage entspricht dem Konstrukt "false" (s. Abschn. 9.2).

PROLOG beinhaltet also grundsätzlich nur Horn-Klauseln und erlaubt auch nur eine Abfrage ("procedure call") auf einmal. Mehrere Fragen werden nicht gleichzeitig, sondern hintereinander gestellt.

<u>ACHTUNG:</u> Die Aussage "PROLOG beinhaltet ... nur Horn-Klauseln." wird in der Realität, z.B. durch die Existenz von Sprachkonstrukten wie "CUT, not, fail" etc. im Sprachumfang, nicht bestätigt (s. die Diskussion im Abschn. 6.6).

3.6 Resolventen-Prinzip

Zum Abschluß des Abschnitts 3 möchten wir die prinzipielle Wirkungsweise der Ableitung einer Aussage aus dem Axiomensystem kurz skizzieren.

Eine der fundamentalen Lösungen des Ableitbarkeitsproblems wurde 1965 von J. Alan Robinson vorgestellt (/ROBI65/): Das "Resolventen-Prinzip" ("resolution principle"). Resolvieren als eine Methode der Inferenz (Schlußfolgerung) gibt an, wie eine Aussage anderen folgen kann. Das Verfahren arbeitet mit Axiomensystemen, die in Klauselform vorliegen. Aus zwei vorgegebenen Klauseln wird wie folgt eine neue generiert: Wenn ein und dieselbe einfache Aussage gleichzeitig auf der linken Seite einer Klausel und auf der rechten Seite einer anderen Klausel vorkommt, dann folgt die Klausel, die durch "logisches Addieren" der ersten beiden Klauseln erhalten wird, diesen Klauseln. Die den beiden Klauseln gemeinsame Aussage muß entweder in beiden Klauseln die exakt gleichen Argumente oder Variablen an entsprechenden Stellen haben. Logisches Addieren geschieht dadurch, daß die gemeinsame Aussage (evtl. nach Instanzieren der Variablen auch in allen entsprechenden Aussagen) in den beiden Klauseln "gekürzt", d.h. entfernt wird. Die Schlußfolgerung enthält rechts bzw. links all die rechten bzw. linken Aussagen der beiden Klauseln. Dieser Prozeß heißt auch "matching".

Damit wird möglich, aus einer gegebenen Menge von Klauseln weitere Aussagen zu folgern. Die Methode kann auch für die umgekehrte Problemstellung benutzt werden: Verifizieren (Beweisen) von vorgegebenen Aussagen oder Klauseln.

<u>Beispiel</u>: Ein Axiomensystem enthält folgende zwei Klauseln, wobei die erste keine Horn-Klausel darstellt (Durchstreichen bedeutet "Kürzen")

```
lieb(otto); ~~heiter(otto)~~ :-
                 sonnabend(heute), lohn(gestern).

singt(otto)                 :-
                 trinkt(otto), ~~heiter(otto)~~.
------------------------------------------------
/* NEUE KLAUSEL: */
lieb(otto); singt(otto)  :-
                 sonnabend(heute), lohn(gestern),
                 trinkt(otto).
```

Beim Resolvieren entstehen folgende Probleme:

- Die identischen Aussagen können nicht nur Konstante, sondern auch Variable enthalten. In diesem Fall müssen nur die Prädikate identisch sein. Beim Resolvieren werden die Variablen instanziert ("unification"). Dieser Vorgang kann formal wie folgt dargestellt werden:

$b \leftarrow a1 \wedge \ldots \wedge an$	sei eine "procedure declaration"
$\leftarrow c1 \vee \ldots \vee cm$	sei eine Anzahl von "procedure calls"

  Durch ein "cj" sei die Prozedur "b" aufgerufen. Dafür wird zuerst der Name von "cj" mit dem Namen des Prädikats der Prozedur "b" "gematcht" (s. auch Abschn. 2.7). Anschließend wird "cj" durch den Rumpf der Prozedur "b" ersetzt:

  $$\leftarrow c1 \vee \ldots \vee c_{j-1} \vee \underline{a1 \vee \ldots \vee an} \vee c_{j+1} \vee \ldots \vee cm$$

  Abschließend werden die Variablen durch die Funktion "Uni" unifiziert (wenn dies überhaupt möglich ist):

  $$\leftarrow (c1 \vee \ldots \vee c_{j-1} \vee a1 \vee \ldots \vee an \vee c_{j+1} \vee \ldots \vee cm)\mathrm{Uni}$$

  Durch das Unifizieren werden "b" und "cj" identisch gemacht: "bUni = cjUni". Durch diesen Prozeß werden Daten als Eingaben von "procedure call" an "procedure declaration" übergeben oder als Ausgaben in umgekehrter Richtung "erzeugt".

- Wenn mehrere passende Aussagen vorkommen, ist die Vorgehensweise beim "logischen Addieren" nicht eindeutig.

Damit die Verwirrung vollständig ist: Resolvieren funktioniert nicht so, daß die interessierenden Aussagen (Behauptungen) aus dem Axiomensystem immer hergeleitet werden kann.

Glücklicherweise ist jedoch das Resolvieren bzgl. des Widerlegens einer Aussage vollständig. Es ist also immer möglich, aus einer Menge von Klauseln die leere Klausel ":-." (Wahrheitswert: falsch) zu folgern, wenn diese Klauseln untereinander inkonsistent sind.

Die leere Klausel ist der logische Ausdruck der Falschheit; die Inkonsistenz der Klauselmenge bedeutet, daß nicht alle enthaltenen Klauseln gleichzeitig wahr sein können, d.h. mindestens zwei davon widersprechen sich. Bei Inkonsistenz muß also durch Resolvieren am Ende des Beweis-Vorganges die leere Klauseln zu erhalten sein.

Wenn wir eine Aussage verifiziert haben wollen, werden wir sie daher erst negieren und dann dem Axiomensystem hinzufügen. Durch Resolvieren kann nun entweder die Inkonsistenz der Gesamt-Klauselmenge inferiert werden oder nicht. Im ersten Fall (Kontradiktion) wird die Richtigkeit der Aussage bestätigt; im zweiten Fall kann die Aussage nicht inferiert werden, d.h. es ist nicht möglich, mit Hilfe des Axiomensystems die Behauptung zu bestätigen. Zu Beginn haben wir also eine konsistente Menge von Klauseln al, a2, ... , an

Die Aussage b mit der Negation ¬b ist genau dann eine Konsequenz dieses Systems, wenn die Menge

al, a2, ... , an, ¬b

inkonsistent ist. Das ist genau dann der Fall, wenn durch (ggf. mehrfaches) Resolvieren aus dem Klauselsystem die leere Klausel erhalten wird. Erhält man dagegen die leere Klausel nicht, so wird daraus geschlossen, daß die Aussage b als Behauptung ("goal") nicht bestätigt werden kann.

<u>Beispiel</u>: Wir betrachten das Klauselsystem

```
mensch(otto) :- .                      (1)
mensch(utta) :- .                      (2)
mummy(otto,utta) :- .                  (3)
sohn(X) :- mummy(X,Y), mensch(Y).      (4)
```

Nun sei die Behauptung
"Otto ist ein Sohn.",
d.h. in quasi-PROLOG-Schreibweise
die Abfrage
"?- sohn(otto)."
, durch ihre Umkehrung(d.h."Otto
ist nicht ein Sohn."):

```
:- sohn(otto).                         (5)
```

zu verifizieren bzw. zu beantworten.

(3) in (4) liefert:

```
sohn(otto) :- mensch(utta).            (6)
```

(2) in (6) liefert:
sohn(otto) :- .   (7)

(5) in (7) liefert:
:- .   q.e.d.

Das bedeutet, die Negation der gegebenen Aussage "Otto ist ein Sohn.", d.h. "Otto ist kein Sohn." wurde verworfen und damit die Richtigkeit der ursprünglichen Behauptung gezeigt.

Bereits durch dieses Beispiel sieht man das Problem der Auswahl der Klauseln zum unifizieren und der Variablen zum instanzieren. Denn, bei einer großen Anzahl von Klauseln in der Wissensbasis könnte die Resolution durch die "trial and error"-Methode ineffizient sein.

Es existieren effiziente Resolutions-Algorithmen, auch mit anderen Systemen als Horn-Klauseln. Auf diese Algorithmen wird hier nicht eingegangen (s. z.B. /ROBI65, BERG77, BÖRG85, NUSS87/). Das Ziel dieser Erläuterungen war u.a., den Zusammenhang zwischen Logik und PROLOG darzustellen und die Gründe der PROLOG-Notation zu erläutern.

3.7 Übungsaufgaben

Aufgabe 3.1

Gegeben sei folgender Satz:

"Wenn es jemanden gibt, den alle respektieren, und der alle entsprechenden Eigenschaften hat, dann ist er ein großartiger Otto."

Beantworten Sie nun folgende Fragen:

- Stellt dieser Satz eine (zusammengesetzte) Aussage im Sinne der Prädikatenlogik erster Ordnung dar?

- Wenn nein, ändern Sie ihn so, daß eine Aussage im Sinne der Prädikatenlogik erster Ordnung entsteht.

- Setzen Sie diese Aussage in eine Formel, die aus einfachen Aussagen (Fakten) und den Ihnen bekannten Operationen des Aussagekalküls (Junktoren, Quantoren) besteht, um.

- Setzen Sie diese Formel in Klauselform um. Wenden Sie das Resolvierungsprinzip an.

- Kann man die entstandenen Klauseln dieser Form in PROLOG ausdrücken? Wenn nein, ändern Sie sie so, daß dies geht. Nun haben Sie eine Wissensbasis.

- Fügen Sie der Wissensbasis zusätzliche Fakten, Regeln etc. hinzu, so daß sinnvolle Fragen gestellt werden können.

Aufgabe 3.2

Der berühmte Science-Fiction-Autor Isaac Asimov postulierte folgende Gesetze für eine humane Verwendung von

Robotern ("I, Robot", Doubleday Publishers, New York (1957)):

1. Ein Roboter darf einen Menschen durch Ausführen oder Unterlassen einer Tätigkeit nicht verletzen.

2. Ein Roboter muß den Befehlen der Menschen gehorchen, es sei denn, diese Befehle stehen mit dem ersten Gesetz im Konflikt.

3. Ein Roboter muß sich wehren (selbst erhalten), es sei denn, dieses Selbsterhaltungs-Verhalten steht mit den ersten beiden Gesetzen in Konflikt.

Beantworten Sie für diese Gesetze die Fragen, welche in der Aufgabe 3.1 gestellt wurden.

<u>Hinweis</u>

Nachdem die Aussagen so geändert wurden, daß sie der Prädikatenlogik erster Ordnung entsprechen, müssen sie in die Klauselform gebracht werden.

Die Umwandlung in die Klauselform erfolgt durch folgende Transformationsschritte:

- Entfernung der Implikation und Äquivalenz durch folgende Umformungsregeln:

  $a \dashrightarrow b = (\neg a) \vee b,$

  $a \leftarrow\!\!\!\rightarrow b = (a \wedge b) \vee (\neg a \wedge \neg b),$

  $a \leftarrow\!\!\!\rightarrow b = (a \dashrightarrow b) \wedge (b \dashrightarrow a).$

- Entfernung der doppelten Negation durch

  $\neg(\neg a) = a$,

- Verschiebung der Negation nach innen (De-Morgansche Gesetze):

  $\neg(a \wedge b) = (\neg a) \vee (\neg b)$,
  $\neg(a \vee b) = (\neg a) \wedge (\neg b)$,
  $\neg(\exists v, P) = (\forall v, \neg P)$,
  $\neg(\forall v, P) = (\exists v, \neg P)$ etc.,

- Entfernung des Existenz-Quantors durch Einführung von Konstanten (wie z.B. "Otto ist lieb." statt "Es gibt einen Menschen, der lieb ist."). Einführung von Funktionen kann auch helfen (wie z.B. $\forall x \quad x<gr(x)$ statt $\forall x \; \exists y \quad x<y$, wobei "gr(x)" dementsprechend definiert wird.) Diese Umformung ist natürlich nicht äquivalent.

- Verschiebung des All-Quantors nach außen,

- Umwandlung in die konjunktive Normalform durch Distributiv-Gesetz: Alle einfachen Aussagen sind miteinander durch "$\wedge$" verbunden oder nur durch "$\vee$" zusammengesetzte Aussagen sind miteinander durch "$\vee$" verknüpft:

  $(a \wedge b) \vee c = (a \vee c) \wedge (b \vee c)$,
  $c \vee (a \wedge b) = (c \vee a) \wedge (c \vee b)$.

- Umwandlung in Klauseln: Die vorgegebenen Aussagen stehen jetzt als eine Formel, wie z.B.

  $((a \vee b) \wedge c \wedge (d \vee e)) \wedge (f \vee g)$

zur Verfügung, d.h., bestehend aus Konjunktionen von einfachen oder von nur durch Disjunktionen zusammengesetzten Aussagen.

Von "oben her" gesehen, d.h. wenn man einfache oder zusammengesetzte Aussagen einheitlich betrachtet, kann diese Formel wie folgt vergröbert werden:

$(a' \wedge c \wedge d') \wedge f'$

wobei $a'=a \vee b$; $d'=d \vee e$; $f'=f \vee g$ bedeuten. Diese Glieder der Formel bilden die Klauseln.

Wegen des Assoziativgesetzes für $\wedge$ ist die Reihenfolge der Klauseln ohne Bedeutung und daher kann hier einfach

$a' \wedge c \wedge d' \wedge f'$

geschrieben werden.

Weiterhin ist wegen des Kommutativgesetzes die Reihenfolge der Klauseln gleichgültig. Wir können also die ursprüngliche Formel als eine Menge notieren:

$\{a', c, d', f'\}$

Diese mengenmäßige Ansammlung von Klauseln ergibt unsere Wissensbasis.

Nun betrachten wir die einzelnen Klauseln näher. Eine Klausel k besteht aus einfachen oder aus durch "$\vee$" zusammengesetzten Aussagen wie z.B.

$((k1 \vee \neg k2) \vee k3) \vee (k4 \vee \neg k5))$

Aus den o.g. Gründen (Assoziativ- und Kommutativgesetze) kann auch hier eine Menge gebildet werden:

$\{k1, \neg k2, k3, k4, \neg k5\}$

Jedes Element dieser Klauselform ist eine einfache oder negierte Aussage (die Negationen wurden bei der Umwandlung des ursprünglichen Ausdrucks nach innen verschoben.).

Für jede Klausel schreiben wir nun die nicht-negierten zuerst, die negierten nachher:

$k1 \vee k3 \vee k4 \vee \neg k2 \vee \neg k5$

Diese Formel entspricht der Formel

$k1 \vee k3 \vee k4 \vee \neg(k2 \wedge k5)$

, die wiederum mit der folgenden Implikation identisch ist:

$k2 \wedge k5 \text{ --> } k1 \vee k3 \vee k4$

Dadurch erhält man die einzelnen Klauseln.

4. Syntax von PROLOG

In den einführenden Betrachtungen über PROLOG im Abschn. 2 haben wir uns für die Beschreibung einiger beispielhaft ausgesuchter Sprach-Konstrukte stillschweigend für die Syntaxversion entschieden, die inzwischen als "Edinburgh-PROLOG" große Verbreitung fand und in /CLOC84, WARR83/ beschrieben wird. Die andere, ebenfalls weit verbreitete Version wird "Marseilles-PROLOG" genannt. Die Unterschiede der beiden Versionen werden im Abschn. 15 kurz erläutert; für Literaturhinweise s. Abschn. 2.1. Die Syntax der PROLOG ist im Grundvorrat der Sprache kompakt und wird im folgenden erläutert (s. auch Anhang I). Wir werden uns weiterhin an die "Edinburgh"-Version halten.

Hinweis: Die "PROLOG-eigensten" Konstrukte (wie "CUT", "Univ" etc.) werden separat und nicht hier behandelt.

PROLOG-Programme bestehen aus Klauseln, die

- in einer Wissensbasis und/oder
- in den Abfragen

vorkommen.

ACHTUNG: Die Abfragen werden hier als Bestandteil eines PROLOG-Programms betrachtet, denn sie aktivieren die Wissensbasis (als "procedure call") und müssen bei der Programmerstellung sorgfältig vorbereitet werden. Diese Betrachtung ist in der Literatur nicht üblich.

Die Klauseln in der Wissensbasis können Fakten oder Regeln sein, deren Aufbau im Abschn. 2 erläutert wurde.

Klauseln mit gleichlautenden Prädikaten werden zu einer "Prozedur" zusammengefaßt. Die Prozeduren bilden zusammen mit den Fakten die Wissensbasis.

Abfragen entsprechen Fakten, die mit "?-" beginnen und mit "," konkateniert werden können (s. Abschn. 2.2, 2.7). Die Abfragen beinhalten das Implikationszeichen ":-" nicht.

Die Bestandteile der Klauseln sind "Terme" und "Operatoren", die i.A. aus

- Groß-Buchstaben: A,B,C, ..., Z oder
- Klein-Buchstaben: a, b, c, ..., z oder
- Ziffern: 0, 1, ..., 9 oder
- Sonderzeichen: +, -, /, *, %, ... (je nach Zeichensatz)

bestehen können.

Im folgenden werden Terme und arithmetische Operatoren erläutert. Der Term ist der einzige Datentyp in PROLOG, aus dem sich die Sprachkonstrukte bilden lassen (Wie bereits erwähnt wurde, ist die Verwendung des Begriffs "Datentyp" in PROLOG problematisch und -mit Recht- sehr umstritten). Eine allgemeine Behandlung der Operatoren folgt im Abschn. 8.

4.1 Terme

Terme bilden die Bausteine der Klauseln. Sie können als

- Konstante,
- Variable,
- Strukturen,
- Listen

auftreten.

Diese Konstrukte werden wir im folgenden einzeln erläutern.

4.1.1 Konstante

Konstante werden auch "Individuen" genannt und haben -im Gegensatz zu Variablen- feste Werte. Ihre Erscheinungsformen sind

- Atome,
- Integer.

4.1.1.1 Atome

Atome bezeichnen Prädikate, Operatoren und sonstige Individuen und beginnen mit Klein-Buchstaben; sie können weiterhin Buchstaben, Ziffern, "-" (Bindestrich) und "_" (Unterstrich) beinhalten.

Beispiele:

```
otto
person1
ist_Schwester
wird-zusammengesetzt
```

Atome können auch in Hochkommas ("' '") eingeschlossen werden und dann beliebige Zeichen beinhalten.

Beispiele:

```
'OTTO§'
'31. Mai 1985'
```

Schließlich können Atome aus Sonderzeichen bestehen (Operatoren und Meta-Syntaxzeichen sind demnach Atome).

Beispiele:

```
=
==>
?-
:-
*
+
```

4.1.1.2 Integer (ganze Zahlen)

Wie in konventionellen Programmiersprachen üblich, sind Integer positive oder negative ganze Zahlen (einschl. 0). Einige Implementierungen erlauben auch andere arithmetische Darstellungen; es darf jedoch nicht vergessen werden, daß PROLOG für logische und symbolische und nicht für numerische Programmierung geschaffen wurde.

Beispiele:

123
32777
0

4.1.2 Variablen

Variable bezeichnen nicht-instanzierte Argumente von Prädikaten oder Funktoren in Klauseln. Sie werden wie Atome gebildet, allerdings mit folgenden Unterschieden:

- Sie beginnen mit Groß-Buchstaben oder mit "_" (Unterstrich).

- Die Variablen können als Sonderzeichen nur "_" (Unterstrich) beinhalten und nicht "-" (Bindestrich), denn der Bindestrich ist als Substraktions-Zeichen reserviert, das als Operation zwischen Variablen (auch ohne trennende Blank) gesetzt und ausgeführt werden kann. Zwischen zwei Atomen dagegen kann die Subtraktion nicht durchgeführt werden, daher ist der Bindestrich als Bestandteil eines Bezeichners zulässig.

Variable können aber auch nur aus "_" (Unterstrich) bestehen: der "allgemeine Platzhalter" oder die "anonyme Variable", wie z.B. in "mag(_, otto).". In diesem Fall hat die Variable "_" keinen Namen; sie ist für die weitere Bearbeitung zunächst unwichtig. Wichtig ist zu wissen, daß die Bindung mehrerer Platzhalter innerhalb einer Regel unabhängig voneinander erfolgt.

Beispiele:

```
Anzahl_Teilnehmer
Wort
_5_Kinder
_  /* Anonyme Variable oder "Platzhalter" */
```

4.1.3 Strukturen

Strukturen bestehen aus (s. auch Abschn. 5)

- einer Strukturbezeichnung und
- Komponenten, wobei die Komponenten wieder aus Strukturen bestehen können.

Beispiele:

```
konto(otto)
konto(otto, konto-nr)
```

```
konto(otto, konto-nr('A', 122))
konto(Kunden-Name, Nr)
```

4.1.4 Listen

Die Listen werden in PROLOG durch einen Punkt "." angeführt; die Listenelemente werden in Klammern umschlossen. Die Listen sind besondere Datenstrukturen, deren Argumente eine wohldefinierte Einheit bilden.

Listen werden in den Abschnitten 5.2, 9, 10 und 11 ausführlich besprochen.

4.2 Arithmetik

mit Hilfe der Arithmetik können Terme (d.h. Variablen, Konstanten, Strukturen etc.)

- auf Werte "gleichgesetzt" (zugewiesen) oder
- durch arithmetische Operationen geändert oder
- verglichen werden.

Arithmetische Operationen werden zwischen den Operanden geschrieben (Infix-Notation). Damit entspricht die Schreibweise der arithmetischen Ausdrücke in PROLOG weitgehend der Schreibweise der arithmetischen Operationen in konventionellen, höheren Programmiersprachen mit den Operatoren +, -, *, / und Klammern. Die Wertzuweisung (z.B. in Pascal ":=") folgt in PROLOG durch "is", und zwar gemäß der Regeln der "unification".

4.2.1 Vergleichsoperationen

PROLOG erlaubt Vergleiche auf

- Gleichheit: "="
- Verschiedenheit: "/="
- Kleiner: "<"
- Größer: ">"
- Kleiner/Gleich: "=<" (Nicht "<=" !)
- Größer/Gleich: ">=" (Nicht "=>" !)

Die Zeichen "<=" und "=>" sind für eventuelle, benutzerdefinierte Operatoren für Ableitungen etc. vorgesehen; als Vergleichsoperation könnten sie mit Implikation verwechselt werden.

Beispiele:

```
?-  X = Y.
    /* Zwei Variablen werden gleichgesetzt */
yes

?-  konto(otto, konto-nr) = X.
    /* X bezeichnet konto */
yes

?-  otto = otto.
yes

?-  otto = utta.
no
```

```
?-  1 = 1.
yes

?-  2 = 4.
no

?-  konto(otto, 12) = konto(otto, Konto-nr).
Konto-nr = 12
yes

?- a(b,C, d(e,F, g(h,i,J))) =
                        a(B,c, d(E,f, g(H,i,j))).
C = c  F = f  J = j  B = b  E = e  H = h  J =j
yes
```

Im letzten Beispiel werden die Variablen B, C, .. durch Gleichsetzen auf die Atome b, c, .. instanziert. Es hätte natürlich auch B = c, Cäsar = otto etc. sein können, d.h. die Variablen könnten andere Bezeichnungen haben.

MERKE: In den obigen Beispielen, wie in vielen anderen auch, wird die Wirkung von PROLOG-Konstrukten (hier: arithmetische Operationen) durch Antworten des Systems auf Abfragen (queries) des Benutzers dargestellt, um eine hohe Transparenz zu erreichen. Dies darf nicht als Anwendungs-Einschränkung verstanden werden; die zu beschreibenden Konstrukte können selbstverständlich auch im Prämissen-Teil der Regeln (procedure declarations) vorkommen.

4.2.2 Arithmetische Operationen

Folgende arithmetische Operationen sind bei PROLOG-Systemen üblicherweise definiert:

- Summe: "+"
- Differenz: "-"
- Multiplikation: "*"
- Division: "/"

Arithmetische Operationen erfolgen mit Hilfe des Infix-Operators

"is"

Beispiel:

```
... :-  ..., A is (B - 1), ..   .
```

BEMERKUNG: Weitere Operationen können durch das Standard-Prädikat "op" die Syntax erweitern (s. Abschn. 8).

Beispiel: Folgendes PROLOG-Programm kann benutzt werden:

- zur Bestimmung der Amtsdauer X eines Regenten, z.B. durch die Abfrage
  ?- amts_dauer(eiserne_otto, X).

- zur Feststellung, ob ein Regent zu einem bestimmten Zeitpunkt (als Jahr) im Amt war, z.B. durch die Abfrage
  ```
  ?- im_Amt(eintags_first, 1945).
  ```

- zur Feststellung, welcher Regent R in einem bestimmten Jahr regiert hat, z.B. durch die Abfrage
  ```
  ?- im_Amt(R, 1945).
  ```

- ob verschiedene Regenten irgendwann (im selben Jahr) gleichzeitig regierten, z.B. durch
  ```
  ?- im_Amt(eiserne_otto, 1945),
     im_Amt(eintags_first, 1945).
  ```

Zur Beantwortung dieser und weiterer Fragen kann das folgende PROLOG-Programm benutzt werden (s. auch die Aufgabe 4.4 am Ende dieses Abschnitts):

```
/* Aufstellung der Regierenden durch Angabe von
   Namen, Jahr der Macht-Ergreifung und Jahr der
   Macht-Übergabe */
hat_regiert(eiserne_otto, 1930, 2000).
hat_regiert(eintags_first,1945, 1945).
 ...


/* Feststellung, ob <Regierende> zum Zeitpunkt
   <Jahr> im    Amt war */
im_Amt(Regierende, Jahr) :-
             hat_regiert(Regierende, Anf, End),
             (Jahr >= Anf), (Jahr =< End).

/* Ermittlung der Amtsdauer (Jahre := End - Anf)
   eines Regierenden */
```

```
amts_dauer(Regierende, Jahre) :-
            hat_regiert(Regierende, Anf, End),
            Jahre is (End - Anf).
```

In dem obigen Beispiel sehen Sie die Verwendung von arithmetischen und Vergleichsoperationen. Achten Sie bitte darauf, daß beim Bilden der arithmetischen Ausdrücke von Klammern großzügig Gebrauch gemacht wurde.

4.3 Andere, maschinenabhängige Operationen

In diesem Abschnitt wurde eine knappe Zusammenfassung der PROLOG-Syntax gegeben, die in den meisten Implementierungen enthalten sein dürfte. Dennoch sind Abweichungen sehr wahrscheinlich. Diese Einführung ist daher keineswegs als Ersatz für die Lektüre der jeweiligen System-Dokumentation zu verstehen.

Die wichtigsten Unterschiede zwischen verschiedenen Implementierungen bestehen in der Vielfalt der Standard-Prädikate (s. Abschn. 9), die den Komfort des benutzten Systems ausmacht. Solche Prädikate können auch selbst erstellt werden (s. Abschn. 8).

4.4 Übungsaufgabe

Schreiben Sie ein PROLOG-Programm zur Konsultation über die Regierungszeiten der bundesdeutschen Präsidenten, Kanzler und wichtigsten Minister. Ihre Angaben müssen dabei nicht unbedingt mit der geschichtlichen Realität übereinstimmen; so z.B. wären folgende Fakten gültig:

- "Otto war 1946-1947 Vertretungsminister".
- "Aloisius war 1956-1985 Bierminister."

etc.

und auch Regeln wie

- "Wer gleichzeitig Bier- und Vertretungsminister ist, ist ein Klasse-Minister."

möglich.

Bei der Konsultation sollten z.B. Fragen möglich sein:

- "Von wann bis wann hat Otto regiert?"

- "Waren Otto und Aloisius irgendwann einmal gleichzeitig im Amt?"

- "Rechne die Regierungszeiten der Klasse-Minister zusammen."

5. Verschiedene Datenstrukturen in PROLOG und ihre Verwendung

Eine explizite Angabe der Datentypen ist in PROLOG nicht vorgesehen. Mit Hilfe des Sprachkonstrukts "Term" kann der Benutzer jedoch einige strukturierte Datentypen definieren. Die in PROLOG besonders oft benutzten Formen der Datenstrukturen sind (s. auch /CHEN87/):

- Einfache Bäume,
- Verkettete Bäume,
- Listen.

5.1 Bäume

Bäume sind besondere Strukturen, deren Elemente Unterstrukturen enthalten können. Solche Strukturen haben Sie bereits im Abschn. 4.1.3 kennengelernt.

Beispiel: Konto-Nr., bestehend aus <konto-inhaber> etc.

```
konto(otto, konto-nr('A', 122))
```

Grafische Darstellung dieser Struktur:

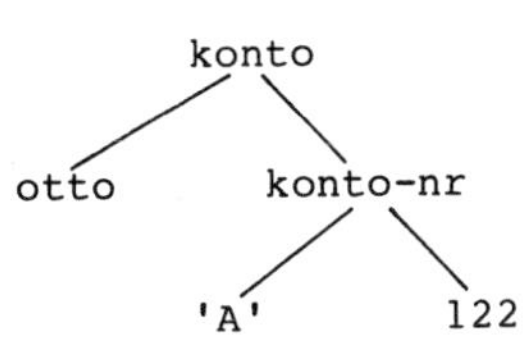

Beispiel: Aufbau eines Satzes nach der grammatischen Regel

satz(subjekt(otto),prädikat(verb(ißt), objekt(brot)))

Grafische Darstellung:

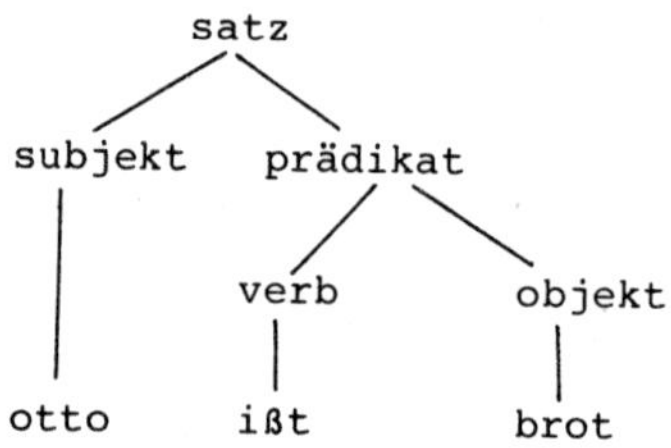

Verkettete Bäume

sind keine Bäume im Sinne der Graphentheorie. Sie werden hier "erfunden", um das Replizieren gleichartiger Knoten zu vermeiden (vergl. auch LISP, s. Abschn. 15).

Beispiel:

f(X, g(X, a))

Grafische Darstellung:

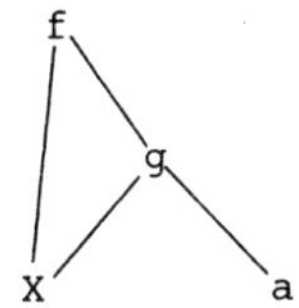

5.2 Listen

Listen beinhalten Elemente beliebigen Typs in geordneter Reihenfolge. Ihre Elemente können Konstante, Variable, Strukturen und wieder Listen sein.

Eine Liste ist entweder

- die leere Liste ([]) oder
- sie besteht aus
  - -- dem Funktor "." als besonderer Listenbezeichner und
  - -- Listenkomponenten, die anschließend erklärt werden.

5.2.1 Listenkomponenten

Abweichend von der konventionellen Programmierung werden wir in PROLOG zwischen "Elementen" und "Komponenten" einer Liste unterscheiden. Listenelemente sind die Objekte, die zu einer Liste zusammengefaßt werden (wie die Elemente von Feldern (array) in der konventionellen Programmierung). Die Komponenten der Listen dagegen sind zwei unterschiedliche Gebilde:

- Erst-Element (Listenkopf) der Liste und
- Rest-Liste (Listenende) der Liste.

Die zweite Komponente (die Restliste) einer Liste ist demnach wieder eine Liste. Sie (d.h. die Restliste) hat als Komponenten wieder

- Erst-Element (Listenkopf),
- Rest-Liste (Listenende).

Die Zergliederung einer Liste in ihre Komponenten ist ein rekursiver Prozeß, der aufhört, wenn als Rest-Liste die leere Liste übrig bleibt. Diese Eigenschaft wird vielfach als ein Abbruch-Kriterium der Rekursivität benutzt, die bei logischer Programmierung eine sehr wichtige Rolle spielt (s. insbesondere Abschn. 5.3, 11, 12, 13 und 14).

Ungewöhnlich ist anfangs die Denkweise, daß die Rest-Liste die leere Liste sein kann.

Die Listen werden durch "." (als Funktor) angeführt; ihre Elemente werden in Klammern zusammengefaßt. Die Listen sind demnach besondere Datenstrukturen, deren Argumente eine wohldefinierte Einheit bilden. Wie übrige Strukturen, können auch Listen durch Bäume dargestellt werden. Da sie eine binäre Struktur haben, sind ihre Bäume binäre Bäume. Der linke Ast bezeichnet dabei das Listen-Erst-Element; der rechte die Rest-Liste. Um Platz zu sparen, kann sich der Baum statt vertikal, auch horizontal "fortplanzen", wie Sie unten in den Bildern der anschließenden Beispiele sehen werden.

<u>Beispiel</u>: Eine Liste mag als einziges Element "otto" beinhalten:

.(otto,[])

Diese ein-elementige Liste kann grafisch wie folgt dargestellt werden:

Als normaler Baum:

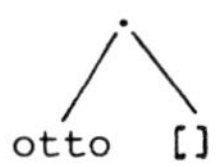

Oder mit "seitlicher Fortpflanzung"

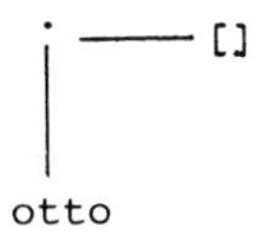

Wie Sie sehen, kann sich die Restliste (hier: die leere Liste), statt nach unten, seitlich "fortpflanzen".

<u>Beispiel</u>: Eine drei-elementige Liste möge "otto", "karla" und "magda" beinhalten:

.(otto, .(karla, .(magda,[])))

Grafische Darstellung:

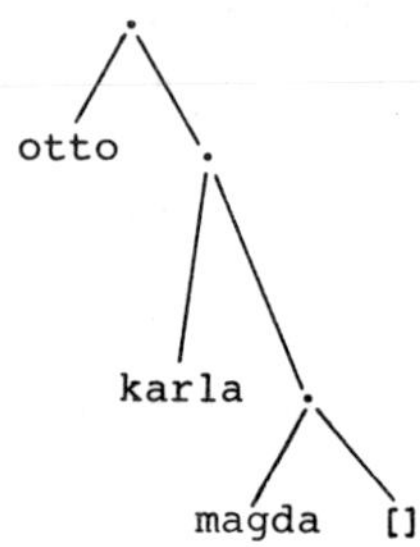

oder

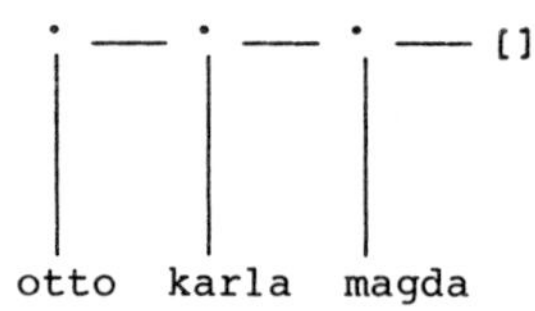

Eine bequemere Listen-Notation

Die Syntax von PROLOG erlaubt eine einfachere Schreibweise für die Listen durch Benutzung eckiger Klammern und Weglassen der leeren Menge, z.B. für die obigen Beispiele:

[otto] und
[otto, karla, magda]

Durch diese Notation wird eine "Brücke" zum konventionellen Listenbegriff geschaffen; statt der Listenkomponenten werden die Listenelemente betont.

Die Listenelemente selbst können Listen sein, wodurch eine Mehrstufigkeit bez. der Listentiefe entsteht. Die einfachen Elemente bilden die Stufe eins der Listentiefe; die Elemente, welche Listen darstellen, führen Elemente der zweiten oder höheren Stufen ein, wie Sie im nächsten Beispiel sehen.

Beispiel: Folgende Liste beinhaltet Elemente der ersten Stufe (sys3, sys1.1, sys1.2 etc.) und der zweiten Stufe (sys1.1, sys1.2, sys5.1 etc.)

[[sys1.1, sys1.2], sys3, [sys5.1, sys5.2]]

Grafische Darstellung:

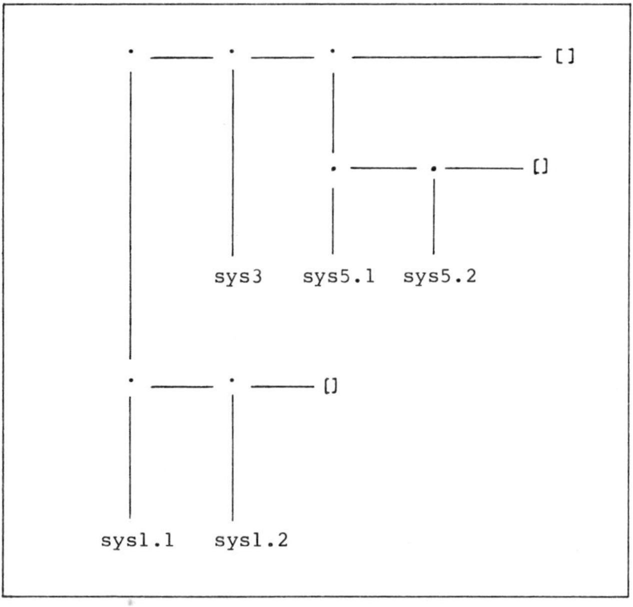

Bild 5.1: Eine mehrstufige Liste

5.2.2 Trennung des Erst-Elementes von der Rest-Liste

Für bestimmte Aufgabestellungen ist es sehr nützlich, das Listen-Erst-Element von der Rest-Liste zu trennen. So kann man z.B. eine Suche innerhalb einer Liste rekursiv gestalten: Zuerst wird das Listen-Erst-Element nach bestimmten Eigenschaften untersucht. Bei "Fündigwerden" kann die Suche beendet werden; gelingt dies nicht, wird die Liste "geköpft", d.h. das Erst-Element wird von der Liste getrennt. Anschließend wird dieser Prozeß solange mit der Rest-Liste wiederholt, bis das gesuchte Element gefunden wird, oder die leere Liste übrig bleibt (Abbruch-Bedingung) (vergl. Abschn. 5.3, 10 bis 14).

Bei den oben geschilderten Aufgabenstellungen werden nicht die Listenelemente, sondern die Listenkomponenten betrachtet, d.h. der Listenkopf wird von der Restliste isoliert betrachtet. Dadurch können die einzelnen Listenelemente "angefaßt" werden.

Zum Eingewöhnen möge das folgende Beispiel dienen, das für unterschiedlich beschaffene Listen die Listenkomponenten angibt.

Beispiel: Für folgende Listen werden Erst-Elemente und Rest-Listen angegeben. Die Listen können als Elemente wieder Listen beinhalten. Beachten Sie bitte, daß in diesem Fall die Rest-Listen (ein-elementige) Listen von Listen darstellen.

Liste	Erst-Element	Rest-Liste
[]	-	-
[sys1]	sys1	[]
[sys1_1,sys1_2]	sys1_1	[sys1_2]
[sys3,[sys5_1, sys5_2]]	sys3	[[sys5_1, sys5_2]]
[[sys1_1,sys1_2], sys3,[sys5_1,sys5_2]]	[sys1_1, sys1_2]	[sys3, [sys5_1, sys5_2]]

Bild 5.2: Trennung der Listenkomponenten

5.2.3 Das eingebaute Prädikat "|" (Listen-Separator): Erst-Element, Rest-Liste

Ist eine Liste L = [X, Y] gegeben, wobei X und Y Terme irgend einer Art (Atome, Konstanten, Strukturen etc.) oder wieder Listen sein können, so ist es manchmal wichtig, das Listen-Erst-Element von der Rest-Liste automatisch zu trennen.

Zur Trennung der Listenkomponenten steht das eingebaute Prädikat "|" (Listenseparator, Trennzeichen) zur Verfügung (Bei manchen Implementierungen: "¦").

Die Operation [X|Y] ermittelt für eine Liste L = [....] die Listenkomponenten als

- X das erste Element
- Y die Restliste

der Liste.

<u>Beispiele</u>: Gegeben seien folgende Strukturen, die als Argumente Listen enthalten:

```
f([10, 20, 30]).
f([otto, ass,[ kaese, mit, brot]]).

?- f([X|Y]).
X = 10    Y =[ 20, 30] ;
X = otto   Y=[ass, [kaese, mit, brot ]];
no

?- f([_, _,[ _ | X]]).
X=[mit, brot]
```

<u>Beispiel</u> (fuer Listen-Äquivalenz): Im folgenden seien zwei Listen "Listel" und "Liste2" gegeben.

Es soll festgestellt werden, welchen Komponenten die vorhandenen Variablen entsprechen, wenn die Listen "Listel" und "Liste2" gleichgesetzt werden.

Listel	Liste2	Variablen-Instanzierung
[otto]	[X|Y]	X=otto, Y=[]
[otto|X]	[otto, kaese]	X=[kaese]
[X,[Y|Z]]	[otto, isst, kaese]	X=otto, Y=isst, Z=[kaese]
[dicker|X]	[Y|brocken]	X=brocken,Y= dicker
[der,[Bayer|X]]	[Y,[aloisius|, [huepft, dort]]	X=[huepft, dort], Y=der,Bayer=aloisius
[X, otto]	[otto, magda]	no
[sys1_1*sys3, sys5_1+sys3]	[X|Y]	X=*(sys1_1, sys3), Y=[+(sys5_1, sys3)]

Bild 5.3: Operationen auf Listen-Komponenten

Für das letzte Beispiel im Bild 5.3 ist bei einigen Implementierungen eine Ausgabe der Listenkomponenten als "X=sys1.1*sys3" und "Y= sys5_1+sys3 " möglich; oben wurde von der internen Darstellung der arithmetischen Ausdrücke ausgegangen (s. auch Abschn. 10.1, "Ausgabe von Klauseln").

5.3 Rekursivität und Listenverarbeitung

Im Zusammenhang mit Listen und Listen-Operationen spielt die Rekursivität für logische Programmierung eine große Rolle (s. die Bemerkungen im Abschn. 5.2.1 und 5.2.2). Das folgende Beispiel möge hierfür einen Einblick vermitteln. Das angegebene Programm wird später häufiger (als Service-Funktion) verwendet.

Beispiel: Es ist ein Programm zur Prüfung der Listenzugehörigkeit aufzustellen, d.h. zur Feststellung, ob ein Element in einer Liste enthalten ist. Der Aufruf soll erfolgen durch:

element_aus(element, Liste)

Damit kann z.B. die Frage beantwortet werden:

```
?- element_aus(otto,[ karla, magda, otto, magda]).
yes    /* otto ist in der Liste enthalten */
```

Das folgende Programm erfüllt diese Aufgabe:

```
/* (1) Das gesuchte Element ist das Erst-Element*/
element_aus(X,[ Y|_]) :- X = Y.

/* (1) kann etwas kürzer ausgedrückt werden: */
element_aus(X,[ X|_]).

/* (2) Liste "köpfen" und weitersuchen */
element_aus(X,[_ |Y]) :- element_aus(X, Y).
```

Pruef-Kriterien für die Suche sind:

(1) X ist das Erst-Element Y der Liste
(2) X ist (wenn überhaupt) in der Rest-Liste Y enthalten

Abbruch-Kriterien für die ordentliche Programm-Terminierung sind:

(1) Das gesuchte Element ist das erste Element des zweiten Arguments der Regel (1)

(2) Das zweite Argument in Regel (2) oder (1) ist die leere Liste.

Die Prozedur "element_aus" kann vielseitig verwendet werden. Bei qualifizierten Fragestellungen wie oben testet sie die Listenzugehörigkeit. Durch teilqualifizierte Abfragen kann sie auch zur Generierung von Listenelementen benutzt werden (Für Beispiele siehe Abschn. 11 bis 14).

Beispiel: Der folgende Aufruf von "element_aus" liefert Elemente der betrachteten Liste:

```
?- element_aus(X,[ karla, magda, otto, magda]).
X=karla;     /* Erzeugung weiterer Elemente: ";" */
X=magda
```

5.4 Übungsaufgabe

Schreiben Sie ein PROLOG-Programm "verschieden", das für zwei Mengen (als Listen dargestellt) folgendes leistet:

- Mit "verschieden" kann getestet werden, ob die beiden Mengen nicht elemente-gleich sind.

- "verschieden" kann das erste disjunkte Mengen-Element ausgeben.

Kann "verschieden" auch an Listen angewendet werden?

Hinweise: Als Service-Funktion sollten Sie die Ihnen inzwischen bekannte "element_aus"-Prozedur benutzen.

Für die Ausgabe benutzen Sie bitte die "write"-Klausel (s. Abschn. 7.2.2).

6. Kontrollmechanismen in PROLOG

Die einfachsten, natürlichen Kontrollmechanismen in PROLOG sind explizit und implizit wie folgt gegeben:

- Explizit: durch Aufruf des eingebauten Prädikats "consult(<PROLOG-Datei>)." zur Ausführung von PROLOG-Programmen in PROLOG-Dateien (s. Abschn. 9.1),

- Implizit: durch die Reihenfolge der Klauseln und von dieser Reihenfolge abhängiges Resolvieren und evtl. backtracking für die Beweisführung ("unification", "pattern matching" etc.; s. Abschn. 2.7, 3.4).

Obwohl die Reihenfolge der Klauseln höchstens auf die Effizienz und nicht auf das Ergebnis der logischen Programme einen Einfluß haben sollte, kann in manchen Fällen eine verschiedene Auflistung der Klauseln in der Praxis doch sehr wichtig sein.

Beispiel: Betrachten Sie folgendes PROLOG-Programm:

```
mensch(X) :- mensch(Y), sohn(X,Y).
mensch(otto).
```

Wie wird die folgende Abfrage beantwortet?

```
?- mensch(X).
```

Antwort: Der Aufruf verursacht eine endlose Schleife. Warum?

Hinweis: Ändern Sie die Reihenfolge der Klauseln!

Ein backtracking kann notwendig und erwünscht sein; er spielt in der logischen Programmierung eine zentrale Rolle. Er kann aber auch "überflüssig" sein, d.h. der Beweis eines Teiles der Prämisse bringt keine neuen "Aspekte". Oder, wie im obigen Beispiel, es entsteht eine Endlos-Schleife.

<u>Beispiel:</u> Folgende (nicht realistische) Wissensbasis möge besagen, daß "otto" und "utta" Fans bestimmter Sportvereine sind; alle anderen seien dagegen Fans von "werda_bremen".

```
sein_herz_schlaegt_fuer(otto, bayern_muenchen).
sein_herz_schlaegt_fuer(utta, herta_beesce).

sein_herz_schlaegt_fuer(_, werda_bremen).
```

Die folgende Abfrage liefert die Antwort:

```
?- sein_herz_schlaegt_fuer(otto, Favorit).
Favorit=bayern_muenchen;
```

, was richtig ist. Setzt man die Frage mit ";" fort, so erhält man durch backtracking die zweite (Alternativ-)Antwort:

```
Favorit=werda_bremen
```

, was falsch ist.

In den oben dargestellten Fällen verursacht ein backtracking

- Ineffizienz bei der Ausführung und bei der Speicherplatz-Belegung durch Endlos-Schleife,

- falsche Antwort.

Aus praktischen Gründen müssen wir eine Möglichkeit finden, um die Abarbeitung der PROLOG-Programme zu steuern.

6.1 CUT ("Schnitt"): Manipulation des "backtracking"

Backtracking hat zwei grundsätzliche Funktionen:
- Parameter-Übergabe,
- Fallunterscheidung.

Ein gewollter Abbruch des backtracking bei Auftreten bestimmter Bedingungen kann durch die "CUT"-Operation erreicht werden, die auch "Schnitt" genannt wird:

"!"

Syntax:

.. :- .. <aussage> ! <aussage> ..

CUT kommt demnach nur im Prämissen-Teil einer Regel vor.

Die Notwendigkeit der Einführung eines Mechanismus zur Manipulation des backtracking erläutern wir an einem Beispiel.

Bei den oben angegebenen Beispielen wird durch Setzen von CUT zu Anfang der Prämissen erreicht, daß backtracking nicht initiert wird:

<u>Beispiel:</u> Das erste Beispiel kann wie folgt modifiziert werden:

```
mensch(X) :- !, mensch(Y), sohn(X,Y).
mensch(otto).
```

Jetzt wird eine Endlos-Schleife auch bei der ursprünglichen Reihenfolge vermieden, d.h. folgende Frage wird korrekt beantwortet:

```
?- mensch(X).
X=otto
```

<u>Beispiel:</u> Das zweite Beispiel kann wie folgt modifiziert werden:

```
sein_herz_schlaegt_fuer(otto, bayern_muenchen) :- !.
sein_herz_schlaegt_fuer(utta, herta_beesce) :- !.

sein_herz_schlaegt_fuer(_, werda_bremen).
```

Die folgende Abfrage bewirkt:

```
?- sein_herz_schlaegt_fuer(otto, Favorit).
Favorit=bayern_muenchen;
no
```

Durch CUT wird erreicht, daß nach einmaligem Instanzieren keine Alternativ-Antworten "backtracked" werden.

Trotz CUT kann ein unerwünschter Effekt auftreten, wie im nächsten Beispiel erörtert wird:

Beispiel: Bei der Wissensbasis im letzten Beispiel liefert die folgende Abfrage eine falsche Antwort:

```
?- sein_herz_schlaegt_fuer(otto, werda_bremen).
yes
```

Dieser Effekt tritt auf, weil die Klausel mit CUT gar nicht betreten wird, sondern gleich die "alles-andere-Regel" die falsche Antwort liefert.

Abhilfe liefert eine genaue Spezifikation der möglichen Fälle:

```
sein_herz_schlaegt_fuer(otto, Favorit) :-
                    !,
                    (Favorit is bayern_muenchen).

sein_herz_schlaegt_fuer(utta, Favorit) :-
                    !,
                    (Favorit is herta_beesce).

sein_herz_schlaegt_fuer(_, werda_bremen).
```

Die folgende Abfrage bewirkt:

```
?- sein_herz_schlaegt_fuer(otto, Favorit).
Favorit=bayern_muenchen;
no
```

Und vor allem bewirkt die Abfrage:

```
?- sein_herz_schlaegt_fuer(otto, werda_bremen).

no
```

In den bisherigen Beispielen haben wir die CUT-Operation zu Anfang des Prämissen-Teiles einer Regel gesetzt; dadurch wurde vermieden, daß die Prozedur (d.h. die Regeln mit gleichem Prädikat) nach einmaligem Durchlaufen der Regel mit CUT von neuem, mit Hilfe anderer Regeln aktiviert wird.

Wie wirkt ein CUT "mitten in der Landschaft"? D.h., zwischen Prämissen? Diesen Fall möge das folgende Beispiel erläutern.

Beispiel: (in Anlehnung an /SCHN83/) Zur Beauftragung eines geeigneten Mitarbeiters für einen Spezialauftrag sei eine Such-Prozedur in PROLOG zu formulieren, die aus folgenden, anscheinend voneinander unabhängigen Teilen besteht:

(1) Suche nach einem geeigneten Mitarbeiter
(2) Kalkulation des Einsatzes.

Die Abfrage könnte lauten

```
?- beauftrage(installation, tage, bremerhaven, MA,
                    systemanalytiker, dipling).
```

Die Regel (procedure declaration) könnte wie folgt aussehen (sie ist nicht vollständig):

```
beauftrage(Einsatz, Einsatz_Dauer, Einsatz_Ort,
           Mitarbeiter, Beruf, Qualifikation)  :-

           /* (1): Suche geeigneten Mitarbeiter */
           beschäftigt_in(Mitarbeiter,
                          Einsatz_Ort),
           ausbildung(Mitarbeiter, Beruf),
           qualifiziert(Mitarbeiter,
                        Qualifikation),
           verfügbar(Mitarbeiter, Einsatz_Dauer),
           /* Ende (1): Mitarbeiter gefunden! */


           !,   /* gefunden! CUT */

           /* (2): Kalkuliere den Einsatz */
           kalkuliere(Einsatz,Einsatz_Dauer,
                      Einsatz_Ort, Beruf,
                      Qualifikation, Kosten),
           (Kosten =< 5000).
           /* Ende (2) */


/* Aufstellung der Beschäftigten etc. */
beschäftigt_in(otto, bremerhaven).
. . .
```

Scheitert der Teil (2), weil z.B. die kalkulatorischen Kosten für einen geeigneten Mitarbeiter zu hoch sind, so wäre es unsinnig, per backtracking einen anderen, möglichen Mitarbeiter zu suchen, für den die Kalkulation genauso scheitern würde. Nun müßten vielmehr Alternativ-

Kalkulationen durchgeführt werden (Wir gehen von der - vielleicht nicht ganz realistischen - Annahme aus, daß der Suchvorgang deterministisch ist, d.h. die geeigneten Mitarbeiter "immer gleich teuer sind". Dagegen seien Alternativ-Kalkulationen möglich.).

Aus dem o.g. Grund ist zwischen den beiden Teilen (1) und (2) die CUT-Operation notwendig. Sie bewirkt das "Abschneiden" eines evtl. backtracking an dieser Stelle:

Wird auf dem Rückweg von einer erfolgslosen Resolution die Stelle des CUT erreicht, so wird der Versuch einer Erfüllung des betreffenden Ziels abgebrochen und die Prozedur beendet. Sämtliche Unifizierungen der Variablen (Instanzierungen auf Konstante) werden wieder gelöst (d.h. rückgängig gemacht "UNDO" oder "REDO", s. Abschn. 2.7).

6.2 Funktionsweise des CUT

Aus den obigen Beispielen wird folgendes ersichtlich: Wird in einer Regel zwischen Prämissen eine CUT-Operation eingefügt, so wirkt CUT auf die Aussagen "trennend"; d.h. die Prämissen der Regel werden in zwei Gruppen geteilt: vor und nach der CUT-Operation. Ein evtl. backtracking wird nun ganz anders ausgeführt als ohne CUT. Dies wird im folgenden an einem allgemeinen Beispiel erläutert.

Eine Regel (procedure declaration) kann durch einen Prozedur-Aufruf (procedure call oder query) aktiviert werden, z.B. durch:

```
?- blah.
```

Die Regel sei

```
blah :- a, b, c, ! , d, e, f, g.
```

,wobei die Bezeichner "a" bis "g" Klauseln bzw. deren Prädikate notieren.

Hier trennt CUT den backtracking wie folgt:

a, b, c werden wie üblich "backtracked"; wird c einmal erfolgreich bewiesen ("besteht" c), so kann es nur noch zwischen d, e, f und g "backtracked" werden. Wenn der Beweis von d mißlingt (d endgültig "durchfällt"), so fällt das Gesamtziel "blah" (s. Abschn. 2.7) durch; kein Resolutions-Versuch wird mehr anhand der Alternativ-Regeln für "blah" unternommen. Besteht d, so wiederholt sich dieser Vorgang für e, f und g. Voraussetzung ist natürlich, daß für die Prädikate a bis g Alternativ-Klauseln existieren.

<u>MERKE</u>: Die CUT-Operation als eingebautes Prädikat (s. auch Abschn. 9) gelingt immer; d.h. gelangt man bis CUT, so gilt CUT-"Klausel" als bewiesen.

CUT wirkt also wie ein Gleichrichter, der den Fluß des backtracking nur in einer Richtung durchläßt. Hat die Beweisführung die CUT-Stelle einmal überschritten, so gibt es "kein Zurück" mehr. Jetzt kann nur noch hinter CUT "hin- und her-backtracked" werden.

6.3 CUT bei Alternativ-Regeln

Wie im obigen Beispiel des Abschnitts 6.2 angedeutet, macht sich CUT vor allem bei Vorhandensein von Alternativ-Regeln bemerkbar. Diesen Effekt erläutern wir wieder an einem Beispiel.

Beispiel: Regeln zur Benutzung einer Bibliothek mögen besagen, daß "Grunddienste" (s.u.) allen Benutzern angeboten werden, "Zusatzdienste" (s.u.) jedoch nur solchen, die keine überfälligen Bücher haben.

```
/* Feststellen überfaelliger, "fauler" Kunden */
kann_nutzen(Benutzer, Dienst) :-
                          ueberfaellig(Benutzer, Buch),
                          !,   /* nur Grunddienst */
                          grund_dienst(Dienst).

/* Allgemeine Leistungen: */
kann_nutzen(Benutzer, Dienst) :-
                                     allg_dienst(Dienst).

allg_dienst(Dienst)  :- grund_dienst(Dienst).
allg_dienst(Dienst)  :- zusatz_dienst(Dienst).

/* Dienste für alle (vor allem für "Faule"): */
grund_dienst(wärmen_in_der_Lesehalle).
grund_dienst(aus_dem_Fenster_gucken).

/* Dienste nur für "Brave": */
zusatz_dienst(orts_ausleihe).
zusatz_dienst(fern_ausleihe).
zusatz_dienst(freundliche_bedienung).
```

```
/* Schwarze Liste ("faule" Kunden) */
ueberfaeellig('Otto', 'Mickey Mouse').
ueberfaeellig('F. Belli', ki001).
 . . .

/* Benutzer-Kartei */
benutzer('Otto').
benutzer('Methusalem').
 . . .
```

Was bewirken die Abfragen

```
?- benutzer(K), kann_nutzen(K, D).
?- kann_nutzen('Otto', D).
?- kann_nutzen(K, aus_dem_Fenster_gucken).
?????
```

Hinweis: Wird für eine Instanzierung von X in der ersten Regel der Prozedur "kann_nutzen" die CUT-Klausel erfüllt, so werden für diese Instanzierung keine Alternativ-Regeln mehr durchsucht. Damit werden diejenigen Benutzer von Zusatzdiensten ausgeschlossen, die überfällige Bücher besitzen. Für sie kann es nur Grunddienste geben.

6.4 Darstellung des Kontrollflusses in PROLOG-Programmen

Im Gegensatz zur konventionellen Programmierung existieren für logische Programmierung kaum Hilfsmittel für eine rationelle Programm-Erstellung (z.B. zur grafischen

Darstellung wie Struktogramme bei der konventionellen Programmierung) . Das liegt in erster Linie zweifelsohne in der (noch) geringen Verbreitung und im relativ "jungen Alter" dieser Programmierart. Ein weiterer Grund ist, daß hier die üblichen Begriffe wie "Datenfluß", "Steuerfluß" nicht direkt anwendbar sind.

Auch wenn "Software-Engineering" für logische Programmierung (noch) nicht etabliert ist, gibt es brauchbare Ansätze, logische Programme grafisch darzustellen, um z.B. die Funktionsweise der CUT-Operation in einem PROLOG-Programm zu veranschaulichen. Wir werden im folgenden zwei solcher Hilfsmittel vorstellen. Das erste Hilfsmittel dient der Darstellung der Abarbeitung der Prozeduren. Das zweite Hilfsmittel betrifft das Zusammenspiel der Regeln einer Prozedur. Für den Einsatz der Prinzipien und Methoden des Software-Engineering s. auch den Abschn. 14.1.

6.4.1 Beweisbaum (Und-Oder-Baum)

Einem PROLOG-Programm kann wie folgt ein Beweis-Baum (und-oder-Baum) zugeordnet werden (/HARE80/):

- Die "Wurzel" des Baumes bildet die zu beweisende Aussage als Ziel ("goal" oder "Kopf" des "procedure call" bzw. "procedure declaration").

- Für jede Klausel der rechten Seite dieser Aussage (d.h. für die Prämissen) wird ein "Nachfolgerknoten" eingetragen, die durch "<u>und</u>" verbunden werden.

- Für jede Alternativ-Regel wird ein Nachfolgerknoten eingetragen. Diese Knoten sind durch "oder" verbunden.

- Dieser Prozeß wird für die Prämissen als zu beweisende (Teil-)Aussagen wiederholt.

Beispiel: Für das folgende PROLOG-Programm ist der Beweis-Baum zu konstruieren (Buchstaben bezeichnen Aussagen, deren Argumente hier nicht notiert werden).

```
?- b.

b :- g, h.

g :- g1.
g :- g2.
g :- g3.

g1:- p11, p12.
g2:- p21, p22.
g3:- p31, p32, p33.
```

Die Wurzel des Beweis-Baumes bildet "b". An jedem Knoten, von dem Zweige ausgehen, wird notiert, ob es sich um "UND"- oder "ODER"-Zweige handelt (Bei manchen Darstellungen (z.B. /WINS84/) wird die Konvention verwendet, daß "UND"-Verzweigungen durch ein Segment gekennzeichnet werden):

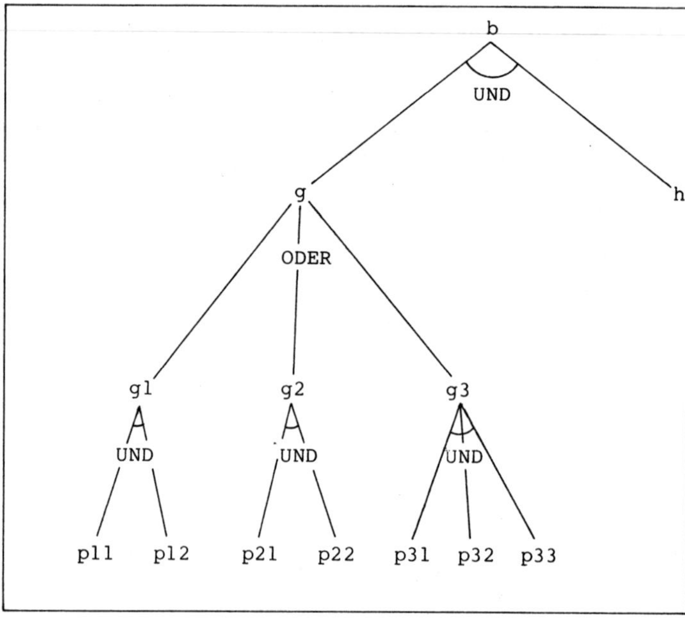

Bild 6.1: Beweis-Baum (Und-Oder-Baum)

Der Beweisbaum soll den Beweis-Vorgang (wenn er überhaupt gelingt) veranschaulichen.

Die Abarbeitung des Beweisbaumes durch den Übersetzer erfolgt nach der Methode "depth first, left to right". Die Besonderheiten dieser Methode, deren Name schon für sich spricht, kann zusammen mit der Einbeziehung der CUT-Wirkungsweise wie folgt skizziert werden:

- Bei einem "und"-Knoten müssen für einen gelungenen Beweis alle Nachfolger erfolgreich abgearbeitet werden

- Bei einem "oder"-Knoten reicht die erfolgreiche Bearbeitung eines Nachfolgers aus.

- Ist an einem Knoten die Fortsetzung des Beweises nicht möglich, so wird im Baum bis zu einem "oder"-Knoten zurückgegangen (backtracking), bei dem rechts eine noch nicht getestete Alternative vorhanden ist. Auf dem Weg zurück müssen alle Variablen-Instanzierungen wieder rückgängig gemacht werden ("REDO").

- Bei der Abarbeitung von CUT ("!") wird im Beweisbaum der übergeordnete "oder"-Knoten abgeschnitten, so daß die noch nicht getesteten Alternativen bei einem eventuellen späteren Backtracking nicht mehr gefunden werden können.

6.4.2 Vierport-Modell ("Box"-Modell)

Zur Darstellung des Kontrollflusses in einem PROLOG-Programm kann jeder Klausel eine Box zugeordnet werden, die bei der Beweisführung durch zwei Eingänge

- CALL: beim procedure call,
- REDO: beim backtracking

betreten und durch zwei Ausgänge

- FINISH (auch EXIT genannt): bei gelungenem Beweis,
- FAIL: bei mißlungenem Beweis.

verlassen werden. Im Bild 6.2 wird dieser Sachverhalt schematisch dargestellt. Das Vierport-Modell wird auch "Box-Modell" genannt.

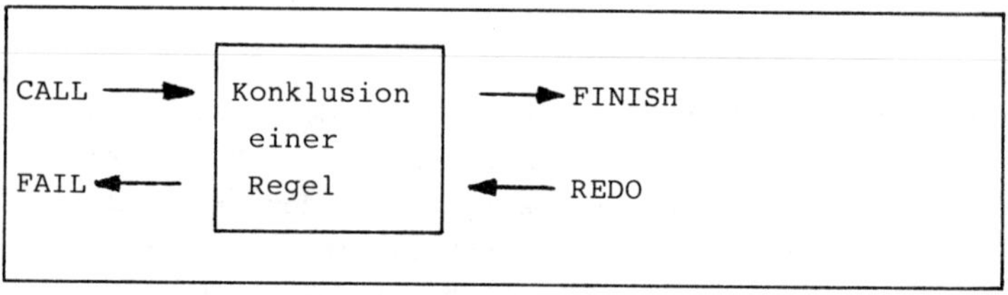

Bild 6.2: Vierport-Modell (allgemein)

Der FINISH-Ausgang einer Box ist mit dem CALL-Eingang der nächsten Box verbunden.

Der FAIL-Ausgang ist mit dem REDO-Eingang der vorhergehenden Box verbunden.

In dieser Box wird für jede Aussage des Prämissen-Teils eine "Unterbox" eingetragen, die mit anderen Boxen nach obigen Regeln verbunden wird.

Bei Vorhandensein von Alternativ-Regeln wird der REDO-Eingang der Prämisse der zuletzt abgearbeiteten Regel gewählt, von dessen FINISH-Ausgang die Regel verlassen wurde.

Beispiel: Das zu beweisende Ziel z soll als Prämissen die Klauseln k1 bis k6 enthalten, die miteinander wie folgt in Beziehung stehen:

```
z :- k1, k2, k3.
z :- k4, k5, k6.
```

Das Vierport-Modell dazu:

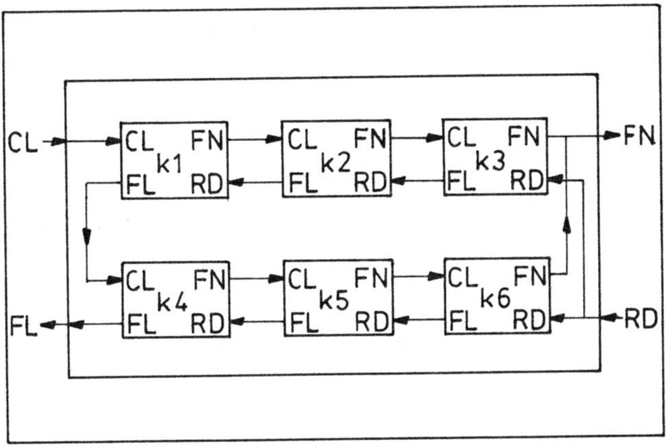

Legende: CL: CALL, FN: FINISH,
RD: REDO, FL: FAIL

Bild 6.3: Vierport-Modell (Beispiel)

Das eingebaute Prädikat CUT entspricht der Box:

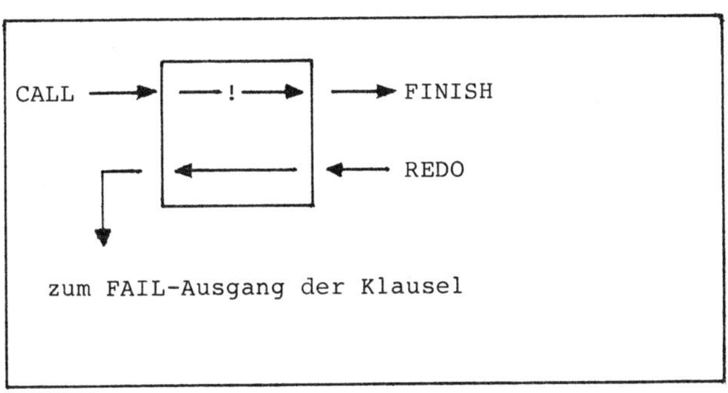

Bild 6.4: Darstellung von CUT am Vierport-Modell

Der TRACE-Modus vieler Übersetzer hält sich bei "Spuren-Sicherung" der Beweisführung weitgehend an die Nomenklatur des Vierport-Modells (s. Abschn. 14.3).

6.5 Konjunktionen, mehrere Alternativ-Regeln

An einem allgemeinen, übersichtlichkeitshalber symbolisch gehaltenen Beispiel sollten Sie das folgende Beispiel

- grafisch (Beweis-Baum, Vierport-Modell) darstellen,
- die Funktion des Programms einschl. CUT am Modell erläutern.

Beispiel:

```
a :- b, c, d, e.

b.
c.
e.

d :- f, g, !, h, j.

f.
j.

g :- g1.
g :- g2.
```

```
h :- h1.
h :- h2.
h :- h3.
```

Was bewirkt dann die folgende Abfrage?

```
?- a.
```

6.6 Verwendungsmöglichkeiten von CUT

CUT dient i.A. zum Abbrechen von evtl. initiiertem backtracking bei Such-Aktionen; dies ist besonders dann nötig, wenn

- die richtige Regel bereits gefunden wird, (ähnlich wie "if ... then .."),

- eine negative Abbruch-Bedingung erfüllt wird, zusammen mit "fail" (s. Abschn. 9.2) (Nebenwirkung: der Beweis mißlingt.) (ähnlich wie "Exit"),

- die einzig mögliche Lösung gerade generiert und gefunden wurde und keine weiteren Alternativ-Regeln probiert werden dürfen (ähnlich wie Verlassen einer Schleife nach dem Finden der gesuchten Größe).

<u>VORSICHT</u>: Es wurde oben (vielleicht etwas krampfhaft und daher unzulässigerweise) versucht, die Wirkung von CUT mit der Wirkung verschiedener Sprachkonstrukte konventioneller Programmierung zu vergleichen.

Dieser Versuch und die o.g. Vergleiche müssen jedoch mit großer Vorsicht genossen werden, denn es gibt in der konventionellen Programmierung keine Notwendigkeit für CUT und daher auch keinen vergleichbaren Konstrukt. Darüber hinaus darf man nie vergessen, daß CUT nur ein einziger Konstrukt ist und immer auf die gleiche Art und Weise wirkt, d.h. nicht einmal wie "if ... then", ein anderes Mal wie "Exit" etc., sondern eben immer wie "CUT"!

Tatsächlich besteht bei den Anwendern der logischen Programmierung keine Einigung über die Notwendigkeit von CUT. "Anhänger" von CUT behaupten, dieser Konstrukt ist unbedingt notwendig, sogar zu wenig als Kontrollmechanismus. Dagegen behaupten die "Gegner" (die "reinen" Logiker), wenn die Erstellung des logischen Programms erst durch CUT möglich wird, hat man wahrscheinlich die falsche Programmier-Art und -Sprache oder das falsche "Problem" gewählt (s. z.B. /LLOY84, ABEL85, COLM85, ROBI82/, verschiedene Artikel in /BRAU85/)!

Ohne sich in den geschilderten Methodenstreit einzumischen, muß akzeptiert werden, daß das eingebaute Prädikat CUT (zumindest zu Anfang) für den "konventionellen" Programmierer etwas schwer verständlich ist, und unerwartete Nebeneffekte verursachen kann. Im Abschn. 6.6.2 wird eine Möglichkeit zur Ersetzung des CUT unter gewissen Umständen aufgezeigt. Die Annahme, auf CUT könnte vollkommen verzichtet werden, ist jedoch bei praktischem Einsatz von PROLOG nicht realistisch.

Im folgenden werden Verwendungsmöglichkeiten von CUT durch verschiedene Beispiele (in Anlehnung an /CLOC84/) erläutert.

6.6.1 Bestätigung der Auswahl richtiger (Abbruch-)Regel

CUT kann vor allem bei Abbruchkriterien benutzt werden, um rekursive Vorgänge zu terminieren.

Beispiel: Folgendes Programm ermittelt die Summe "Sum" der natürlichen Zahlen 1 bis "Zahl" durch den Aufruf von

"summe(Zahl, Sum)".

```
summe(1, 1)   :- !.          /* Abbruch */

/* Rekursiver Aufbau */
summe(Zahl, Erg) :- Zahl1 is (Zahl - 1),
                    summe(Zahl1, Erg1),
                    Erg is (Erg1 + Zahl).
```

Was passiert bei

```
?- summe(0, Zahl).    /* Endlos-Schleife! */
```

Abhilfe wird durch folgende Modifikation gegeben, in der die unzulässigen Werte abgewiesen werden:

```
/* Ausschluß unzulässiger Werte: */
summe(Zahl, 1)   :- (Zahl =< 1), !.
```

```
summe(Zahl, Erg) :- Zahll is(Zahl - 1),
                                          /* s.o. */
                    summe(Zahll, Ergl),
                    Erg is (Ergl + Zahl).
```

6.6.2 Ersetzung von CUT durch Negation

Im Abschn. 6.6 wurde einleitend gesagt, daß CUT vermieden werden kann und wegen mancher unübersehbaren Folgen vermieden werden sollte. Das Beispiel unten erläutert die Möglichkeit der Ersetzung von CUT durch Negation.

Beispiel: Folgendes Programm erzielt das gleiche Ergebnis wie das obige Beispiel im Abschnitt 6.6.1. Es kommt jedoch ohne CUT aus; der Ausschluß unzulässiger Werte wird durch Angabe des zulässigen Wertebereichs erreicht:

```
summe(1, 1).          /* Abbruch */

summe(Zahl, Erg):-
                 not(Zahl=1),/* Geltungsbereich*/
                 Zahll is (Zahl - 1),
                 summe(Zahll, Ergl),
                 Erg is (Ergl + Zahl).
```

Durch eine genauere Spezifikation kann eine Endlos-Schleife bei Eingabe negativer Werte von "Zahl" vermieden werden; das Ergebnis (=1) ist dann eher als Fehlermeldung zu interpretieren.

```
summe(Zahl, 1)    :-(Zahl =< 1).      /* Abbruch */
```

```
summe(Zahl,Erg) :- not(Zahl =< 1),
                              /* Geltungsbereich */
                   Zahl1 is (Zahl - 1),
                   summe(Zahl1, Erg1),
                   Erg is (Erg1 + Zahl).
```

6.6.3 Erfüllung einer negativen Abbruch-Bedingung

Tritt während des Abarbeitens eines Programms eine Situation auf, bei der die weitere Bearbeitung nicht nötig ist, weil der Beweis aus primären Gründen nicht gelingen darf, so muß nicht nur ein bereits initiiertes backtracking abgebrochen werden, sondern der Beweis muß auf jeden Fall mißlingen.

Zur Erzwingung des Mißlingens im Anschluß an den Abbruch einer Beweisführung wird folgende Kombination benutzt:

"!, fail"

Der oben geschilderte Sachverhalt trifft bei dem folgenden Beispiel zu, das für eine Gruppe von Personen diejenigen Personen ermittelt, die aufgrund ihres Einkommens einen "durchschnittlichen" Steuersatz haben. Kommt man bei der Suche auf Personen, die nicht steuerpflichtig sind, so hat es keinen Sinn, deren Einkommen zu untersuchen.

<u>Beispiel:</u> Das Programm zur Bestimmung der durchschnittssteuerpflichtigen Bürger, deren Einnahmen zwischen DM 3500,-- und 5000,-- liegen (von Sonderfällen wie Steuer-Ermäßigung etc. sei abgesehen).

```
/* Ausnahme: Steuern werden woanders bezahlt */
d_st_zahler(Bürger) :- besatzg_soldat(Bürger),
                       !, fail.

/* Ausnahme: "reiche" Doppelverdiener */
d_st_zahler(Bürger) :- ehegatte(Bürger,Frau),
                       ges_einkommen(Frau, Ges),
                       Ges > 5000,
                       !, fail.

/* Ausnahme: "armer" Rentner */
ges_einkommen(Bürger,Ges) :- rente(Bürger, Rente),
                       Rente< 2500,
                       !, fail.

/* endlich: ein "Normaler" gefunden */
d_st_zahler(Bürger) :- ges_einkommen(Bürger, Ges),
                       3500 < Ges, 5000 > Ges.

/* Berechnung des Gesamt-Einkommens */
ges_einkommen(Bürger, Ges):-
                       brutto_geh(Bürger, Geha),
                       zus_eink(Bürger, Zus),
                       Ges is (Geha + Zus).

zus_eink(Bürger, Zus) :- ...  /* Bitte ergänzen */
    ...
```

Die Ausnahmen können auch durch folgende Regeln formuliert werden:

```
d_st_zahler(Bürger) :-
            not(besatzg_soldat(Bürger)),
            not((ehegatte(Bürger, Frau),
                 ges_einkommen(Frau, Ges), Ges > 5000)),
            not((rente(Bürger, Rente), Rente<2500)).

                      ...
```

Hier werden die Ausnahmen durch Negationen angegeben, die eine größere Transparenz bewirken.

6.6.4 Die Wirkung des "fail" am Vierport-Modell

Das Standard-Prädikat fail (s. auch Abschn. 9.2) führt zum FAIL-Ausgang des Modells und verursacht damit ein Mißlingen der Beweisführung.

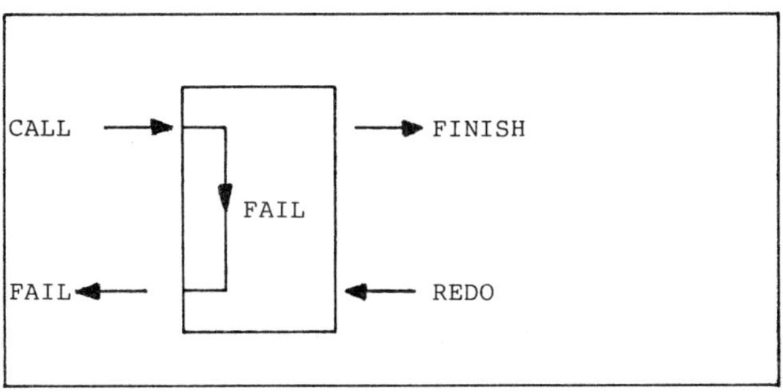

Bild 6.5: Die Wirkung von "fail" dargestellt am Vierport-Modell

6.6.5 Terminierung des "Generiere und Teste"-Vorgangs

Eine (vielleicht etwas naive und ineffiziente) Methode der Problemlösung stellt eine abgewandelte Version des "trial and error" dar: Man erzeugt solange einen Lösungsvorschlag nach dem anderen und prüft jeden, bis ein Lösungskandidat "zufällig" die richtige Lösung liefert oder eine wohl definierte Abbruchsbedingung erfüllt wird.

Beispiel: Das folgende Programm erzeugt für die Ganzzahl-Division der Zahl Zahl1 durch Zahl2 positive, ganze Zahlen; prüft durch Multiplikation der gerade erzeugten Zahl mit dem Divisor, ob die zu dividierende Zahl erhalten wird.

```
dividiere(Zahl1, Zahl2, Ergebn) :-

        /* Erzeuge eine ganze Zahl "Ergebn":   */
           ist_ganzzahl(Ergebn),

        /* Bilde versuchsweise Multiplikationen*/
           Prod1 is (Ergebn * Zahl2),
           Prod2 is (Ergebn + 1) * Zahl2,

        /* Teste, ob die Zahl (Ergebn) "paßt": */
           (Prod1 =< Zahl1), (Prod2 > Zahl1),

        /* Wenn ja: Schluß; sonst: backtracking*/
           !.

        /* Generierung ganzer Zahlen:          */
           ist_ganzzahl(0).          /* Anfang */
```

```
ist_ganzzahl(X) :-          /* Weiter */
                  ist_ganzzahl(Y), X is Y+1.
```

Obwohl die Prozedur "ist_ganzzahl" eine Endlos-Schleife darstellt, wird hier der Abbruch durch CUT in "dividiere" erreicht.

6.7 Übungsaufgabe

Gegeben sei die topologische Raum-Anordnung einer Wohnung (s. auch /HALE87/):

- Vom Flur kommt man ins Wohnzimmer, in die Küche und ins WC1,

- Vom Wohnzimmer kommt man ins Kinderzimmer1, Nebenzimmer und auf den Balkon,

- Vom Kinderzimmer1 kommt man ins Kinderzimmer2 und Schlafzimmer,

- Vom Schlafzimmer kommt man ins Nebenzimmer, Kinderzimmer2, auf den Balkon und ins WC2,

- Von der Küche kommt man ins Eßzimmer und Wohnzimmer.

Schreiben Sie ein PROLOG-Programm, das für diese Wohnung folgendes leistet:

- Prüfe, ob man vom Raum X in den Raum Y (direkt oder indirekt) gelangen kann.

- Generiere mögliche Wege zwischen verschiedenen Räumen.

7. Ein-/Ausgabe bei PROLOG-Programmen

Wie im folgenden gezeigt wird, sind die etwas bescheidene Möglichkeiten von PROLOG für einfache Ein-/Ausgabe ausreichend.

7.1 Kommunikation mit dem System im Abfrage-Modus

Die einfachste Art, mit PROLOG zu kommunizieren, erfolgt durch Abfragen (im Query-Modus). Dabei muß man zwischen Eingabe- und Ausgabe-Größen unterscheiden. Eingabe-Größen dienen der Mitteilung von Konstanten oder Variablen an das System, um Antworten auf interessierende Sachverhalte durch das System zu erzielen.

Die Fragestellung ("procedure call") bildet eine Negation ("denial") und aktiviert das System (s. Abschn. 2.7, 3.4). Grundsätzlich sind zwei Arten von Fragen möglich:

- Für Entscheidung durch das System ("Test"): Dafür erfolgt die Eingabe von Termen, welche Konstanten als Argumente eines Prädikats enthalten. Es wird geprüft, ob zwischen den Argumenten das Prädikat als Relation besteht, z.B.

  ```
  ?- tante(otto, frieda).
  ```

  Das System antwortet dann mit "yes" oder "no".

  Diese Art von Abfragen wird auch "qualifizierte" Fragen genannt.

- Für die "Generierung von Antworten" durch das System: Dafür erfolgt die Eingabe durch Angabe von Konstanten im Argumententeil eines Prädikats, z.B.

```
?- tante(otto, X).
         ----
```

  Die Eingabe der interessierenden Größe durch eine Variable im Argumententeil des Prädikats verursacht eine Antwort als Ausgabe durch das System , z.B.

```
?- tante(otto, X).
               -
```

Durch backtracking - wenn überhaupt möglich - generiert das System dann als Antwort die Instanzierungen der Variable, z.B.

```
X=frieda
```

Durch ";" kann die Fortsetzung des Backtracking-Vorgangs erzwungen werden, bis "no" als Systemantwort erfolgt. Dies bedeutet, daß kein Backtracking und damit keine weitere Antwort-Generierung mehr möglich ist, z.B. (s. auch Abschn. 2.4 bis 2.7)

```
 ...
X=frieda;
        -
X=ida;
     -
X=emma;
      -
no
```

Diese Art von Abfragen werden "teilqualifiziert" bzw. "unqualifiziert" genannt, je nachdem ob als Argumente außer Variablen auch Konstante vorhanden sind oder nicht.

> MERKE: In dieser (PROLOG-eigenen, für den Anfänger etwas "gewöhnungbedürftigen") Kommunikationsform erfolgt die Ausgabe interpretativ (im Gegensatz zu kompilierend) durch das System; der Benutzer hat üblicherweise keinen Einfluß auf die Form und das Format der System-Ausgaben.

7.2 Ein-/Ausgabe durch eingebaute Prädikate

Neben der im Abschn. 7.1 erläuterten Ein-/Ausgabe als natürliche Kommunikation mit dem System über die Wissensbasis kann in PROLOG auch über übliche Sprachkonstrukte eine Benutzer-Schnittstelle gestaltet werden. Über diese Möglichkeit, deren Realisierung stark von der jeweiligen Implemetierung abhängt und, die keine Besonderheiten bzg. der logischen Programmierung aufweist, wird im folgenden eine knappe Übersicht gegeben.

7.2.1 Eingabe

Wie in konventionellen Programmiersprachen üblich, werden auch in PROLOG folgende Möglichkeiten (eingebaute Operatoren) der Eingabe vorgesehen:

- Terme (Konstante, Variablen etc.) werden über Terminal gelesen durch das Prädikat:

  read(<argument>).

- Einzelne Zeichen werden über Terminal gelesen durch

  get(<zeichen>).

- Das Lesen von Sätzen aus einer Datei erfolgt durch

  see(<datei>).

- Das Lesen und Abarbeiten von PROLOG-Programmen bzw. von Abfragen aus Dateien erfolgen durch den Operator:

  consult(<datei_1>, <datei_2>, ..., <datei_n>).

7.2.2 Ausgabe

Ausgabe von Prädikaten, Variablen, Konstanten, Literalen erfolgt (Beispiele sind am Ende des Abschnittes):

- entweder (unter Berücksichtigung der Syntax und Position (präfix, infix oder postfix) von Operationen) durch den eingebauten Operator:

```
write(<arg_1>, <arg_2>, ..., <arg_n>).
--------------------------------------
```

- oder (bei freiem Format, d.h. Präfix-Schreibweise) durch das Prädikat:

```
display(<arg_1>, <arg_2>, ..., <arg_n>).
----------------------------------------
```

Für weitere, komfortablere Ein-/Ausgabe-Möglichkeiten sollte die jeweilige Systembeschreibung beachtet werden.

7.3 Ausgabe-Formatierung

Für eine übersichtliche, ansprechende Gestaltung der Ausgabe sind in PROLOG, wenn auch nicht so vielfältige wie beispielsweise in Pascal, Formatierungs-Konstrukte vorgesehen. Da es sich aber hierbei nicht um spezifische Elemente der logischen Programmierung handelt, wird nur eine Übersicht gegeben.

- Ausgabe einer Leerzeile (sprich: new line):

```
nl.
---
```

- Ausgabe einer Leerzeile (nl) nach der Ausgabe:

```
writeln(<arg_1>, ... ).
-----------------------
```

bewirkt am Ende der Ausgabe von <arg_1>, ... einen Zeilenvorschub.

<arg_1> kann ein beliebiger Term, auch Literale in Hochkommas (" ..... ") sein.

<u>Beispiel:</u> Folgende Ausgabe-Prädikate mit dazugehörenden Argumenten

```
?- write(a+b*7), nl, display(a+b*g),
   writeln('hallo'), display(7).
```

bewirken eine Ausgabe

```
a+b*7
+(a,*(b,g))hallo
7
yes
```

Bei "write" werden die Operationen ("+" und "*") und die Argumente ("a", "b") in Infix-Notation wiedergegeben (so wie die Eingabe erfolgte). Bei "display" dagegen erfolgt die ("Schnell"-)Ausgabe in der internen Präfix-Notation.

<u>VORSICHT!</u> Im letzten Beispiel wurden als Argumente der zu erklärenden Prädikate der Einfachheit wegen Atome bzw. Konstanten genommen. Diese Prädikate können selbstverständlich auch im Prämissen-Teil der Regeln vorkommen und Variablen enthalten.

8. Definition von Operatoren zur Syntax-Erweiterung

Zur Erweiterung der Programm-Bibliothek und zur bequemen Ein-/Ausgabe können in PROLOG Operatoren definiert werden. Damit ist der Programmierer in der Lage, seine oft benutzten Programme durch besondere Zeichen zu kürzen und als Operator neben den Standard-Prädikaten zu benutzen. Die Besonderheit liegt darin, daß diese Operatoren beliebige Operanden zulassen. Die Semantik der Operatoren müssen natürlich vom Programmierer durch entsprechende Klauseln (Bibliotheks-Programme) definiert werden.

Im folgenden wird das Standard-Prädikat "op" (Operator) beschrieben, das die Eingabe folgender Argumente für eine Syntax-Deklaration erfordert:

```
op(<Präzedenz-Klasse>,
   <Positions-/Assoziativitäts-Angabe>,
   <Name>).
```

Die Bedeutung der Argumente wird im folgenden angegeben. Dabei bezeichnen x und y Operanden als Argumente in beliebiger Anzahl.

<Präzedenz-Klasse>: gibt den Rang (Priorität) der Operation in absteigender Folge an (1 .. 255).

<Positions-Angabe>: gibt die Stelle der Operation f bez. der Operanden x, y an

fx, fy: Präfix-Operation, z.B. Vorzeichen

	xf, yf:	Postfix-Operation, z.B. Fakultät.
	xfy, yfx:	Infix-Operation, z.B. Addition.

<Assoziativitäts-Angabe>: gibt für mehrere Operationen gleichen Ranges an, ob die Ausführung links- oder rechts-assoziativ ist, d.h. ob die gleichrangigen Operationen von links nach rechts oder umgekehrt ausgeführt werden.

Im einzelnen bedeuten:

xfy: rechts-assoziativ
yxf: links-assoziativ
xfx: reflexiv

x bedeutet, daß die Argumente Operationen nur niedrigerer Priorität als f beinhalten.

y bedeutet, daß die Argumente Operationen gleicher oder niedrigerer Priorität beinhalten.

<Name> ist das Kürzel des Operators.

<u>Beispiele:</u>

```
op(21, yfx, *).
op(21, yfx, /).
```

```
op(31, yfx, +).
op(31, yfx, -).
op(40, xfx, =).
op(60, fx, not).
op(253, xfy,',').
```

<u>Beispiel</u>: Bestimmung der Reihenfolge der Ausführung der Operationen bei dem arithmetischen Ausdruck

4*3-5+2

wobei die Priorität der Operationen wie im obigen Beispiel festgelegt wurde.

Zunächst wird 4*3 = 12 ausgeführt, denn die Priorität von "*" (21) ist höher als die Priorität von "+" (31)

Dann entsteht der Ausdruck
12-5+2

Es gibt zwei Möglichkeiten der Ausführung:
(12-5)+2 oder 12-(5+2)

Die erste Version entspricht yfx
(y := 12-5; f := +; x := 2)

und ist zulässig. Denn, die Operation "-" im Argument y hat gleiche Prioritätsklasse wie f (d.h. "+"), nämlich 31.

Die zweite Version entspricht xfy
(x := 12; f := -; y := 5+2)

und ist unzulässig. Denn, die Operation ("+") im Argument y müßte per Definition (yfx) eine niedrigere Prioritätsklasse haben als die Operation f (d.h. "-"), was hier nicht der Fall ist (Priorität(+) = Priorität(-) = 31 !).

Zulässig ist damit die Ausführung gemäß der ersten Version (d.h. (12-5)+2), was eine Ausführung von links nach rechts bedeutet.

<u>VORSICHT</u>: Durch <op> wird nur die Syntax der eingeführten Operation festgelegt und damit die Syntax von PROLOG erweitert. Über die Wirkung wird jedoch damit nichts gesagt; dies muß durch Angabe eines PROLOG-Programms ("procedure declaration") erfolgen.

8.1 Übungsaufgabe

Definieren Sie einen Operator für die Berechnung

- der Fakultät einer natürlichen Zahl,

- des größten gemeinsamen Teilers von zwei natürlichen Zahlen.

9. Eingebaute (Standard-)Prädikate in PROLOG

Zur Vermeidung der Eigen-Implementierung immer wiederkehrender Operationen ist in jeder PROLOG-Implementierung ein gewisser Vorrat an eingebauten Prädikaten vorhanden, der inzwischen den Charakter von Standard-Operationen erhalten hat (wie z.B. "sqr" in Pascal) . Diese Operationen bedürfen keiner procedure declaration und zählen daher zu der Syntax von PROLOG.

VORSICHT: Umfang der eingebauten Prädikate ist von System zu System unterschiedlich!

Einige Standard-Prädikate haben Sie bereits kennengelernt. Diese werden jedoch der Vollständigkeit wegen ebenfalls aufgeführt, allerdings ohne Beispiele; diese Prädikate wurden in den jeweiligen Abschnitten behandelt.

9.1 Consult

Der Operator "consult" dient der Aktivierung von Dateien, die PROLOG-Programme und Abfragen beinhalten. Bei Aufruf werden sie ggf. vom Übersetzer ausgeführt.

Die genaue Syntax des Prädikats "consult" wurde im Abschn. 7.2.1 angegeben.

<u>Beispiele:</u> (Annahme: Das PROLOG-System befindet sich auf dem Laufwerk "A:" unter dem Betriebssystem CP/M)

```
/* Aufruf von a:test.pro */
?- consult(test).

/* Aufruf von b:protest.pro */
?- consult('b:protest').

/* Sequentieller Aufruf von a:testl.pro, test2.pro
   und test3.pro */
?- consult(testl, test2, test3).
```

oder

```
?- [ testl, test2, test3] .
```

d.h. die Listenschreibweise wird unterstützt.

> ACHTUNG: In der aufgerufenen Datei können sich auch Abfragen befinden.

<u>Beispiel:</u> Sätze der Datei "test.pro" können sein:

```
?-consult(utility).

lieb(otto).
lieb(Mensch) :- brav(Mensch).
brav(otto).
brav(heinrich).

?- brav(X).
?- ;
...
```

9.2 Erzwungenes Gelingen und Mißlingen von Beweisen

Vor allem für Testzwecke ist es manchmal notwendig, an bestimmten Stellen des Programms das Gelingen des backtracking zu erzwingen oder zu vermeiden. Für diesen Zweck sind folgende Standard-Prädikate ohne Argumente vorgesehen.

true

"true" bewirkt Gelingen des Beweises.

Beispiel: Erzwingen der Ausgabe.

```
?- generiere(X), (teste(X); true), write(X).
```

"true" bewirkt hier die Ausgabe von "X" auch bei Mißlingen des "teste", falls ein X generiert werden kann (Für ";" (logisches Oder) s. Absch. 9.3.2).

fail

"fail" bewirkt Mißlingen des Beweises (s. Abschn. 6.7.3 und 6.7.4).

Beispiel: Erzwingen des backtracking.

?- generiere(X), teste(X), write(X), fail.

Durch "fail" wird hier erreicht, daß für die Klauseln "generiere" und "teste" alle möglichen Instanzierungen von X durchlaufen und durch "write" ausgegeben werden. Damit wird vermieden, daß der Benutzer zur Erzeugung der Alternativ-Systemantworten immer wieder ";" eingeben muß.

9.3 Bilden zusammengesetzter Klauseln

Mit ",", ";", "not" und "call" können Klauseln miteinander verknüpft, modifiziert bzw. aktiviert werden.

9.3.1 Konjunktion

Die Konjunktion von Prädikaten erfolgt mit

","

und erlaubt die Aneinanderkettung mehrerer Aussagen (wie bisher bereits benutzt, s. Abschn. 2.6).

9.3.2 Disjunktion

Die disjunktiven Prämissen der Regeln mit gleichem Prädikat oder Alternativ-Regeln können mit

";"

-

angegeben werden. ";" wirkt als Exclusiv-Oder.

Beispiel: Betrachte folgende Wissensbasis

```
lieb(otto).
lieb(ulla).
lieb(Mensch) :- brav(Mensch).
```

Diese Wissensbasis ist äquivalent zu

```
lieb(Mensch) :- (Mensch=otto;
                 Mensch=ulla;
                 brav(Mensch)).
```

VORSICHT: Extensive Benutzung von ";" führt zu schwer durchschaubaren Programmen.

9.3.3 Negation

Zur Negation des Prädikats einer Klausel "X" kann das eingebaute Prädikat

```
not(X)
------
```

benutzt werden.

Die Wirkung von "not" kann durch folgende Prozedur implementiert werden:

```
not(X) :- X,              /* Ruf "X" auf       */
          !, fail.        /* Mißlinge          */
not(_).                   /* sonst: gelinge    */
```

<u>Beispiel:</u> Überlegen Sie, warum die folgenden Fragen unterschiedlich beantwortet werden ?

```
?- element_aus(Was_kommt_raus, [otto,utta]),
   write(Was_kommt_raus).
otto          /* " element_aus": s. Abschn. 5.3 */

?- not(not(element_aus(Was_kommt_raus,
                        [otto,utta]))),
   write(Was_kommt_raus).
Was_kommt_raus
```

<u>Hinweis:</u> Berücksichtigen Sie, daß bei Backtracking ein Mißlingen das Zurück-Instanzieren ("undo") bedeutet und "not" ein Gelingen rückgängig macht. Die nachträgliche "Zurück-Instanzierung des Zurück-Instanzierens" durch das zweite "not" kann das geschehene "undo" nicht ungeschehen machen.

> <u>VORSICHT:</u> Interpretieren Sie bitte das Ergebnis des obigen Beispiels nicht als eine Verletzung der Regel der doppelten Negation der formalen Logik (d.h. $\neg(\neg a) \hat{=} a$). Diese Regel und andere Regeln der formalen Logik gelten auch hier. Wir haben im obigen Beispiel mit einer "Unreinheit" zu tun, die u.a. auf die oben angegebene Definition von "not" durch CUT zurückzuführen ist, die ja in den Operationen der Prädikatenlogik erster Ordnung nicht enthalten ist (s. auch /NAIS85/). Jede sonstige Analogie mit der Problematik der doppelten Negation der dialektischen Logik ist hier jedoch "rein zufällig" (Etwa nach dem Motto: "Die Wende der Wende heißt nicht Schmidt, sondern Rau.").

9.3.4 <u>Aufruf eines Prädikats</u>

Der Aufruf eines Prädikats erfolgt mit

```
call(X).
--------
```

Dadurch wird die Klausel mit dem Prädikat "X" aktiviert. Außer einigen Nebenwirkungen ist "call(X)" mit "X." wirkungsgleich (s. Abschn. 10.3).

<u>Beispiele:</u>

```
.. :- .. , call(lieb(X)), ...

.. :- .. , call(enthalten_in(X, Y)), ...
```

9.4 Feststellung der Ausprägung von Term-Elementen (Term-Sortierung)

Bei manchen Aufgabestellungen ist es nötig, die Argumente von Alternativ-Prädikaten bei großen Wertebereichen je nach Art, Werte-Unterbereich etc. verschieden zu behandeln. Dafür muß zunächst festgestellt werden, ob Argumente -wenn sie Variablen sind- bereits instanziert wurden, oder ob sie ganzen Zahlen zugewiesen wurden etc. Man spricht in diesem Zusammenhang von der "Sortierung der Elemente von Termen" nach Art.

Im folgenden werden Standard-Operatoren zur Feststellung der Ausprägung von Term-Elementen erläutert.

9.4.1 Feststellung der Instanzierung von Variablen

Will man feststellen, ob eine Variable während der Abarbeitung einer Prozedur bereits instanziert wurde, so kann man das folgende Prädikat benutzen:

```
var(X)
------
```

Der Test gelingt, wenn das Argument X nicht instanziert ist; der Test mißlingt, wenn X instanziert ist.

<u>Beispiele:</u> Die folgenden Abfragen können selbstverständlich auch als Aussagen im Prämissenteil von Regeln vorkommen (wie bei vielen ähnlichen Beispielen auch).

```
?- var(X).
yes

?- var(otto).
no

?- X = Y, Y = 47, var(X).
no
```

Mit dem eingebauten Prädikat

<u>nonvar(X)</u>

wird das Gegenteil von var(X) geprüft: Der Test gelingt, wenn das Argument X instanziert ist; der Test mißlingt, wenn X nicht instanziert ist.

<u>Beispiele:</u> Analog zu "var" werden die folgenden Beispiele bearbeitet.

```
?- nonvar(X).
no

?- X = Y, Y = 47, nonvar(X).
yes
```

9.4.2 Feststellung von Konstanten

Mit dem eingebauten Prädikat

```
atom(X)
-------
```

wird das Argument X geprüft, ob es ein Atom ist (s. Abschn. 4.1.1.1).

Beispiele:

```
?- atom(otto).
yes

?- atom(4711). /* kein Atom, sondern ganze Zahl */
no
```

Mit dem Standard-Operator

```
integer(X)
----------
```

wird geprüft, ob X eine ganze Zahl ist.

Beispiele:

```
?- integer(otto).   /* keine ganze Zahl */
no
```

```
?- integer(4711).
yes
```

Mit dem Standard-Prädikat

```
atomic(X)
---------
```

wird geprüft, ob X

- ein Atom ist, oder
- eine ganze Zahl ist.

9.5 Sonstige Standard-Operatoren

Wie bereits im Abschn. 4.3 erwähnt, hängt der Umfang der verfügbaren Standard-Operatoren von der jeweiligen Implementierung ab. In diesem Abschnitt wurden lediglich einige gebräuchliche Operatoren beschrieben.

Unter den hier nicht beschriebenen Operationen sind folgende erwähnenswert (s. auch /CLAR82, CLOC84, HOGG84/ etc.):

- Hinzufügen von Klauseln in die Wissensbasis und Löschen von Klauseln aus der Wissensbasis (meist unter den Bezeichnungen "insert" oder "assert" bzw. "delete" oder "retract"),

- Testen und Aktivieren einer Klausel im unterschiedlichen Kontext ("clause"),

- Operatoren zur Ermittlung von system-internen Informationen wie Abbildung und Anzeige von Zeichen in ASCII-Code ("name") etc.

9.6 Übungsaufgabe

Schreiben Sie ein PROLOG-Programm, das über Terminal Benutzer-Eingaben einliest und folgendes leistet:

- Bei Eingabe von Zahlen wird die Summe bisheriger Eingaben gebildet und ausgegeben.

- Bei Eingabe von Atomen wird geprüft, ob und welche Klauseln der Wissensbasis durch diese als Prädikate angesprochen werden.

10. Klauseln, Datenstrukturen und Listen

Es wurde bereits im Abschn. 3 erwähnt, daß in PROLOG zwischen Klauseln und Datenstrukturen nicht streng unterschieden wird (Zur Erinnerung: PROLOG-Datenstrukturen als besonderer Term entsprechen Relationen und bestehen aus einem Funktor als Relationsbezeichner und Argumenten). Dies scheint zwar auf den ersten Blick eine Konzipierungsschwäche zu sein, hat jedoch seine Gründe: Durch diese flexible Handhabung wird einerseits eine "Brücke" zur "LISP-Welt" geschaffen, die für Symbolische Programmierung eine viel längere Geschichte als PROLOG hat und, deren zahlreiche Programmier-Techniken übernommen werden können. Andererseits wird eine vielseitige Programmierung möglich, wie die Beispiele im Abschn. 10.4, 13 und 14 zeigen werden.

<u>Beispiel</u>: Betrachten Sie die folgende Klausel mit dem Prädikat "mag" und den Argumenten "otto" und "X":

```
mag(otto, X).
```

Diese Klausel kann als eine Struktur mit dem Funktor "mag" und mit den Argumenten "otto" und "X" angesehen werden.

<u>Beispiel</u>: Folgende Regel mit einfachem Prämissenteil

```
mag(otto, X) :- mag(X, käse).
```

entspricht der Struktur

```
':-'(mag(otto, X), mag(X, käse))
```

":-" ist hier nicht mehr der Standard-infix-Operator für procedure declaration, sondern ein Funktor.

Beispiel: Folgende Regel mit mehreren Prämissen

mag(X, Y) :- mag(X, käse), mag(Y, käse).

entspricht der Struktur

':-'(mag(X, Y), ','(mag(X, käse), mag(Y, käse)))

VORSICHT: Die einander entsprechenden Klauseln und Datenstrukturen sind nicht äquivalent; d.h. sie können nicht ohne Rücksicht auf den Kontext ausgetauscht werden. Sie können aber dieselben Sachverhalte in unterschiedlicher Form darstellen, daher ist eine Überführung von einer Form in die andere möglich. Wie sie vor und nach der Transformation interpretiert werden, obliegt dem Programmierer.

10.1 Ausgabe von Klauseln

Die Ausgabe von Klauseln einschl. ihrer Argumente unter Berücksichtigung der aktuellen Instanzierung (, falls sie als Prozedur ("procedure declaration") aufgerufen wurden, erfolgt mit

listing(P).

, wobei "P" ein Atom sein muß, welches das Prädikat der interessierenden Klausel bezeichnet.

Bei der Ausgabe werden alle Klauseln (auch die Fakten) einschließlich ihres Rumpfes(bei Regeln) ausgegeben, die als Kopf das Prädikat "P" haben. Die Ausgabe kann insbesondere zu Testzwecken dienen, z.B. bei der Abarbeitung der Prozeduren zur Feststellung der Instanzierung.

Beispiel: Die folgende Wissensbasis sei gültig.

```
mag(otto, käse).
mag(utta, käse).
mag(X, Y) :- mag(X, käse), mag(Y, käse)
```

Dann verursacht die Abfrage die folgende Systemantwort:

```
?- mag(otto, utta), listing(mag).
mag(otto, käse)
mag(utta, käse)
mag(X,Y):- mag(X,käse),mag(Y, käse)

yes
```

Abhängig von der Implementierung ist ein von hier abweichendes Systemverhalten möglich.

10.2 Umwandlung Klauseln-Datenstrukturen-Listen ("=..", Univ)

Wie am Anfang des Abschn. 10 erwähnt, ist es von Interesse, aus den jeweiligen Klauseln entsprechende Datenstrukturen zu konstruieren, um z.B. die weitere Verarbeitung auf Datenstruktur-Manipulationen umzuwandeln.

Es ist ebenfalls interessant, Datenstrukturen in Listen umzuwandeln, um die Vorteile der Listen-Verarbeitung auszunutzen (LISP-like programming!). Dies erfolgt mit dem Standard-Prädikat "=.." (sprich: Univ):

X =.. L
---

wobei X die Datenstruktur mit dem Funktor f und Argumenten x1, .., xn, d.h.

X = f(x1, .., xn)

bedeutet.

L ist die durch Univ-Operation wie folgt konstruierte Liste:

L = [f, x1, x2, ..., xn]

Wie angedeutet wurde, ist das Erst-Element der Liste der Funktor f (, den man sich als Gegenstück zu einem Prädikat vorstellen kann), und die Argumente des Funktors bilden die Rest-Liste.

Damit wird eine Umwandlung Klausel-Datenstruktur-Liste möglich.

Beispiele:

```
?- lieb(otto) =.. L.
L = [ lieb, otto ]

?- mag(otto, utta) =.. L.
L = [ mag, otto, utta]

?- mag(otto, X) =.. L.
X =
L = [ mag, otto, X ]

?- [ a, b, c, d] =.. L.
L = [[] , a, [ b, c, d]]

?- (a+b) =.. L.
L = [ '+', a, b ]

?- [ a, b, c, d] =..[ X|Y].
X = []        /* ".": Listen-Funktor  */
Y = [ a, [ b, c, d]]

?- X =..[ a, b, c, d].
X = a(b, c, d)

?- X =..[ mag, otto, utta].
X = mag(otto, utta)
```

MERKE: Wie die Beispiele zeigen, ist also "=.." ("Univ") strikt von der Wertzuweisung im Sinne der konventionellen Programmierung zu unterscheiden. Durch Univ kann eine Struktur-Umwandlung stattfinden oder evtl. eine Variablen-Instanzierung erfolgen.

10.3 Zusammenspiel Univ-Call

Durch die Kombination Univ-Call können Strukturen in Klauseln umgewandelt und dann aufgerufen werden. Das folgende Beispiel möge dies veranschaulichen.

Beispiele: Eine Wissensbasis bestünde aus dem Fakt

```
lieb(otto).
```

Diese Klausel kann in eine Struktur "lieb(otto)" umgewandelt werden. Dieser Struktur entspricht wiederum die Liste "[lieb, otto]".

Dann liefern die Abfragen folgende Antworten:

```
?- Z =..[ lieb, otto].
Z=lieb(otto)
yes
/*Die Liste wurde in die Struktur Z umgewandelt*/

?- Z =..[ lieb, X].
Z=lieb(X)
X=
yes
/* Die Liste wurde in die Struktur Z umgewandelt;
   aber nicht als Klausel interpretiert. */
```

```
?- Z =..  lieb, X , call(Z).
Z=lieb(X)
X=otto
yes
/* Die Liste wurde in die Struktur Z  umgewandelt,
   und  anschließend  als  Klausel  interpretiert.
   Durch  Unifikation wurde die Variable X instan-
   ziert */
```

10.4 Manipulation an Listen

Ein abschließendes Beispiel möge die Umwandlung Klausel-Datenstruktur-Liste verdeutlichen. Das Beispiel-Programm hat die Aufgabe, eine gegebene Liste "Satz_alt" als Satz zu interpretieren und über eine Datenstruktur in Klauseln umzuwandeln und anschließend nach bestimmten Regeln in einen neuen Satz "Satz_neu" umzusetzen.

Aufruf

```
abbild(Satz_alt, Satz_neu).
---------------------------
```

Beispiel: Übersetzen und Bearbeiten von Sätzen nach bestimmten Syntax-Regeln.

```
abbild(L1, L2) :- abbild1(setz_um, L1, L2).
/* "Variablen-Anpassung" für den Einsatz der      */
/* Syntax-Regeln auf "abbild"                     */
```

```
abbildl(_,[] ,[] ).
/*Abbruch-Kriterium: Leere Liste als Satz      */

abbildl(Präd, [Erst_a|Rest_a],[Erst_n|Rest_n]) :-

                Strktr =.. [Präd, Erst_a, Erst_n],
             /* Umwandlung Liste -> Struktur    */

                call(Strktr),
             /* Umwandlung Struktur -> Klausel  */

                abbildl(Präd, Rest_a, Rest_n).
             /* rekursive Abarbeitung des Satzes*/

/* Syntax-Regeln                                 */
setz_um(du, ich).               /* 1. Regel      */
setz_um(bist,[ bin, nicht]). /* 2. Regel      */
setz_um(fußball, lotto).        /* 3. Regel      */
setz_um(X, X).               /* Alles-andere-Regel */
```

Durch die erste "setzum"-Regel wird das Atom "du" in "ich" umgewandelt; durch die zweite "bist" in "[bin, nicht]", durch die dritte "fußball" in "lotto". Durch die "Alles-andere-Regel" werden schließlich alle anderen Atome unverändert gelassen.

Folgende Abfragen liefern die Antworten:

```
? abbild([du, bist, klug], L).
L=[ ich,[ bin, nicht], klug]

? abbild([du, spielen, fußball], L).
L=[ ich, spielen, lotto ]
```

Durch Erweiterung der Syntax-Regeln, d.h. durch Hinzufügung weiterer Fakten für das Prädikat "setzum" kann die Übersetzung reichhaltiger gestaltet werden. Die Abarbeitung durch "abbild" bleibt bestehen.

10.5 Übungsaufgabe

Schreiben Sie ein PROLOG-Programm, das eine (etwas spartanische) Konversation folgender Art ermöglicht:

- Eingabe: "Ich essen bohnen."
- Ausgabe: "Ja du essen bohnen."
- Eingabe: "Können du ski fahren."
- Ausgabe: "Nein ich können prolog rennen."

etc.

Die Sätze brauchen also nicht (zumindest jetzt noch nicht) grammatisch richtig zu sein. Lassen Sie sich auch durch diverse Syntaxsymbole wie Listenzeichen etc. in der Eingabe und maschinell erzeugten Ausgabe nicht stören.

11. Listenoperationen

Nachdem im Abschn. 10 grundsätzliche Ziele der Listenverarbeitung genannt wurden, wird in diesem Abschnitt eine Zusammenfassung der wichtigsten Listenoperationen als immer wiederkehrende Listen-verarbeitungs-Programme angegeben.

Sie haben bereits im Abschn. 5.3 eine Listen-Operation kennengelernt: "element_aus" (prüft, ob ein Element X in einer Liste enthalten ist oder gibt Elemente einer Liste aus). Aufruf:

```
element_aus(X, Liste).
----------------------
```

11.1 Letzt-Element einer Liste

Das folgende Programm ermittelt das letzte Element "X" einer Liste. Die verwendete Technik ist typisch für logische Programme: Zunächst wird das Listen-Erst-Element von der Liste getrennt. Anschließend wird diese Operation durch rekursive Aufrufe so lange wiederholt, bis nur noch das letzte Element, das gesucht wird, in der Rest-Liste übrig bleibt. Aufruf erfolgt durch:

```
letzt_element(X, Liste).
----------------------
```

Das Programm dazu (s. die Bemerkungen im Abschn. 5.2):

```
letzt_element(X,[ X]) :- !.   /* Abbruch */

/* Bestimme Erst-Element und Rest-Liste, gehe dann
  rekursiv weiter */
letzt_element(Erst,[ _|Rest]) :- letzt_element(Erst,
                                               Rest).
```

Beispiele:

```
?- letzt_element(otto,[ meyer, müller, otto]).
yes

?- letzt_element(hein,[ meyer, müller, otto]).
no

?- letzt_element(X,[ meyer, müller, otto]).
X=otto
yes
```

11.2 Nächst-Element in einer Liste

Folgende Prozedur prüft, ob in einer Liste "Liste" das Element "El2" nach einem Element "El1" vorkommt. Aufruf erfolgt durch:

```
nächst(El1, El2, Liste).
------------------------
```

```
nächst(El1, El2,[ El1, El2|_]).  /* Abbruch */
nächst(El1, El2,[ _|Rest]) :- nächst(El1, El2, Rest).
                              /* s. Abschn. 11.1 */
```

Beispiel:

```
?-nächst(müller, otto,[ meyer, müller, otto]).
yes
```

Beispiel:

```
?-nächst(müller, X,[ meyer, müller, otto]).
X=otto
```

11.3 Listen-Konkatenation

Zusammenfügen von Listen "Listel" und "Liste2" zu einer Gesamtliste "LGesamt" ist durch folgendes Programm möglich. Aufruf:

```
füge(Listel, Liste2, LGesamt).
------------------------------
```

```
/* Wenn Ll leer: bring L2 zur LGesamt, dann Abbruch  */
füge([] , L, L).

füge([X|L1], L2,[ X|L3]) :- füge(L1, L2, L3).
                            /* s. Abschn. 11.1 */
```

Auch dieses Programm ist nach bewährter Listenverarbeitungs-Technik aufgebaut.

Beispiel:

```
?-füge([heini, reini],[ meyer, müller, otto], L).
L=[heini, reini, meyer, müller, otto ]
```

Mit Hilfe der "füge"-Funktion können auch andere Funktionen definiert werden:

```
letzt_element(El, List) :- füge(_,[ El ], List).

nächst(El1, El2, List)  :- füge(_,[ El1, El2|_], List).

element_aus(El,List)  :- füge(_,[ El| _], List).
```

11.4 Umkehrung einer Liste

Das nachfolgend angegebene Programm für das Prädikat "umk" gibt für eine Liste "Liste" ihre Elemente in umgekehrter Reihenfolge in der Liste "Lumk" wieder. Aufruf erfolgt durch das Prädikat:

umk(L, Lumk).

```
umk([],[] ).  /* Abbruch */

umk([ Erst|Rest], L) :- umk(Rest, Z),
                        füge(Z,[ Erst], L).  /* s. o. */
```

11.5 Löschen der ersten Erscheinung eines Elements in einer Liste

Durch das folgende Programm kann eine Liste "Listealt" dadurch "geliftet" werden (im Sinne von - bildlich gemeintem - "Verjüngen" durch Löschen eines "unnützen" Elementes!), daß die erste Erscheinung eines Elements "El" gelöscht und dadurch "Listeneu" erhalten wird. Aufruf:

```
lifte(El, Listealt, Listeneu).
------------------------------
```

```
lifte(_,[] ,[] ). /* Abbruch  bei leerer Liste       */

lifte(El,[ El|L], L)      :- !.
/* Element gefunden: Löschen; nach Löschen: Abbruch */

lifte(El,[ El1|L],[ El1|L1]) :- lifte(El, L, L1).
/* Anderes Element gefunden: "weiterschieben"       */
```

11.6 Löschen aller Erscheinungen eines Elements in einer Liste

Das Programm "lösche" löscht in einer Liste "listealt" überall das Element "El" und konstruiert die neue Liste "Listeneu". Aufruf:

```
lösche(El, Listealt, Listeneu).
-------------------------------
```

```
lösche(_,[] ,[] ).   /* Abbruch */

lösche(El,[ El|Rest], L1) :- lösche(El, Rest, L1).
            /* Element gefunden: löschen, weiter  */

lösche(El,[ El1|Rest1],[ El1|Rest2]) :-
                         lösche(El, Rest1, Rest2).
            /* Anderes Element: "weiterschieben"  */
```

11.7 Substitution eines Elements in einer Liste

Das Programm "subst" ersetzt ein Element "Alt_el" in einer Liste "Listealt" überall, wo es vorkommt durch das Element "Neu_el" und erzeugt "Listeneu". Aufruf:

```
subst(Alt_el, Listealt, Neu_el, Listeneu).
------------------------------------------
```

```
subst(_,[] , _,[] ).     /* s. o. */

subst(A_el,[ A_el|Restalt], N_el,[ N_el|Restneu]) :-
                  subst(A_el, Restalt, N_el, Restneu).
subst(A_el,[ El|Restalt], N_el,[ El|Restneu]) :-
                  subst(A_el, Restalt, N_el, Restneu).
```

Das Programm funktioniert wie "lösche" im Abschn. 11.6.

11.8 Teilliste

Durch das folgende Programm kann geprüft werden, ob die Elemente einer Liste "Teilliste" in einer anderen Liste "Liste" vollzählig und in gleicher Reihenfolge (ab irgend einer Stelle innerhalb der "Liste") vorkommen.

Aufruf erfolgt durch das Prädikat "teilliste" in zwei Stufen, das vereinfacht werden kann:

```
teilliste(Teilliste, Liste).
----------------------------
```

```
teilliste(Listel, Liste2) :-
                     teillistel(Listel, Liste2).
teilliste(Listel,[ Erst| Rest]) :-
                     teillistel(Listel, Rest).

teillistel([Erst|Restl],[ Erst|Rest2]) :-  /* s.o. */
                     praefix(Restl, Rest2).
teillistel(L,[ _| Rest])  :- teillistel(L, Rest).

praefix([], _).
praefix([Erst|Restl], [Erst|Rest2]) :-
                           praefix(Restl, Rest2).
```

Erklärung: s. Abschn. 11.6 etc.

11.9 Übungsaufgaben

Aufgabe 11.1

Implementieren Sie folgende Firmenstruktur als Wissensbasis in PROLOG:

- Die Firma besteht aus den Geschäftsbereichen GB_1 bis GB_3, Stabsfunktionen SF_1 bis SF_6 und Abteilungen AB_1 bis AB_5,

- GB_1 sind zugeordnet: SF_1, SF_3, AB_1, AB_3,

- GB_2 sind zugeordnet: SF_2, SF_3, SF_4, AB_4, AB_5,

- GB_3 sind zugeordnet: SF_1, SF_5, SF_6, AB_2,

- Jede Abteilung AB_i besteht aus 5 Gruppen GR_ij (1=<i,j=<5),

- Jede Gruppe GR_ij besteht aus 4 Mitarbeitern MA_ijk (1=<k=<4).

Schreiben Sie PROLOG-Prozeduren, die folgende Fragen an die Wissensbasis erlauben:

- Generiere Zugehörigkeitslisten (z.B. GB_i besteht aus AB_ij, .., SF_ik, .., GR_ijl,.., MA_ijlm etc.)

- Prüfe, ob eine konstante Größe SF, AB, MA etc. der Abteilung AB_1 angehört etc.

Aufgabe 11.2

Ändern Sie die Prozedur "element_aus" so, daß sie nur das erste Element einer vorgegebenen Liste ausgibt und keine weiteren Alternativ-Antworten durch ";" backtracked.

Versuchen Sie mit Hilfe der Prozedur "element_aus", die Prozedur "teilliste" zu vereinfachen.

12. Mengenoperationen

Die Mengen können in PROLOG durch Listen dargestellt werden. Diese Darstellung ist nicht ganz "sauber", denn die Reihenfolge der Elemente spielt in Mengen zwar keine Rolle, aber bei Listen ist sie doch wichtig. Außerdem ist das mehrfache Vorkommen eines Elements in Mengen ohne Bedeutung, bei Listen aber wichtig.

Das bereits vorgestellte Programm (s. Abschn. 5.3)

```
element_aus(El, Menge).
-----------------------
```

wird auch hier vielseitig benutzt.

12.1 Teilmenge

Das folgende Programm prüft, ob eine Menge Teilmenge einer anderen Menge ist, d.h. ob alle ihre Elemente in beliebiger Reihenfolge in einer anderen Menge enthalten sind. Aufruf:

```
teilmenge(Untermenge, Menge).
-----------------------------
```

```
/* Element der Untermenge in Menge: "schiebe weiter" */
teilmenge([Erst|Rest], Mng) :-
                          element_aus(Erst, Mng),
                          teilmenge(Rest, Mng).
```

```
/* Abbruch: leere Menge (Teilmenge aller Mengen)      */
teilmenge([] , M).
```

12.2 Durchschnitt

Durch Aufruf von

```
durch(Mengel, Menge2, Durch).
------------------------------
```

kann die Schnittmenge "Durch" der Mengen "Mengel" und "Menge2" ermittelt werden.

Die Prozedur dazu:

```
/* Abbruch: Schnittmenge mit leerer Menge */
durch([] , M,[] ).

/* Gemeinsames Element gefunden:
                                 Erweitere Schnittmenge */
durch([Erstl|Restl], Mng2,[ Erstl|Rest_Drch]):-
                           element_aus(Erstl, Mng2),
                           !, /* Durchsuch Restl */
                           durch(Restl, Mng2, Rest_Drch).

/* Disjunktes Element gefunden: "Schiebe weiter"      */
durch([Erstl|Restl], Mng2, Drch) :-
                           durch(Restl, Mng2, Drch).
```

12.3 Vereinigung

Durch Aufruf von

ver(Mengel, Menge2, Ver)

kann für die Mengen "Mengel" und "Menge2" die Vereinigungsmenge ermittelt werden.

```
ver([] , M, M). /*Abbruch: Erste Menge leer, dann
                   Transportiere Menge2 in Ver        */

/* Gemeinsames Element: nicht in die Vereinigungsmenge
   aufnehmen */
ver([ Erstl|Restl], Mng2, Vr) :-
                              element_aus(Erstl, Mng2),
                              !, /* Durchsuch Restl */
                              ver(Restl, Mng2, Vr).

/* Disjunktes Element in Mengel:
                           Aufnehmen in  Vereinigung   */
ver([ Erstl|Restl], Mng2,[ Erstl|Rest_Vr]) :-
                              ver(Restl, Mng2, Rest_Vr).
                              /* "Schiebe weiter"     */
```

12.4 Übungsaufgabe

Schreiben Sie je eine PROLOG-Prozedur zur Zerlegung einer Menge und zur Bildung der Potenzmenge (Erinnerung: Menge aller Teilmengen) einer Menge.

13. Einige elementare Algorithmen

In diesem Abschnitt werden einige einschlägige Algorithmen in PROLOG-Programme umgesetzt. Für viele Beispiele wird eine Implementierung in Pascal angegeben. Diese Vorgehensweise möge die grundsätzliche Arbeitsweise von PROLOG in einer traditionellen Sprache beschreiben (s. auch Vorwort). Die mit Absicht einfach gehaltenen, daher evtl. "langweiligen", Beispiele dürften jedem "Pascal-Kenner" bekannt sein und keine Probleme bereiten.

13.1 Die Türme von Hanoi

Aufgabenstellung: Die N Scheiben mit aufsteigendem Durchmesser, die aufeinander auf einer Startsäule ("Säule 1" oder "linker Turm") liegen, sind auf eine Zielsäule ("Säule 2" oder "mittlerer Turm") zu verlegen. Eine weitere (Hilfs-)Säule ("Säule 3" oder "rechter Turm") darf als Zwischenstation benutzt werden. Folgende Regeln müssen dabei beachtet werden:

- Es darf immer nur eine Scheibe zur Zeit transportiert werden.

- Niemals darf eine Scheibe auf eine andere Scheibe mit kleinerem Durchmesser gelegt werden.

Obwohl auch effiziente iterative Lösungen existieren (z.B. /EGGE85/), werden wir vom folgenden, inzwischen zu den "Klassikern" der Informatik zählenden Lösungs-Algorithmus ausgehen:

N = 0: Bei 0 Scheiben ist nichts zu transportieren.

N = 1: Transportiere die einzige, vorhandene Scheibe vom Turm 1 zum Turm 2.

N > 1: Nimm an, daß das Problem für N-1 Scheiben gelöst sei. Dann führe folgende Schritte aus:

- Verlege die N-1 aufeinander liegenden Scheiben vom Turm 1 (Startsäule) zum Turm 3 (Hilfssäule),

- Transportiere die verbleibende Scheibe vom Turm 1 (Startsäule) zum Turm 2 (Zielsäule).

- Verlege die N-1 Scheiben vom Turm 3 (Hilfssäule) zum Turm 2 (Zielsäule).

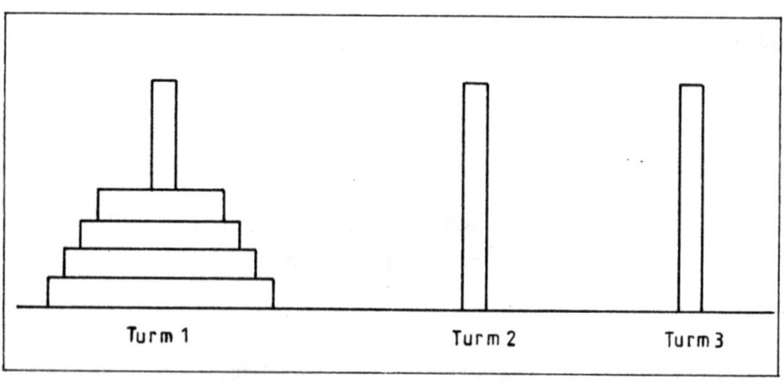

Bild 13.1: Die Türme von Hanoi

Den beschriebenen Algorithmus implementiert das folgende PROLOG-Programm. Der Aufruf erfolgt durch:

```
            hanoi(Höhe).  /* Höhe: Anzahl der Scheiben */
            ------------
```

```
hanoi(Höhe):- verlege(Höhe, eins, zwei, drei).

verlege(0, _, _ ,_).    /* Abbruch-Bedingung */

verlege(Höhe, Start, Ziel, Hilf) :- M is (Höhe - 1),
                                    verlege(M, Start, Hilf,Ziel),
                                    transportiere(Start, Ziel),
                                    verlege(M, Hilf, Ziel,Start).

transportiere(Start, Ziel) :-
        writeln('Transportiere eine Scheibe vom Turm',
                Start, ' zum Turm ', Ziel).
```

Von einer ausführlicheren Kommentierung wurde abgesehen; die Klauseln sind fast identisch mit dem Lösungsalgorithmus. Bei diesem Beispiel wird die Stärke der logischen Programmierung deutlich: Man braucht "nur" den Sachverhalt (die Logik) der Lösung darzulegen; "um alles andere kümmert sich das System"!

<u>Beispiel:</u> Für Höhe = 4 Scheiben erzeugt das Programm folgende Ausgabe (2**4-1=15 Züge):

```
Transportiere eine Scheibe vom Turm eins zum Turm drei
Transportiere eine Scheibe vom Turm eins zum Turm zwei
Transportiere eine Scheibe vom Turm drei zum Turm zwei
Transportiere eine Scheibe vom Turm eins zum Turm drei
Transportiere eine Scheibe vom Turm zwei zum Turm eins
Transportiere eine Scheibe vom Turm zwei zum Turm drei
```

```
Transportiere eine Scheibe vom Turm eins zum Turm drei
Transportiere eine Scheibe vom Turm eins zum Turm zwei
Transportiere eine Scheibe vom Turm drei zum Turm zwei
Transportiere eine Scheibe vom Turm drei zum Turm eins
Transportiere eine Scheibe vom Turm zwei zum Turm eins
Transportiere eine Scheibe vom Turm drei zum Turm zwei
Transportiere eine Scheibe vom Turm eins zum Turm drei
Transportiere eine Scheibe vom Turm eins zum Turm zwei
Transportiere eine Scheibe vom Turm drei zum Turm zwei
```

Zum Vergleich wird im folgenden eine Pascal-Implementierung angegeben, die dasselbe Ergebnis liefert:

```
PROGRAM hanoi (INPUT, OUTPUT);
TYPE turm = 1..3;
VAR  höhe: INTEGER;

  PROCEDURE verlege(höhe: INTEGER;
                    start, ziel, hilf: turm);

    PROCEDURE transportiere(start, ziel: turm);
    BEGIN     (* transportiere *)
      WRITELN ('Transportiere eine Scheibe vom Turm ',
               start, 'zum Turm ', ziel)
    END;      (* transportiere *)

  BEGIN       (* verlege *)
    IF höhe = 0
       THEN              (* Abbruch-Bedingung *)
       ELSE BEGIN
              verlege(höhe-1, start, hilf, ziel);
              transportiere(start, ziel);
              verlege(höhe-1, hilf, ziel, start)
            END   (* ELSE *)
  END;        (* verlege *)
```

```
BEGIN          (* Hauptprogramm *)
  READ (höhe);
  IF höhe >= 0
     THEN verlege(höhe, 1, 2, 3)
END.           (* Hauptprogramm *)
```

Von einer weiteren Betrachtung des Problems "Türme von Hanoi" und von einer Erläuterung des Pascal-Programms an dieser Stelle wird abgesehen; zu diesem Zweck wird auf die einschlägige Literatur (z.B. /AHO_74, AHO83, GLIN83, SEDG84/) verwiesen.

13.2 Verschiedene Sortier-Algorithmen

Einen interessanten Einblick in den Aufbau einer Sprache ermöglicht die vergleichende Formulierung bekannter Algorithmen, wie z.B. Sortier-Algorithmen. Daher werden in diesem Abschnitt verschiedene, bekannte Sortier-Algorithmen in PROLOG formuliert und teilweise mit Implementierungen in Pascal verglichen.

13.2.1 "Slowsort"

Einen ineffizienten Sortier-Algorithmus durch "trial and error" stellt die sog. "slowsort" dar. Bei diesem Verfahren wird zunächst eine Permutation der zu sortierenden Liste gebildet. Anschließend wird diese Permutation geprüft, ob sie geordnet ist. Der Vorgang dauert so lange, bis eine Permutation erzeugt wird, die sortiert ist. Wegen ihrer "Unintelligenz" ist diese Sortiermethode für praktische Zwecke nicht interessant; sie wird auch "naive Sortierung" genannt. Für Übungs- und Demonstrationszwecke (z.B. für Verifikation) wird sie jedoch oft zitiert. Die Erstellung von Permutationen einer Liste stellt auch eine wichtige Programmier-Technik dar.

Aufruf:

```
slowsort(L1, L2).
-----------------
```

L1: unsortierte Liste, L2: sortierte Liste.

Die Prozedur ist gegeben (in Anlehnung an /KOWA79, LLOY84 und CLOC84/) durch:

```
slowsort(L1, L2) :-  permutation(L1, L2), /* trial   */
                     sortiert(L2).        /* error ? */

permutation([],[]).   /Abbruch bei leerer Liste */

/* Rekursive Erstellung der Permutationen: */
permutation( L1,[ Erst|Rest1]) :-
                     fuege(Lhilf1,[ Erst|Rest2], L1),
                     fuege(Lhilf1, Rest2, Lhilf2),
                     permutation(Lhilf2, Rest1).

sortiert([]).    /* Abbruch bei leerer Liste */
sortiert([E1]).  /* Abbruch bei ein-elementiger Liste */

/* Test, ob Liste sortiert ist: */
sortiert([E11, E12|E13 ]):- geordnet(E11, E12),
                              sortiert([E12|E13]).
```

```
geordnet(El1, El2) :- (El1 =< El2). /* Sortier-Krit. */
```

Für die Liste =[2,1,4,3] ergibt sich der folgende Verlauf:

```
Zu sortierende Liste : [ 2, 1, 4, 3]
Nach dem 1. Durchlauf: [ 2, 1, 3, 4]
Nach dem 2. Durchlauf: [ 2, 4, 1, 3]
Nach dem 3. Durchlauf: [ 2, 4, 3, 1]
Nach dem 4. Durchlauf: [ 2, 3, 1, 4]
Nach dem 5. Durchlauf: [ 2, 3, 4, 1]
Nach dem 6. Durchlauf: [ 1, 2, 4, 3]
Nach dem 7. Durchlauf: [ 1, 2, 3, 4]
```

ACHTUNG: In diesem und in den folgenden Beispielen definiert das Prädikat "geordnet" das Ordnungs-Kriterium und ist keineswegs auf "=<" beschränkt; andere Sortier-Kriterien (z.B. ">", alphabetische Reihenfolge etc. können diese Relation ersetzen.

13.2.2 Sortieren durch Einfügen

Etwas effizienter ist das Sortier-Verfahren, bei dem am Anfang zwei beliebige, z.B. die letzten beiden Elemente der zu sortierenden Liste "in die Hand" genommen, miteinander verglichen und entsprechend dem Sortierkriterium in die richtige Reihenfolge gesetzt werden. Dann wird das nächste Element aus der Rest-Liste genommen und in die bereits sortierte (Teil-)Liste gemäß Sortierkriterium eingefügt. Dieser Prozeß dauert so lange, bis die

Rest-Liste leer ist. Die Vorgehensweise garantiert, daß die schrittweise erstellte Liste sortiert ist. Diese (bei Menschen) natürliche Methode wird z.B. beim Sortieren der Akten in einem Ordner etwa nach Datum oder beim Sortieren der Karten in Kartenspielen benutzt. Aufruf erfolgt durch das Prädikat:

sort_ein(L1, L2).

L1: unsortierte Liste, L2: sortierte Liste.

Die Prozedur ist gegeben durch:

```
sort_ein([ ],[ ] ).  /* Abbruch bei leerer Liste */

/* Reduziere die Liste, bis kein Element mehr übrig ist,
   dann baue die neu zu erstellende Liste (angefangen
   mit dem letzten Element) mit "fuege_ein" rekursiv
   auf */
sort_ein([Erst|Rest], Lsort) :-
                      sort_ein(Rest, Lteilsort),
                      fuege_ein(Erst, Lteilsort, Lsort).

/* Baue die neue Liste so auf, daß jedes hinzu genommene
   Element so lange nach rechts "geschoben" wird, bis es
   in der richtigen Reihenfolge steht */
fuege_ein(El, [Erst|Rest1], [Erst|Rest2]) :-
                            geordnet(Erst, El),
                            fuege_ein(El, Rest1, Rest2).

fuege_ein(El, L, [El|L] ).  /* Nimm ein Element auf   */

geordnet(El1, El2) :- (El1 =< El2). /* Sortier-Krit. */
```

Für die Liste = [5,2,8,4,6,3,7,1] ergibt sich der folgende Verlauf:

Zu sortierende Liste : [5, 2, 8, 4, 6, 3, 7, 1]
Nach dem 1. Durchlauf: [1, 5, 2, 8, 4, 6, 3, 7]
Nach dem 2. Durchlauf: [1, 7, 5, 2, 8, 4, 6, 3]
Nach dem 3. Durchlauf: [1, 3, 7, 5, 2, 8, 4, 6]
Nach dem 4. Durchlauf: [1, 3, 6, 7, 5, 2, 8, 4]
Nach dem 5. Durchlauf: [1, 3, 4, 6, 7, 5, 2, 8]
Nach dem 6. Durchlauf: [1, 3, 4, 6, 7, 8, 5, 2]
Nach dem 7. Durchlauf: [1, 2, 3, 4, 6, 7, 8, 5]
Nach dem 8. Durchlauf: [1, 2, 3, 4, 5, 6, 7, 8]

Im folgenden wird eine Implementierung dieses Algorithmus in Pascal gegeben. Eine Simulation der PROLOG-Lösung unter Berücksichtigung der Rekursivität wurde angestrebt.

```
PROGRAM ein(INPUT, OUTPUT);

/* Geschrieben von R. Heß; für das vorliegende Buch
   redaktionell überarbeitet durch den Autor  */

TYPE zeiger = ^liste;    /* Aufbereitung der Variablen */
     liste =RECORD
               zahl : INTEGER;
               nachf : zeiger;
              END;

FUNCTION kopiere(lst : zeiger): zeiger
/* Die Funktion "kopiere (L)" kopiert die übergebene
   Liste "L"   */
VAR hilf, hilfliste: zeiger;
```

```
BEGIN
  hilfliste := NIL;
  WHILE lst <> NIL DO
   BEGIN
     hilf := hilfliste;
     IF hilfliste <> NIL
      THEN BEGIN
        WHILE hilf^.nachf <> NIL DO hilf := hilf^.nachf;
        NEW (hilf^.nachf); hilf := hilf^.nachf;
      END
      ELSE BEGIN NEW (hilfliste); hilf := hilfliste;END;
      hilf^.zahl := lst^.zahl; hilf^.nachf := NIL;
      lst := lst^.nachf;
   END;
  kopiere := hilfliste;
END;

PROCEDURE trenne(VAR lst, erst, rest: zeiger);
/* "erst" enthält das Erst-Element der Liste "lst";
   "rest" enthält den Rest der Liste. "lst" wird nicht
   gelöscht. */
BEGIN
  rest := kopiere (lst); erst := rest;
  rest := rest^. nachf;  erst^.nachf := NIL;
END;

PROCEDURE fuege(VAR erst, rest, lst: zeiger);
/* "erst" und "rest" werden zu "lst" konkateniert.
   "erst" und "rest" werden nicht gelöscht. */
BEGIN
 lst := kopiere(rest); erst^.nachf := lst; lst := erst;
END;

FUNCTION geordnet(el1, el2: zeiger): BOOLEAN;
/* entspricht der PROLOG-Prozedur "geordnet"; s.o. */
BEGIN geordnet := (el1^.zahl <= el2^.zahl); END;
```

```
PROCEDURE fuege_ein(VAR El,ErstRestl,ErstRest2: zeiger);
/* entspricht der PROLOG-Prozedur "fuege_ein";  s. o. */
VAR Erst, Restl, Rest2: zeiger;
BEGIN
IF ErstRestl <> NIL
  THEN BEGIN
     trenne(ErstRestl, Erst, Restl);
     IF geordnet (Erst, El)
       THEN BEGIN
         fuege_ein(El, Restl, Rest2);
         fuege(Erst, Rest2, ErstRest2);
       END
       ELSE fuege(El, ErstRestl, ErstRest2);
  END
  ELSE fuege (El, ErstRestl, ErstRest2);
END;

PROCEDURE  sort_ein(VAR ErstRest, Lsort: zeiger);
/* Die Prozedur "sort_ein" erzeugt für eine gegebene
   Liste "L1" eine sortierte Liste "L2" durch Einfügen.
   Die Liste "L1" bleibt erhalten.   */
VAR Erst, Lteilsort, Rest: zeiger;
BEGIN
  IF ErstRest = NIL
    THEN Lsort : = NIL
    ELSE BEGIN
      trenne(ErstRest, Erst, Rest);
      sort_ein(Rest, Lteilsort);
      fuege_ein(Erst, Lteilsort, Lsort);
    END;
END;
```

Die Verwandschaft der beiden Programme sieht man in den Prozeduren "sort_ein", "fuege_ein" und "geordnet"; sie entsprechen in ihrer Funktion den PROLOG-Prozeduren mit den gleichen Namen. Durch die Prozedur "kopiere" wird die ursprüngliche Liste vor einer Überschreibung "gerettet". Die Prozedur "trenne" erfüllt die Aufgaben des eingebauten PROLOG-Prädikats " " ("Separator", s. Abschn. 5.2.3) und schließlich bildet "fuege" die Konkatenation zweier Listen (s. Abschn. 11.3). Die Programme könnten natürlich noch eleganter, effizienter etc. geschrieben werden; für Vergleichszwecke sind sie jedoch ausreichend.

Wie man durch Lektüre der Pascal-Implementierung für "sort_ein" merkt, ist diese Lösung ziemlich "verkrampft". Viel eleganter ist die "Pascal-natürliche", iterative Lösung, z.B. durch folgende Prozedur (s. /AHO-83, GLIN83, GONN84, KERN81/):

```
PROCEDURE sort_ein;
VAR ind1, ind2, hilf: INTEGER; listengrenze_ok: BOOLEAN;

BEGIN   /* Procedure sort_ein */
FOR ind1 := anzahl_Listenelem DOWNTO 2 DO
  BEGIN  /* Äußere Schleife */
    hilf := liste[ind1];  ind2 := ind1;
    listengrenze_ok := TRUE;
    WHILE (liste[ind2-1] )> hilf) AND
          listengrenze_ok  DO
      BEGIN /* Innere Schleife */
        liste[ind2] := liste[ind2-1]; ind2 := ind2+1
        IF ind2 > anzahl_Listenelem
                  THEN  /* Listengrenze erreicht */
                        listengrenze_ok := false
      END; /* Innere Schleife */
    liste[ind2] := hilf   /* Einfügen */
  END;  /* Äußere Schleife */
END; /* Procedure sort_ein */
```

In der zweiten, iterativen Pascal-Prozedur wird angenommen, daß die zu sortierende Liste vom Hauptprogramm als Feld unter der Bezeichnung "liste" übergeben wird. Ebenfalls vom Hauptprogramm übertragen wird die Variable "anzahl_Listenelem", welche die Anzahl der Elemente der zu sortierenden Liste angibt.

13.2.3 "Bubblesort"

Etwas weniger effizient, aber bekannt ist der Sortier-Algorithmus "bubblesort". Bei diesem Verfahren werden benachbarte Elemente der zu sortierenden Liste verglichen und je nach Sortierkriterium vertauscht (Hier sei die Liste wieder in aufsteigender Reihenfolge zu sortieren.). Durch sukzessive Anwendung dieser Regel wandert das größere der zu vergleichenden Elemente von links nach rechts (bildlich gesehen so, wie eine Luftblase ("bubble") im Wasser von unten nach oben steigt). Dieser Prozeß beginnt mit dem ersten Element der Liste und reduziert bei jedem Durchlauf die Rest-Liste um ein Element. Gleichzeitig wird die bereits sortierte Liste um ein Element erweitert. Der Prozeß wird terminiert, wenn in der Rest-Liste nur ein Element übrig bleibt. Aufruf erfolgt durch das Prädikat:

```
bubblesort(L1, L2).
-------------------
```

L1: unsortierte Liste, L2: sortierte Liste.

Die Prozedur ist gegeben durch (in Anlehnung an /COHE86, CLAR82, CLOC84/):

```
bubblesort(L1, Lsort) :- fuege(L,[ El1, El2|Rest], L1),
                         geordnet(El1, El2),
                         fuege(L,[ El2, El1|Rest], Lteilsort),
                         bubblesort(Lteilsort, Lsort).

bubblesort(L, L).

geordnet(El1, El2) :- (El1 =< El2). /* Sortier-Krit. */
```

Die Prozedur "fuege" ist im Abschn. 11.3 gegeben.

Durch den ersten Aufruf von "fuege" werden alle Paare benachbarter Elemente ("El1, El2") generiert. Durch den zweiten Aufruf von "fuege" wird, wenn "El1, El2" nicht in richtiger Reihenfolge sind, die modifizierte Liste ("L3") rekonstruiert. Der anschließende, rekursive Aufruf von "bubblesort" benutzt "L3" als Argument und wiederholt diesen Prozeß. Wenn der erste Aufruf von "fuege" nicht mehr anwendbar ist, ist die sortierte Liste "L2" erstellt.

Für die Liste = [5,2,8,4,6,3,7,1] ergibt sich der folgende Verlauf:

```
Zu sortierende Liste :[ 5, 2, 8, 4, 6, 3, 7, 1 ]
Nach dem 1. Durchlauf:[ 1, 5, 2, 8, 4, 6, 3, 7 ]
Nach dem 2. Durchlauf:[ 1, 2, 5, 3, 8, 4, 6, 7 ]
Nach dem 3. Durchlauf:[ 1, 2, 3, 5, 4, 8, 6, 7 ]
Nach dem 4. Durchlauf:[ 1, 2, 3, 4, 5, 6, 7, 8 ]
  ...
Nach dem 8. Durchlauf:[ 1, 2, 3, 4, 5, 6, 7, 8 ]
```

Im folgenden wird eine Implementierung dieses Algorithmus in Pascal gegeben (s. /AHO83, GLIN83, GONN84, KERN81/). Die Analogie zur PROLOG-Implementierung wird durch die beiden Schleifen (die die "fuege"-Aufrufe ersetzen) und Vertauschen der Elemente bei nicht Erfüllung der Ordnungs-Relation ersichtlich. Es wird jedoch eine Simulation der PROLOG-Lösung wie bei der ersten Formulierung von "sort_ein" nicht angestrebt; so ist die ursprüngliche, nicht sortierte Liste nicht mehr verfügbar. Auch für die folgende Pascal-Prozedur wird angenommen, daß die zu sortierende Liste vom Hauptprogramm als Feld unter der Bezeichnung "liste" übergeben wird. Ebenfalls vom Hauptprogramm übertragen wird die Variable "anzahl_Listenelem", welche die Anzahl der Elemente der zu sortierenden Liste angibt.

```
PROCEDURE bubblesort;
VAR ind1, ind2, hilf: INTEGER;

BEGIN /* bubblesort */
  FOR ind1 := anzahl_Listenelem DOWNTO 2 DO
    BEGIN
      FOR ind2 := 2 TO anzahl_Listenelem DO
        IF liste[ind2-1] > liste[ind2] THEN
          BEGIN
            hilf := liste[ind2-1];
            liste[ind2-1] := liste[ind2];
            liste[ind2] := hilf
          END;
     END;
END;
```

13.2.4 Quicksort"

Das Verfahren "quicksort" (/HOAR62/) sortiert, wie das "bubblesort"-Verfahren (Abschn. 13.2.3), eine gegebene Liste "L1" durch Austauschen der Elemente. Zum Unterschied zu "bubblesort" werden hier allerdings die Vertauschungen nicht zwischen direkt benachbarten Elementen vorgenommen, sondern zwischen Elementen, die innerhalb der Liste weit voneinander entfernt sind. Deswegen wird die zu sortierende Liste zunächst in zwei Teillisten "zerlegt". Die eine Teilliste enthält Elemente, die größer als ein zufällig ausgesuchtes Element sind, z.B. das Erst-Element der Liste. Die Elemente der zweiten Liste sind kleiner als dieses bzw. gleich diesem Element. Die Teillisten werden nach diesem Prinzip so lange rekursiv bearbeitet, bis weitere Zerlegungen leere Listen darstellen. Die Konkatenation der Zerlegungen ergibt dann die sortierte Liste "L2". In Anlehnung an /KOWA79/ kann dieser Prozeß wie folgt beschrieben werden:

- Wenn L1 leer ist, ist L2 ebenfalls leer.

- Sortierung von L1 ist L2, wenn

```
          Erst-Element von L1 ist Erst,
                         Rest-Liste ist Rest,
          Zerlegung von Rest durch Erst
                         ergibt R_links und R_rechts,
          (rekursive) Sortierung von
                         R_links  ergibt Ll,
          (rekursive) Sortierung von
                         R_rechts ergibt Lr,
          Konkatenation von Ll mit Erst_Lr ergibt L2,
          Erst-Element von Erst_Lr ist Erst,
                         Rest von Erst_Lr ist Lr.
```

- Zerlegung von L durch El ergibt die Listen
  L_links mit Elementen, die kleiner/gleich El sind,
  R_rechts mit Elementen, die größer als El sind.

Diese "Logik" wird jetzt in einer PROLOG-Prozedur abgebildet, die wie folgt aufgerufen wird:

```
quicksort(L1, L2).
------------------
```

L1: unsortierte Liste, L2: sortierte Liste.

```
zerlege(El,[Erst|Rest],[Erst|Rest1 ],Lst2)  :-
        (Erst =< El), zerlege(El, Rest, Rest1, Lst2).

zerlege(El,[Erst|Rest], Lst1,[Erst|Rest2]) :-
        (Erst > El),  zerlege(El, Rest, Lst1, Rest2).

zerlege(_,[] ,[] ,[] ).


quicksort([] ,[] ).

quicksort([Erst|Rest], Lsort) :-
        zerlege(Erst, Rest, R_links, R_rechts),
        quicksort(R_links,  L_l),
        quicksort(R_rechts, L_r),
        fuege(L_l,[Erst|L_r], Lsort).
```

Für die Liste =[5,2,8,4,6,3,7,1] ergibt sich der folgende Verlauf:

Zu sortierende Liste :[5, 2, 8, 4, 6, 3, 7, 1]

Nach dem 1. Durchlauf: [2, 4, 3, 1, 5, 8, 6, 7]
Nach dem 2. Durchlauf: [1, 2, 4, 3, 5, 8, 6, 7]
Nach dem 3. Durchlauf: [1, 2, 4, 3, 5, 8, 6, 7]
Nach dem 4. Durchlauf: [1, 2, 3, 4, 5, 8, 6, 7]
Nach dem 5. Durchlauf: [1, 2, 3, 4, 5, 8, 6, 7]
Nach dem 6. Durchlauf: [1, 2, 3, 4, 5, 6, 7, 8]
...
Nach dem 8. Durchlauf: [1, 2, 3, 4, 5, 6, 7, 8]

Ähnlich wie im Abschn. 13.2.2 geben wir zunächst eine direkte Pascal-Implementierung dieser "Sortier-Logik":

```
PROGRAM  quick(INPUT, OUTPUT);
/* Implementierung des Algorithmus gem Abschn. 13.2.4.
   Geschrieben von R. Heß; redaktionell überarbeitet
   durch den Autor */

TYPE zeiger = ^liste;
     liste = RECORD
               info : INTEGER;
               next : ref;
             END;

FUNCTION kopiere(list: zeiger): zeiger;
/* s. die gleichnamige Pascal-Prozedur im Abschn. 13.2*/

PROCEDURE trenne(VAR lst, erst, rest: zeiger):
/* s. die gleichnamige Pascal-Prozedur im Abschn. 13.2*/

PROCEDURE fuege(VAR ErstL1, L2, ErstLges : ref):
/* Liste "ErstLGes" ergibt sich aus der Konkatenation
   von "ErstL1" und "L2". Die Listen "ErstL1" und "L2"
   bleiben unverändert. */
VAR Erst, L1, LGes, Y: zeiger;
```

```
BEGIN
  IF ErstL1 = NIL
    THEN ErstLGes := L2
    ELSE BEGIN
      trenne(ErstL1, Erst, L1); fuege(L1, L2, LGes);
      Y := kopiere(Erst); ErstLGes := kopiere(LGes);
      Y^.next := ErstLGes;  ErstLGes := Y;
   END;
END;

PROCEDURE zerlege(VAR El, ErstRest, ErstRest1,
                                        ErstRest2: zeiger);
VAR Erst, Rest, Rest1, Rest2: zeiger;
BEGIN
  IF ErstRest <> NIL
   THEN BEGIN
     trenne(ErstRest, Erst, Rest);
     IF Erst^.info <= El^.info
      THEN BEGIN
        zerlege(El, Rest, Rest1, ErstRest2);
        fuege(Erst, Rest1, ErstRest1);
      END
      ELSE BEGIN
        zerlege(El, Rest, ErstRest1, Rest2);
        fuege(Erst, Rest2, ErstRest2);
      END
   END
   ELSE BEGIN   ErstRest1 := NIL; ErstRest2 := NIL;  END
END;


PROCEDURE quicksort(VAR ErstRest, Lsort: zeiger);
VAR Erst, Rest, Erst, R_links, R_rechts, L_l, L_r,
    ErstL_r: zeiger;
BEGIN
  IF ErstRest = NIL THEN Lsort := NIL
```

```
  ELSE BEGIN
    trenne(ErstRest, Erst, Rest);
    zerlege(Erst, Rest, R_links, R_rechts);
    quicksort(R_links,  L_l);
    quicksort(R_rechts, L_r);
    fuege(Erst, L_r, ErstL_r);
    fuege(L_l, ErstL_r, Lsort);
  END;
END;
```

Wie die direkte Umsetzung des "sort_ein" im Abschn. 13.2.2 in Pascal, ist die direkte Umsetzung der PROLOG-"Logik" des "quicksort" umständlich und vor allem nicht "Pascal-like". Eine natürlichere Pascal-Implementierung ist gegeben durch das folgende Programm(s. z.B. /AHO83, GLIN83, GONN84, KERN81, SED84/):

```
PROCEDURE quicksort(links, rechts: INTEGER);
VAR hilf1, hilf2, ind1, ind2: INTEGER;
BEGIN
  IF rechts > links THEN
   BEGIN
    hilf1 := liste[links];  ind1 := links-1;
    ind2 := rechts;
    REPEAT
      REPEAT ind1 := ind1+1 UNTIL liste[ind1]>= hilf1;
      REPEAT ind2 := ind2-1 UNTIL liste[ind2]<= hilf1;
      hilf2 := liste[ind1]; liste[ind1]:= liste[ind2];
      liste[ind2]:= hilf2;
    UNTIL ind2 <= ind1;
    liste ind2 := liste[ind1];
    liste ind1 := liste[rechts];
    liste rechts := hilf2;
```

```
    quicksort(links, indl-1);
    quicksort(indl+1, rechts)

  END
END;
```

Der Aufruf des zuletzt angegebenen Programms erfolgt durch "quicksort(1, anzahl_Listenelem)". Auch für diese Pascal-Prozedur wird angenommen, daß die zu sortierende Liste vom Hauptprogramm als Feld unter der Bezeichnung "liste" übergeben wird. Ebenfalls vom Hauptprogramm übertragen wird die Variable "anzahl_Listenelem", welche die Anzahl der Elemente der zu sortierenden Liste angibt.

13.3 Ergebnisse

Durch bisherige Ausführungen in diesem Abschnitt wurde hoffentlich folgendes erreicht:

- Die Erläuterungen im Abschn. 1.1 bez. der Logik- und Steuerungs-Komponenten der Algorithmen sind klarer geworden.

- Verschiedene Programmier-Sprachen bedeuten verschiedene Steuerungs-Philosophien, die richtig (im Sinne des Programmierers, z.B. bez. der Effizienz) eingesetzt werden müssen.

- Für "Pascal-Insider": Jetzt wissen Sie, was (und vielleicht auch "wie") man lieber nicht in Pascal schreiben sollte (und natürlich auch umgekehrt, was man nicht in PROLOG schreiben sollte).

13.4 Übungsaufgaben

Aufgabe 13.1

Kann man durch Verbesserung der Steuerungskomponente des "slowsort" (Abschn. 13.2.1) eine Effizienz-Steigerung erreichen?

Aufgabe 13.2

Setzen Sie die Algorithmen "slowsort" und "bubblesort" direkt in Pascal um. Versuchen Sie, die Pascal-Prozeduren für "fuege", "trenne" etc. von den Abschn. 13.2.2 und 13.2.4 zu verwenden. Versuchen Sie weiterhin, ohne den Datentypen "POINTER" auszukommen.

Aufgabe 13.3

Handelt es sich bei den Sortierverfahren "bubblesort" und "quicksort" um die gleiche Logik nach Kowalski (Abschn. 1.1), weil beide Verfahren durch direktes Austauschen eine gegebene Liste sortieren? Basiert die viel höhere Effizienz des "quicksort" gegenüber dem "bubblesort" nur auf der besseren Steuerung?

14. Erstellung von PROLOG-Programmen

In den bisherigen Abschnitten haben Sie die Grundelemente der logischen Programmierung anhand der Programmiersprache PROLOG kennengelernt. Die Beispiel-Programme waren bewußt einfach gehalten, um eine anschauliche Darstellung der vorzustellenden Programmierpraktiken und der Sprachkonstrukte zu ermöglichen.

Mit Recht wird jetzt der "Praktiker" folgende Fragen stellen: "Wie kann man mit PROLOG oder ähnlichen Sprachen der logischen Programmierung 'ernsthaft' (d.h. mehr als experimentell) arbeiten und wie wird damit - wenn überhaupt - 'richtige' Software erstellt? Oder ist das Ganze noch ein (Bastel-)Spielzeug der Logiker bzw. der 'Intellektiker' ('Künstliche-Intelligenzler')?"

Zweifelsohne haben die oben etwas überspitzt formulierten Fragen ihre Berechtigung. Jedoch wählen wir den bequemen Weg der Beantwortung: Diese Fragen werden in den nächsten Jahren ohnehin sehr intensiv behandelt. Schon der Versuch wäre müßig, ja fast überheblich, solche Fragen im Rahmen dieser Einführung zu beantworten. Daher werden wir sie nur stellen und die Antwort der Zukunft und den Spezialisten überlassen.

Bevor die Einführung endgültig abgeschlossen wird und im Abschn. 15 die Schlußbemerkungen folgen, wird ein bescheidener Versuch unternommen, einige Grundsätze der disziplinierten Programmierung für logische Programmierung anzuwenden. Im Abschn. 14.1 ("Software-Engineering für logische Programmierung?") werden diese Grundsätze erläutert. Anschließend wird ein praktisches Problem nach diesen Grundsätzen behandelt und die Lösung in PROLOG formuliert. Das erstellte Programm ist sicherlich noch kein "wissensbasiertes System"; das Präfix "Mini" möge diese Übertreibung etwas mildern. Einige Komponenten wissensbasierter Systeme sind jedoch - zumindest mit etwas gutem Willen - erkennbar. Die Aufzählung der Fehler und potentieller Fehlerquellen, die in der Praxis beobachtet wurden, schließt den Abschnitt 14 ab.

14.1 Software-Engineering für logische Programmierung?

Der potentielle Benutzer einer Sprache fragt sich i.A., ob es allgemeine Grundsätze - wie einen "roten Faden" - gibt, mit deren Hilfe der Prozeß der Programm-Erstellung in der zu erlernenden Sprache etwas erleichtert werden kann. Ansatzpunkt dafür gibt die Disziplin "Software-Engineering".

Unter Software-Engineering wird vielfach eine Ansammlung von Prinzipien und Methoden verstanden, welche die Erstellung und den Einsatz von Rechner-Programmen mit Produkt-Charakter voraussehbar, kalkulierbar und für Menschen (Benutzer) von Menschen (Entwickler) im hohen Maße durchführbar machen. Ein Programm hat den "Produkt-Charakter", wenn es für mehrere Benutzer oder von mehreren Entwicklern erstellt wird.

In Anlehnung an die Literatur (vor allem an /BALZ85, WILL84/, aber auch an /BAUE74, HERI84, JENS79, KOCH79, STET81, WILL84, YOUR79/ u.v.a.) können diese Prinzipien als Handlungs-Grundsätze in folgende Kategorien zusammengefaßt werden

- Prinzip der konstruktiven Voraussicht
- Prinzipien der Software-Entwicklung
- Prinzipien des Software-Projekt-Managements
- Prinzipien der Software-Qualitätssicherung

Es ist unwahrscheinlich, daß die Erstellung logischer Programme mit Produkt-Charakter bez. des Managements und der Qualitätssicherung Besonderheiten aufweisen werden, die bei der Erstellung konventioneller Programme nicht entstehen. Daher sei bei den beiden letzten Kategorien auf die zu Beginn des Abschn. 14 zitierte zahlreiche Literatur über Software-Engineering verwiesen.

Das Prinzip der konstruktiven Voraussicht bedeutet die Vorausplanung eines Produktionsablaufes in Bezug auf seine Ergebnisse, Erwartungen bei den Benutzern etc. So muß man z.B. bei dem Entwurf von Software-Produkten im Voraus konstruktiv bedenken, welche geeigneten Methoden und/oder Werkzeuge eingesetzt werden sollten, um spätere Wartungskosten des Produkts minimieren zu können. Dieses Prinzip ist wohl eines der wichtigsten Prinzipien überhaupt und sollte permanent zur Richtschnur des Handelns gemacht werden.

Die zweite Kategorie (Prinzipien der Software-Entwicklung) besteht aus Prinzipien wie

- Prinzip der Abstraktion
- Prinzip der Modularisierung
- Prinzip der hierarchischen Strukturierung
- Prinzip der Lokalität
- Prinzip der integrierten Dokumentation
- Prinzip der Standardisierung
- Prinzip der Mehrfachverwendung

Wir versuchen jetzt, diese Prinzipien auf logische Programmierung anzuwenden (s. auch /BIBE85, BOBR85, BROD84, BUCH83, BUND84, FURU83, MARK85, SUBR85/). Dafür werden sie kurz erläutert, jedoch nur um evtl. Mißverständnisse zu vermeiden. Für ausführliche Darstellung siehe die Literaturhinweise zu Beginn dieses Abschnitts. Im nächsten Abschnitt wird ihr Einsatz an einem Beispiel vorgeführt.

Das Prinzip der Daten-Abstraktion ist auf /PARN72/ zurückzuführen und bedeutet das Absehen von Einzelheiten bei der Modellierung der realen Welt. Abstraktion ist das Gegenteil von Konkretisierung, welche ein schrittweises Erhöhen der Detaillierung bedeutet. Beide Begriffe stehen während der gesamten Software-Produktion im stetigen Wechsel. Für die Erstellung logischer Programme kann dieses Prinzip dadurch interpretiert werden, daß zunächst das nicht-formale Wissen (d.h. allgemeine Tatsachen des Anwendungsgebiets) in die Fakten umgesetzt wird. Anschließend können die Anwendungsfälle (d.h. Abfragen) ggf. durch mehrere Schritte in die Regeln abgebildet werden, die auf Fakten operieren. Dieser Vorgang läuft so, daß den Abfragen abstrakte Datentypen zugeordnet werden:

```
abfrage1(argumente) :- liefere_teilantwort_1(argumente),
                                 ...
                       liefere_teilantwort_n(argumente).
```

Jede Prämisse ("liefere_teilantwort_i(argumente)") bildet hier einen abstrakten Datentyp, der auf die gleiche Weise realisiert wird:

```
liefere_teilantwort_i(argumente) :- ... .
```

oder

```
liefere_teilantwort_i(argumente) :- fakten(argumente).
```

Hierfür ist eine detaillierte Spezifikation der Benutzung notwendig (s. Abschn. 14.2).

Die nächsten beiden Prinzipien stehen mit dem Prinzip der Abstraktion in engem Zusammenhang.

Das Prinzip der Modularisierung bedeutet i.A. die Zergliederung eines Systems in eine Menge von untergeordneten Moduln, die über wohl definierte Schnittstellen miteinander kommunizieren und in ihrer Funktion möglichst unabhängig von den Daten der anderen Moduln sind. Das letztere bedeutet, daß jeder Modul für sich eine abgeschlossene Einheit bildet. Damit ist er getrennt erstellbar, prüfbar und lieferbar.

Bei logischen Programmen läßt sich eine gute Modularisierung bei der Erstellung von Prozeduren auf eine natürliche Weise erreichen (Erinnerung: Eine PROLOG-Prozedur ist die Ansammlung der Regeln mit gleichem Prädikat.). Die Moduln kommunizieren miteinander über Variablen, Strukturen oder Prädikate. Dabei ist natürlich auf die restriktive Verwendung der Argumente zu achten.

Das Prinzip der hierarchischen Strukturierung bedeutet die reduzierte Darstellung eines Systems, die den Charakter des Ganzen in Stufen offenbart. Auch dieses Prinzip ist in der logischen Programmierung gut einsetzbar: Eine komplexe Aufgabe wird durch mehrere, in ihren Funktionen eindeutig definierte Prozeduren bearbeitet.

Ein weiteres wichtiges Prinzip ist das Prinzip der Lokalität. Eine gute Lokalität ist im Produkt vorhanden, wenn alle notwendigen Informationen zur Lösung eines Teilproblems lokal komprimiert werden, bzw. "dort sind, wo sie hingehören und wo man sie sucht". Mit anderen Worten, diese Informationen sind an einem schnell zu findenden und zu überblickenden Ort vorhanden (z.B. in einem Modul, der eine statische Länge von einer DIN A4-Seite hat).

In PROLOG-Programmen kann die Lokalität durch folgende Maßnahmen erhöht werden:

- Die Fakten sind für die jeweiligen Prädikate zusammenhängend untergebracht. Ihre statische Länge, d.h. die Anzahl der Fakten mit gleichlautendem Prädikat ist unwichtig, denn sie sind gleich aufgebaut und daher dürfte das Umgehen mit ihnen keine besonderen Schwierigkeiten bereiten.

- Bei den Regeln ist die Anzahl der Prämissen wichtig: Hat eine Regel mehr als 10 Prämissen, deren Prädikate im Programm überall verstreut sind, so ist das ein sicheres Indiz dafür, daß nicht nur die Lokalität, sondern auch die Modularisierung und die Strukturierung des betrachteten Programms schlecht sind.

- Allgemein gilt: Bei der Auflistung der Regeln sind die Abbruch-Regeln zuerst, "alles andere"-Regeln zunächst zu notieren (Ausnahmen bestätigen die Regeln!).

- Weiterhin gilt: Ausnahme-Regeln sind zuerst zu notieren!

Wichtig für den ganzen Entwicklungsprozeß von Software und ihre Wartung ist das Prinzip der integrierten Dokumentation. Es bedeutet die permanente und aktuelle Dokumentation parallel zur Entwicklung des Software-Produkts. Eine sinvolle Dokumentations-Methode sollte die Darstellung der Zwischen-Produkte, die schrittweise erstellt werden und am Ende des Entwicklungsprozesses das Produkt ergeben, durch eine Kette von Entwurfs- und Spezifikations-Methoden für die jeweiligen Projekt-Phasen unterstützen. Grafische Hilfsmittel können die Transparenz und damit die Akzeptanz der Methoden erhöhen. Wichtig für die Akzeptanz ist weiterhin die Möglichkeit der automatischen Dokumenten-Erstellung und damit Formalisierbarkeit der zugrundeliegenden Methode.

Für eine adäquate Dokumentierung von logischen Programmen können einige Ansatzpunkte aus dem Software-Engineering übernommen werden. Im Abschn. 14.2 wird dies am Beispiel demonstriert und kann wie folgt zusammengefaßt werden:

- Verbale Darstellung des Wissens in Form von allgemeinen Tatsachen und Zusammenhängen,

- Erstellung eines Pflichtenheftes in Form von erwünschter "Benutzer-Beratung", d.h. die Formulierung der Abfragen an den Experten,

- Schrittweise Umsetzung des Wissens in eine PROLOG-Wissensbasis,

- Schaffung einer "Zwischenebene" zwischen der Wissensbasis (mit Fakten und Regeln) und dem Benutzer (mit seinen Fragen).

Die herkömmlichen grafischen Hilfsmittel wie Flußdiagramme, Struktogramme etc. sind hier nicht geeignet; im Abschn. 6.4 wurden jedoch einige andere Mittel genannt, die sich in der Praxis bewähren müssen.

Das Prinzip der Standardisierung bedeutet die Einführung von Standards, Layouts, Richtlinien, Formularen, Checklisten etc. Dieses Prinzip ist immer dann von Wichtigkeit, wenn mehrere Personen an der Software-Produktion beteiligt sind. Zur Erstellung von PROLOG-Programmen können folgende Grundsätze aufgestellt werden:

- Mindestens ein Kommentar pro Fakten-Block, pro Regel und pro (komplizierter) Prämisse.

- Leerzeilen zwischen Fakt-Blöcken, Prozeduren, Regel-Gruppen etc.

- Eingerückte Schreibweise der Prämissen bei den Regeln ("pretty printing").

- Mnemotechnisch günstige Namensgebung für Bezeichner.

- CUTs, ";" (oder) vermeiden.

- Mit Klammern nicht sparsam umgehen.

Das Prinzip der Mehrfachverwendung bedeutet sinngemäß, daß "das Rad nicht immer wieder neu erfunden werden soll". Überträgt man dies auf die Software-Produktion, dann sollte bei jedem neu zu lösenden Problem möglichst viel auf schon Gelöstes zurückgegriffen werden, wie wir es in den Beispiel-Programmen auch getan haben, z.B. die Benutzung von Listen-Operationen. Die Anwendung dieses

Prinzips impliziert die Anwendung der Prinzipien der Standardisierung, Strukturierung, Modularisierung und integrierter Dokumentation.

Am letzten Prinzip kann man deutlich erkennen, in welch enger Beziehung die Prinzipien zueinander stehen. So kann z.B. eine gute Struktur in Software-Sytemen erreicht werden, wenn das System modular und hierarchisch entworfen wurde. Auf der Programmebene läßt sich ähnliches erreichen, wenn restriktive Kontrollstrukturen (z.B. CUTs, ";" (oder) etc. vermeiden) verwendet wurden.

14.2 Erstellung eines Mini-"wissensbasierten Systems" zur Beratung bei der Zusammenladung gefährlicher Güter für den Warentransport

In diesem Abschnitt wird ein Problem aus dem Transportwesen dargestellt, dessen Bearbeitung die Ermittlung und Verknüpfung von Tatsachen und Regeln beinhaltet. Im Anschluß an die Darstellung des Problems wird ein Lösungsvorschlag durch ein PROLOG-Programm angegeben.

14.2.1 Verbale Kurzdarstellung des "Fachwissens"

Für den Transport gefährlicher Güter sind beim Zusammenladen besondere Trennvorschriften zu beachten. Die Tabelle im Bild 14.1 gibt eine Übersicht darüber. Die Nummern am Zeilen- und Spaltenbeginn (1.1 bis 9) identifizieren verschiedene Stoffklassen. Die Zahlen in der

Tabelle entsprechen den Trennvorschriften, die in der Legende unterhalb der Tabelle erklärt werden.

Im folgenden werden Beispiele für einige Stoffklassen angegeben.

2.1: Acetylen, Flüssig-Luft, Aminoethan, Chlorinzyanid
3.1: Aceton, Hexanol
4.1: Schwefel, roter Phosphor, Dinitrophenol, X-Ray Film
5.1: Ammoniumnitrat, Ammoniumpersulfat, Calciumhypochlorit, Calciumpermanganat, Chromtrioxid, Wasserstoffperoxid (>60%), Bleiperoxid, Bleinitrat, Kaliumchlorat, Kaliumpermanganat, Natriumperoxid
6.1: Epichlorohydrin, Anilin, Methylzyanid, Nikotin
8: Aluminiumchlorid, Benzylchlorid, Diethylenetriamin, Eisenchlorid
9: Calciumoxid, Formalin, Insektizide, Methylenchlorid

Mit Hilfe der Tabelle kann festgestellt werden, welche Trennvorschriften beim Zusammenladen verschiedener Stoffe zu beachten sind. So existieren z.B. für den Transport des Stoffpaares Ammoniumnitrat-Calciumhypochlorid (beide Stoffe gehören zur Klasse 5.1) keine generellen Trennvorschriften (in der Tabelle ist ein "X" zu lesen). Das Stoffpaar Kaliumchlorat (Stoffklasse 5.1) - Schwefel (Stoffklasse 4.1) muß beim Zusammenladen getrennt gestaut werden (Trennvorschrift 1).

Ausnahmen

Das bloße Ablesen der Tabelle und der Stofflisten würde das hohe Einkommen der Experten für den Transport gefährlicher Güter nicht rechtfertigen; es existieren mehr Ausnahmen als Regeln. Im folgenden werden einige gegeben:

- Beim Zusammenladen folgender Stoffe der Klasse 5.1 untereinander ist die Trennvorschrift 2 (statt X) anzuwenden:

  -- Calciumpermanganat, Kaliumchlorat, Kaliumpermanganat mit Ammonium-Verbindungen,

  -- Wasserstoffperoxid mit Permanganaten,

- Für das Stoffpaar Flüssig-Luft - Acetylen (beide Klasse 2.1) gilt Trennvorschrift 2 (statt X).

- Für die Stoffpaare "Dinitrophenol (Klasse 4.1) - Natrium-Verbindungen (Klasse 5.1)" gilt Trennvorschrift 3 (statt 1).

Außerdem ist beim Zusammenladen des Stoffes Epichlorohydrin (Klasse 6.1) mit den Stoffen der Klasse 5.1 die Trennvorschrift 2 (statt 1) anzuwenden.

14.2.2 Häufige Fragen an den Experten als geplante "Beratung"

Durch Beobachtungen der Arbeitsweise eines Experten für den Transport gefährlicher Güter konnte festgestellt werden, daß bestimmte Fragestellungen besonders häufig vorkommen. Ein PROLOG-Programm soll die Beantwortung folgender, solcher Fragen ermöglichen:

Allgemeine Einleitung

15.8.6 TABELLE FÜR DIE TRENNUNG/ZUSAMMENLADUNG

Die nachstehende Tabelle gibt Auskunft darüber, welche generellen Trennvorschriften zwischen den einzelnen Klassen einzuhalten sind. Da die Eigenschaften der Stoffe in den einzelnen Klassen sehr unterschiedlich sein können, sind die Bedingungen auf den einzelnen Stoffblattseiten und in den Einleitungen zu den einzelnen Klassen und Unterklassen ebenfalls einzuhalten.

		1.1	1.2	1.3	1.4 1.5	2.1	2.2	3.1 3.2	3.3	4.1	4.2	4.3	5.1	5.2	6.1	7	8
Explosive Stoffe und mit explosiven Stoffen geladene Gegenstände	1.1	•	•	•	•	4	2	4	4	4	4	4	4	4	2	2	4
	1.2	•	•	•	•	4	2	4	4	4	4	4	4	4	2	2	4
	1.3	•	•	•	•	4	2	4	4	3	3	4	4	4	2	2	2
	1.4 1.5	•	•	•	•	2	1	2	2	2	2	2	2	2	×	2	2
Brennbare Gase	2.1	4	4	4	2	×	×	2	2	1	2	1	2	4	×	2	1
Nicht brennbare Gase	2.2	2	2	2	1	×	×	2	2	×	1	×	×	2	×	1	×
Entzündbare Flüssigkeiten	3.1 3.2	4	4	4	2	2	2	×	×	2	2	2	2	3	×	2	1
	3.3	4	4	4	2	2	2	×	×	1	2	2	2	3	×	2	1
Entzündbare feste Stoffe	4.1	4	4	3	2	1	×	2	1	×	1	1	1	2	×	2	1
Selbstentzündliche Stoffe	4.2	4	4	3	2	2	1	2	2	1	×	1	2	2	×	2	1
Stoffe, die in Berührung mit Wasser brennbare Gase entwickeln	4.3	4	4	4	2	1	×	2	2	1	1	×	2	2	×	2	1
Entzündend (oxydierend) wirkende Stoffe	5.1	4	4	4	2	2	×	2	2	1	2	2	×	2	1	1	2
Organische Stoffe	5.2	4	4	4	2	4	2	3	3	2	2	2	2	×	1	2	2
Giftige Stoffe	6.1	2	2	2	×	×	×	×	×	×	×	×	1	1	×	×	×
Radioaktive Stoffe	7	2	2	2	2	2	1	2	2	2	2	2	1	2	×	×	2
Ätzende Stoffe	8	4	4	2	2	1	×	1	1	1	1	1	2	2	×	2	×
Verschiedene gefährliche Stoffe		Keine generellen Trennvorschriften, Einzelheiten sind den Stoffblattseiten zu entnehmen.															

Die Zahlen in der Tabelle entsprechen den nachstehenden Begriffen, die in Abschnitt 15.8 definiert sind:

1. Entfernt von:
2. Getrennt von:
3. Getrennt durch eine vollständige Abteilung oder einen vollständigen Laderaum von:
4. In Längsrichtung getrennt durch eine dazwischenliegende vollständige Schottenabteilung:

×. Keine generellen Trennvorschriften, Einzelheiten sind den Stoffblattseiten zu entnehmen.

• Für die Trennung/Zusammenladung von Gütern der Klasse 1 untereinander sind die Bestimmungen des Abschnitts 5.4 der Einleitung zur Klasse 1 zu beachten.

Seite 0030

Bild 14.1: Tabelle für die Trennung/Zusammenladung von Stoffen (aus GGVSee ("Gefahren-Gut-Verordnung"), IMDG-Code ("International Maritime Dangerous Good"))

1) Für einen vorgegebenen Beispiel-Stoff ist die Stoffklasse anzugeben.

2) Für vorgegebene Stoffklassen sind Beispiel-Stoffe (soweit vorhanden) anzugeben.

3) Wenn ein Beispiel-Stoff bzw. eine Stoffklasse vorgegeben ist, ist für mögliche Zusammenladungen anzugeben, mit Stoffen welcher Klasse welche Trennvorschriften gelten.

4) Wenn eine Ladung, bestehend aus mehreren Beispiel-Stoffen, vorgegeben wird, ist anzugeben, welche Stoff-Paare nach welchen Trennvorschriften zu laden sind.

5) Wenn Stoffklassen vorgegeben sind, ist anzugeben, welche Trennvorschrift für welche Klassen-Paare gilt.

6) Wenn ein Beispiel-Stoff bzw. eine Stoffklasse und eine Trennvorschrift vorgegeben werden, ist anzugeben, welche Beispiel-Stoffe bzw. Stoffklassen beim Zusammenladen grundsätzlich zulässig sind.

7) Wenn Beispiel-Stoffpaare bzw. Stoffklassen und Trennvorschriften angegeben sind, ist zu entscheiden, ob diese Trennvorschriften gültig sind.

Im folgenden wird ein Ansatz zur Lösung des dargestellten Problems durch ein PROLOG-Programm angegeben. Gestützt auf die allgemeinen Prinzipien des Software-Engineering wird die Lösung schrittweise entwickelt:

- Umsetzung der fachspezifischen Tatsachen bzw. Zusammenhänge und Verknüpfungen, die aus der verbalen Darstellung des Wissens ersichtlich sind, in die Fakten bzw. Regeln einer PROLOG-Wissensbasis,

- Erstellung der Regeln zur Bearbeitung der Benutzer-Beratung (Wissensverwaltung),

- Erstellung der Benutzer-Schnittstelle (Dialogführung) und Dialog-Beispiele,

- Programm-Listing (Druck-Ausgabe des Programms),

- Grenzen und Schwächen der Lösung; Versuch der Identifizierung der Komponenten der wissensbasierten Systeme am Beispiel.

14.2.3 Lösungsansatz

Abgeleitet von den Prinzipien des Software-Engineerings, die im Abschn. 14.1 kurz dargestellt wurden, versuchen wir für das Beispiel-System

- das verbal dargestellte Wissen in eine PROLOG-Wissensbasis und

- die erwünschte Beratung des Benutzers in PROLOG-Abfragen an die Wissensbasis

umzusetzen.

Die beiden Transformations-Schritte werden im Entwurfsvorgang iterativ durchgeführt; aktiviert werden sie durch die grob formulierten Beratungswünsche des Benutzers. Natürlich muß berücksichtigt werden, daß mit der Zeit dem Benutzer neue Fragen einfallen werden, oder die gesetzlichen Trennvorschriften und die chemischen Zusammenhänge geändert werden können etc. Das zu erstellende Programm muß daher leicht erweiterbar sein (das Prinzip "konstruktive Voraussicht"). Wie es in Software-Projekten üblich ist, empfiehlt sich die Erstellung eines "Pflichtenheftes" für die abzudeckende Benutzer-Beratung (s. Abschn. 14.2.1 und 14.2.2). Dieses Pflichtenheft bildet die Grundlage des Entwurfs.

14.2.4 Umsetzen des Wissens in die Wissensbasis: Fakten und Regeln

Fakten

Bei dem dargestellten Problem bestehen die allgemein fachlichen Tatsachen, d.h. die Fakten, offensichtlich aus

- Stofflisten: Stoffklasse ki beinhaltet die Stoffe ki_sj.

- Stoffklassen-Matrix: Für die Stoffklassenpaare (ki, kj) gilt die Trennvorschrift tm.

- Sondervorschriften für bestimmte Stoffpaare (Sonderstoffpaare): Für einige Stoffpaare (si, sj) gilt die Sonder-Trennvorschrift tn statt des Tabellenwertes tm.

- Für Stoffe der Klasse 1 (d.h. der Klassen 1.1, 1.2 etc.) gelten besondere Regeln.

Dem ersten Fakt liegt folgende Relation zugrunde:

```
stofflisten:   Stoffklasse  --->   Stoff
```

Diese Relation kann in PROLOG z.B. durch folgenden Fakt dargestellt werden:

```
stofflisten([ki, ki_sl, ki_s2, ..., ki_sn]).

/* Bedeutung:                                        */
/* stoff_listen([<Stoffklasse>, <Stoff_l>, ... ,
                                <Stoff_n>])          */
```

Die Stoffe einer Stoffklasse werden in einer Liste zusammengefaßt; das Erst-Element der Liste gibt die jeweilige Stoffklasse wieder.

Beispiel:

```
stofflisten(['2.1', 'Acetylen', 'Fluessig-Luft',
                     ..., 'Chlorinzyanid']).
```

Dem Fakt "Stoffklassen-Matrix" liegt folgende Relation zugrunde:

```
stoffklassen_matrix:
   Stoffklasse  X  Stoffklasse   --->  Trennvorschrift
```

Diese Relation kann in PROLOG z.B. durch folgenden Fakt dargestellt werden:

```
stoffklassen_matrix([ki, tm], [ki_jl, ..., ki_jn]).
/* Bedeutung:                                          */
/* stoffklassen_matrix([<Stoffklasse_i>,               */
/*                     <Trennvorschrift_m>],           */
/*      [<Stoffklasse_jl>, ..., <Stoffklasse_jn>]).    */
```

Beispiel: Für die Stoffklassenpaare (1.1, 2.1) und (1.1, 3.1) etc. gilt die Trennvorschrift 4:

```
stoffklassen_matrix(['1.1', '4'], ['2.1', '3.1',
                                   ..., '8']).
```

Dem Fakt "Sonderstoffpaare" liegt die folgende Relation zugrunde:

```
Sonderstoffpaare:
    Stoff  X  Stoff   --->  Sondervorschrift
```

Diese Relation kann in PROLOG z.B. durch folgenden Fakt dargestellt werden:

```
sonderstoffpaare([si, tn], [si_l, ..., si_n]).
/* Bedeutung:                                        */
/* sonderstoffpaare([<Sonder_vorschrift_tn>,         */
/*                  <Stoff_il>, ..., <Stoff_in>],    */
/*                  [<Stoff_jl>, ..., <Stoff_jn>]).  */
```

Beispiel:

```
sonderstoffpaare(['2', 'Fluessig-Luft'],
                 ['Acetylen']).
```

Schließlich werden die "Einser"-Stoffklassen in den selbsterklärenden folgenden Fakt abgebildet:

```
sonderliste(['1.1', '1.2', '1.3', '1.4', '1.5']).
```

Bei der Umsetzung der Relationen in PROLOG-Fakten wurde darauf geachtet, daß die evtl. Änderungen in Stofflisten, Trennvorschriften etc. leicht berücksichtigt werden können. Außerdem entsprechen die PROLOG-Fakten weitgehend den verbalen Formulierungen. Die Stoffklassen-Matrix ist symmetrisch, daher reduziert sich der Aufwand der Auflistung, durch die Gestaltung der Regeln "klassenkombination" etc. (s. Abschn. 14.2.5 und Programm-Listing im Abschn. 14.2.7).

<u>Regeln</u>

Als nächstes wird die Wissenskomponente in die Wissensbasis umgesetzt, welche die fachlichen Zusammenhänge betrifft. Diese Zusammenhänge bilden logische Verknüpfungen bzw. fachspezifische Tatsachen, die sich i.A. "zwischen den Zeilen" lesen lassen und Kombination des vorhandenen Wissens bedeuten. Mit anderen Worten, die allgemeinen Regeln der Wissensbasis müssen in PROLOG formuliert werden.

Im folgenden werden die Regeln im Sinne der Daten-Abstraktion durch ihre Funktionen bzw. zu erfüllenden Aufgaben grob beschrieben. Ihre Realisierung in PROLOG befindet sich im Listing-Teil.

- Sonderstoffpaare: Das folgende Prädikat

  sonderfall1(Stoff1, Stoff2, Trennvorschrift)

  liefert die Trennvorschrift für die beiden Stoffe Stoff1 und Stoff2, sofern diese in den Listen der Sonderstoffpaare vorhanden sind; sonst mißlingt die Beweisführung.

- Sonderfall "Epichlorohydrin": Das folgende Prädikat

  sonderfall1('Epichlorohydrin', Stoff2, '2')

  gelingt, wenn der Stoff zur Stoffklasse 5.1 gehört (in diesem Fall gilt die Trennvorschrift 2); sonst mißlingt die Beweisführung.

- Die "Einser"-Listen: Das folgende Prädikat

  sonderfall(Klasse1, Klasse2)

  gelingt, wenn die beiden Stoffklassen Stoff1 und Stoff2 in der Sonderliste vorhanden sind; sonst mißlingt die Beweisführung.

- Zusammenladung zweier Stoffe: Das folgende Prädikat

  kombinationen(Stoff1, Stoff2, Trennvorschrift)

  liefert die Trennvorschrift für die beiden Stoffe Stoff1 und Stoff2 unter Berücksichtigung der eventuell zutreffenden Sondervorschriften.

- Zusammenladung zweier Stoffklassen: Das folgende Prädikat

  klassenkombinationen(Klasse1, Klasse2,
  Trennvorschrift)

  liefert die Trennvorschrift der beiden Stoffklassen Klasse1 und Klasse2 unter Berücksichtigung der eventuell zutreffenden Sonderliste.

- "Service-Regeln": Das aus dem Abschn. 5.3 bekannte Prädikat element_aus(El, Liste)

überprüft, ob die Variable "El" in der Liste vorhanden ist. Bei generierendem Aufruf gibt "element_aus" alle vorhandenen Elemente der Liste aus (oder instanziert die Variable "El" nacheinander auf alle in der Liste vorhandenen Elemente).

Weitere Service-Regeln dienen der Druckaufbereitung.

Die Regeln für die aufgezählten Prädikate werden im Sinne der im Abschn. 14.2.3 beschriebenen Prädikate konstruiert. Sie sind im Programm-Listing enthalten.

14.2.5 Umsetzen der Benutzerfragen in die Wissensbasis: Wissensverwaltungsebene

Um jetzt auf das in PROLOG formulierte Wissen zugreifen zu können, wird eine "Verwaltungsebene" erstellt, über die dann alle weiteren Instanzierungen der Regeln ablaufen. Dadurch soll erreicht werden, daß bei Änderungen des Wissens nur entsprechende Änderungen in dieser Ebene vorgenommen werden müssen, und nicht in allen Regeln, die auf das Wissen zurückgreifen. Der in Kauf genommene Nachteil ist die eventuell erhöhte Laufzeit des Programms. Bei dieser Vorgehungsweise braucht man jetzt nur noch top-down die Regeln zur Beantwortung der vom Benutzer gewünschten Fragen unter der Verwendung der Wissensbasis (Fakten und Regeln als abstrakte Datentypen), Serviceregeln und Dialogelemente (für eine leicht lesbare Ausgabe) zu entwerfen. Die Grundlage dafür bildet das im Abschn. 14.2.1 und 14.2.2 beschriebene Pflichtenheft.

Im folgenden versuchen wir, für die Umsetzung geplanter Benutzer-Beratung in die PROLOG-Abfragen die "Verwaltungsebene" zu realisieren; die Reihenfolge der Fragen bezieht sich auf die Nummern der Fragen im Abschn. 14.2.2.

Die erste Frage könnte wie folgt formuliert werden:

```
stoff(Stoff):-
            stofflisten([Stoffklasse|Stoffliste]),
            element_aus(Stoff, Stoffliste),
            write(Stoff, 'gehoert zur', Stoffklasse).
```

wobei die Ausgabe (hier durch ein spartanisches "write(Stoff, ..)") noch verschönert werden muß (s. Service-Regeln für die Ausgabe-Aufbereitung im Listing).

Die zweite Frage wird ähnlich umgesetzt:

```
stoffklasse(Klasse):-
            stofflisten([Klasse|Stoffliste]),
            element_aus(Stoff, Stoffliste),
            write (Stoff, 'gehoert zur', Klasse).
```

Im Sinne der Modularisierung, der hierarchischen Strukturierung etc. werden im Laufe des Entwurfs wieder neue Regeln (abstrakte Datentypen) entworfen, um eine transparente Umsetzung der Beratungswünsche in PROLOG-Regeln zu ermöglichen.

Die vollständige Formulierung der Regeln ist im Listing enthalten.

14.2.6 Dialog-Gestaltung

Um das Beispiel nicht unnötig zu komplizieren, wird die Benutzerschnittstelle sehr einfach gehalten. Alternativlösungen werden im Diskussionsteil erläutert.

Die Dialogführung sieht vor, daß im Query-Modus

```
?- help.
```

eingegeben werden muß, um das Hauptmenü mit Beschreibung der Eingabemöglichkeiten auf dem Bildschirm zu bekommen. Dann kann durch folgende Eingaben in weitere Untermenüs verzweigt werden:

```
?- a.
  ...
?- g.
```

Es muß nach jeder Bearbeitung einer Abfrage wieder "help." bzw. "a." ... "g." eingeben werden, um in das Haupt- bzw. in ein Untermenü gelangen zu können.

Die Abfragen für die Beratung werden wie folgt formuliert (Die laufenden Nummern entsprechen den Nummern der gewünschten Beratung in der Aufgabenstellung):

1) stoff(<Stoff>).
   Beispiel: "?- stoff('Aceton')."

2) stoffklasse(<Klasse>).
   Beispiel: "?- stoffklasse('2.1')."

3) verladung(<Stoff>). oder verladung(<Klasse>).
   Beispiel: "?- verladung('Hexanol')."

4) ladung([<Stoff_1>, <Stoff_2>, ..., <Stoff_n>]).
   Beispiel: "?- ladung(['Aceton', 'Schwefel',
   'Bleiperoxid'])."

5) ladung([<Klasse_1>, <Klasse_2>, ..., <Klasse_n>]).
   Beispiel: "?- ladung(['2.1', '3.1', '4.3'])."

6) kombinationen(<Stoff>, <Trennvorschrift>). oder
   kombinationen(<Klasse>, <Trennvorschrift>).
   Beispiel: "?- kombinationen('Aceton', '2')."

7) kombinationen(<Stoff_1>, <Stoff_2>,
   <Trennvorschrift>).
   oder
   kombinationen(<Klasse_1>, <Klasse_2>,
   <Trennvorschrift>).
   Beispiel: "?- kombinationen('3.1','5.1','2')."

Dialog-Beispiele

Im folgenden werden Beispiele zu Benutzer-Fragen/System-Antworten angegeben.

1) Stoffklassen ermitteln

```
?- stoff('Aceton').     /* Das System antwortet: */
```

```
*-------------------------------------------------------*
Der Stoff --> 'Aceton' gehört zu der Stoffklasse --> 3.1
*-------------------------------------------------------*
```

2) Beispielstoffe einer Stoffklasse

```
?- stoffklasse('2.1').  /* Das System antwortet: */

*-------------------------------------------------------*
In die Stoffklasse 2.1 gehört der Stoff --> 'Acetylen'
*-------------------------------------------------------*
```

Mit ";" können weitere Antworten erhalten werden.

3) Zusammenladung von Stoffen/Stoffklassen

```
?- verladung('3.1').    /* Das System antwortet: */

*-------------------------------------------------------*
Der Stoff der Klasse : 3.1 kann nach der Trennvor-
schrift: 2 mit dem Stoff der Klasse: 4.1 verladen werden
*-------------------------------------------------------*
```

Mit ";" können weitere Antworten erhalten werden.

4 bzw. 5) Zusammenladung von Stoff- bzw. Klassenpaaren

```
?- ladung(['2.1', '3.1', '5.1']). /* Das System .. */

*-------------------------------------------------------*
Stoffe der Gruppe '3.1' können mit Stoffen der Gruppe
'2.1' nach der Trennvorschrift 2 kombiniert werden
*-------------------------------------------------------*
```

...

```
*---------------------------------------------------------*
Stoffe der Gruppe '5.1' können mit Stoffen der Gruppe
'2.1' nach der Trennvorschrift 2 kombiniert werden
*---------------------------------------------------------*
```

...

6) Zulässige andere Stoffe/Stoffklassen ermitteln

```
?- kombinationen('Aceton', '2'). /* Das System .. */
```

```
*---------------------------------------------------------*
Stoffe der Gruppe "2.1" können mit Stoffen der Gruppe
"3.1" nach der Trennvorschrift 2 kombiniert werden.
*---------------------------------------------------------*

*---------------------------------------------------------*
In die Stoffklasse --> 3.1 gehört der Stoff --> "Acetylen"
*---------------------------------------------------------*
```

Mit ";" können weitere Antworten erhalten werden.

7) Ermittlung der Zulässigkeit einer Trennvorschrift bei vorgegebenem Stoff- bzw. Stoffklassenpaar

```
?- kombinationen   ('3.1', '5.1', '2'). /*  ... : */
```

```
*---------------------------------------------------------*
Stoffe der Gruppe "5.1" können mit Stoffen der Gruppe
"3.1"   nach der Trennvorschrift 2 kombiniert werden
*---------------------------------------------------------*
```

14.2.7 Programm-Listing (Druck-Ausgabe)

```
/****************************************************************/
/*                                                              */
/*                          L I S T I N G                       */
/*        des PROLOG-Programms zur Beratung fuer den            */
/*              Transport gefaehrlicher Gueter                  */
/*                                                              */
/*     Aufgabenstellung und Erlaeuterung: s. Abschn. 14.2       */
/*                                                              */
/*          Geschrieben von: H. Koester, H. Troebner            */
/*     (Fuer das vorliegende Buch redaktionell ueberarbeitet    */
/*                     durch den Autor)                         */
/*                                                              */
/*            Hochschule Bremerhaven, WS 1985/86                */
/*                                                              */
/****************************************************************/

/****************************************************************/
/* ***************   WISSENSBASIS: Fakten    *************** */
/*                                                              */
/* ----------------- Abbildung der Tabelle ----------------- */

stoffklassen_matrix(['1.1','2'],['2.2','6.1','7']).
stoffklassen_matrix(['1.1','4'],['2.1','3.1','3.2','3.3','4.1',
                    '4.2','4.3','5.1','5.2','8']).
stoffklassen_matrix(['1.2','2'],['2.2','6.1','7']).
stoffklassen_matrix(['1.2','4'],['2.1','3.1','3.2','3.3','4.1',
                    '4.2','4.3','5.1','5.2','8']).
stoffklassen_matrix(['1.3','2'],['2.2','6.1','7','8']).
stoffklassen_matrix(['1.3','3'],['4.1','4.2']).
stoffklassen_matrix(['1.3','4'],['2.1','3.1','3.2','3.3','4.3',
                    '5.1','5.2']).
stoffklassen_matrix(['1.4','1'],['2.2']).
stoffklassen_matrix(['1.4','2'],['2.1','3.1','3.2','3.3','4.1',
                    '4.2','4.3','5.1','5.2','7','8']).
stoffklassen_matrix(['1.5','1'],['2.2']).
stoffklassen_matrix(['1.5','2'],['2.1','3.1','3.2','3.3','4.1',
                    '4.2','4.3','5.1','5.2','7','8']).
stoffklassen_matrix(['2.1','1'],['4.1','4.3','8']).
stoffklassen_matrix(['2.1','2'],['3.1','3.2','3.3','4.2','5.1',
                    '7']).
stoffklassen_matrix(['2.1','4'],['5.2']).
stoffklassen_matrix(['2.2','X'],['4.1','4.3','5.1']).
stoffklassen_matrix(['3.1','1'],['8']).
stoffklassen_matrix(['3.1','2'],['4.1','4.3','4.2','5.1','7']).
stoffklassen_matrix(['3.1','3'],['5.2']).
stoffklassen_matrix(['3.1','X'],['3.2','3.3']).
stoffklassen_matrix(['3.2','1'],['8']).
stoffklassen_matrix(['3.2','2'],['5.2']).
stoffklassen_matrix(['3.2','3'],['4.1','4.3','4.2','5.1','7']).
stoffklassen_matrix(['3.3','1'],['4.1','8']).
```

```
stoffKlassen_matrix(['3.3','2'],['4.2','4.3','5.1','7']).
stoffKlassen_matrix(['3.3','3'],['5.2']).
stoffKlassen_matrix(['4.1','1'],['4.2','4.3','5.1','8']).
stoffKlassen_matrix(['4.1','2'],['5.2','7']).
stoffKlassen_matrix(['4.2','1'],['4.3','8']).
stoffKlassen_matrix(['4.2','2'],['5.1','5.2','7']).
stoffKlassen_matrix(['4.3','1'],['8']).
stoffKlassen_matrix(['4.3','2'],['5.1','5.2','7']).
stoffKlassen_matrix(['5.1','1'],['6.1','7']).
stoffKlassen_matrix(['5.1','2'],['5.2','8']).
stoffKlassen_matrix(['5.2','1'],['6.1']).
stoffKlassen_matrix(['5.2','2'],['7','8']).
stoffKlassen_matrix(['6.1','X'],['2.1','2.2','3.1','3.2','4.1',
                    '4.2','4.3']).
stoffKlassen_matrix(['7','2'],['8']).
stoffKlassen_matrix(['9','X'],['1.1','1.2','1.3','1.4','1,5',
                    '2.1','2.2','3.1','3.2','3.3','4.1','4.2',
                    '4.3','5.1', '5.2','6.1','7','8']).


/* -------------- Listen mit Beispielstoffen --------------- */

stofflisten(['2.1','Acetylen','Fluessig-Luft','Aminoethan',
                   'Chlorinzyanid']).
stofflisten(['3.1','Aceton','Hexanol']).
stofflisten(['4.1','Schwefel','Roter Phosphor','Dinitrophenol',
                   'Tnt','X-Ray Film']).
stofflisten(['5.1','Ammoniumnitrate','Ammoniumpersulfat',
                   'Calciumhypochlorid','Calciumpermanganat',
                   'Chromtrioxid','Wasserstoffperoxid',
                   'Bleiperoxid','Bleinitrat','Kaliumchlorat',
                   'Kaliumpermanganat']).
stofflisten(['6.1','Epichlorohydrin','Aniline','Methylzyanid',
                   'Nikotin']).
stofflisten(['8',  'Aluminiumchlorid','Benzylchlorid',
                   'Diethylenetriamin','Eisenchlorid']).
stofflisten(['9',  'Calciumoxid','Formalin','Insektizide',
                   'Metylenchlorid']).


/* -------------- Sonderstoffpaare/-stoffKlassen ------------- */

sonderstoffpaare(['2','Calciumpermanganat','Kaliumchlorat',
                      'Kaliumpermanganat'],['Ammoniumnitrate',
                      'Ammoniumpersulfat']).
sonderstoffpaare(['2','Waserstoffperoxid'],['Calciumpermanganat',
                      'Kaliumpermanganat']).
sonderstoffpaare(['2','Fluessig-Luft'],['Acetylen']).
sonderstoffpaare(['3','Dinitrophenol'],['Natriumperoxid']).

sonderliste(['1.1','1.2','1.3','1.4','1.5']).

/*****************************************************************/
```

```
/*****************************************************************/
/*                                                               */
/*                   WISSENSBASIS: Regeln                        */
/*                                                               */
/*  --------------- "Abstrakte Datentypen" ----------------      */

/* Sonderfaelle:                                                 */

/*  liefert  Trennvorschrift,  wenn  Stoff1  und  Stoff2          */
/*  Sonderstoffpaare sind                                        */
sonderfall1(STOFF1,STOFF2,TRENNVORSCHRIFT) :-
       sonderstoffpaare([TRENNVORSCHRIFT|Rest2],Rest),
       element_aus(STOFF1,Rest2),
       element_aus(STOFF2,Rest).

/* liefert  Trennvorschrift,  wenn Stoff1 =  Epichlorohydrin     */
/* und Stoff2 in Klasse 5.1 ist                                  */
sonderfall1('Epichlorohydrin',STOFF2,'2') :-
       stofflisten(['5.1'|Rest]),
       element_aus(STOFF2,Rest).

/* gelingt, wenn Klasse1 u. Klasse2 "Einser"-Stoffklassen sind */
sonderfall2(KLASSE1,KLASSE2) :-
       sonderliste(Liste),
       element_aus(KLASSE1,Liste),
       element_aus(KLASSE2,Liste).

/* Ende der Sonderfaelle                                         */


/* liefert Trennvorschrift X von einem Stoffklassenpaar und      */
/* gibt Kommentar aus                                            */
klassenkombinationen(KLASSE1,KLASSE2,TRENNVORSCHRIFT) :-
       stoffklassen_matrix([KLASSE1,TRENNVORSCHRIFT],Rest),
       (TRENNVORSCHRIFT = 'X'),
       element_aus(KLASSE2,Rest),
       ausgabe3(KLASSE1,KLASSE2).

/* w.o., fuer umgekehrte Reihenfolge der Stoffe                  */
klassenkombinationen(KLASSE1,KLASSE2,TRENNVORSCHRIFT) :-
       stoffklassen_matrix([KLASSE2,TRENNVORSCHRIFT],Rest),
       (TRENNVORSCHRIFT = 'X'),
       element_aus(KLASSE1,Rest),
       ausgabe3(KLASSE1,KLASSE2).

/* liefert Trennvorschrift von zwei Stoffklassen                 */
klassenkombinationen(KLASSE1,KLASSE2,TRENNVORSCHRIFT) :-
       stoffklassen_matrix([KLASSE2,TRENNVORSCHRIFT],Rest),
       element_aus(KLASSE1,Rest),
       not(TRENNVORSCHRIFT = 'X'),
       not(KLASSE1 = KLASSE2),
       ausgabe1(KLASSE1,KLASSE2,TRENNVORSCHRIFT).
```

```
/* w.o.                                                              */
Klassenkombinationen(KLASSE1,KLASSE2,TRENNVORSCHRIFT) :-
        stoffklassen_matrix([KLASSE1,TRENNVORSCHRIFT],Rest),
        element_aus(KLASSE2,Rest),
        not(TRENNVORSCHRIFT = 'X'),
        not(KLASSE1 = KLASSE2),
        ausgabe1(KLASSE1,KLASSE2,TRENNVORSCHRIFT).

/* gibt Kommentar fuer Sonderfall aus                                */
Klassenkombinationen(KLASSE1,KLASSE2,_) :-
        sonderfall2(KLASSE1,KLASSE2),
        ausgabe5,
        nl, formatiere.

/* gibt Kommentar fuer zwei gleiche Stoffklassen aus                 */
Klassenkombinationen(KLASSE1,KLASSE2,TRENNVORSCHRIFT) :-
        stoffklassen_matrix([KLASSE1,TRENNVORSCHRIFT],_),
        (KLASSE1 = KLASSE2),
        not(sonderfall2(KLASSE1,KLASSE2)),
        ausgabe3(KLASSE1,KLASSE2),
        !, fail.


/* Argumenten-Anpassung                                              */
Kombinationen(KLASSE,TRENNVORSCHRIFT) :-
        klassenkombinationen(KLASSE,_,TRENNVORSCHRIFT).

/* liefert gueltige Stoffe zur vorgegebenen Trennvorschrift          */
Kombinationen(ELEMENT,TRENNVORSCHRIFT) :-
        stofflisten([KLASSE|Rest]),
        element_aus(ELEMENT,Rest),
        stofflisten([KLASSE2|Rest2]),
        not(KLASSE = KLASSE2),
        klassenkombinationen(KLASSE,KLASSE2,TRENNVORSCHRIFT),
        stoffklasse(KLASSE2).

/* liefert Trennvorschrift bei Sonderfall von zwei Stoffen           */
Kombinationen(STOFF1,STOFF2,TRENNVORSCHRIFT) :-
        sonderfall1(STOFF1,STOFF2,TRENNVORSCHRIFT),
        ausgabe4(STOFF1,STOFF2,TRENNVORSCHRIFT).

/* w.o.; umgekehrte Reihenfolge der Stoffe                           */
Kombinationen(STOFF1,STOFF2,TRENNVORSCHRIFT) :-
        sonderfall1(STOFF2,STOFF1,TRENNVORSCHRIFT),
        ausgabe4(STOFF1,STOFF2,TRENNVORSCHRIFT).

/* liefert Trennvorschrift von zwei Stoffen                          */
Kombinationen(STOFF1,STOFF2,TRENNVORSCHRIFT) :-
        stofflisten([KLASSE1|Rest1]), element_aus(STOFF1,Rest1),
        stofflisten([KLASSE2|Rest2]), element_aus(STOFF2,Rest2),
        not(sonderfall1(STOFF1,STOFF2,TRENNVORSCHRIFT)),
        not(sonderfall1(STOFF2,STOFF1,TRENNVORSCHRIFT)),
```

```
        not(KLASSE1 = KLASSE2),
        KlassenKombinationen(KLASSE1,KLASSE2,TRENNVORSCHRIFT),
        stoff(STOFF1), stoff(STOFF2).

/* Argumenten-Anpassung                                         */
Kombinationen(KLASSE1,KLASSE2,TRENNVORSCHRIFT) :-
        KlassenKombinationen(KLASSE1,KLASSE2,TRENNVORSCHRIFT).

/*  ----- Ende der Darstellung der  "Fachwissens-BASIS" -----  */
/*                                                              */
/**************************************************************/


/**************************************************************/
/*                                                              */
/*  ----------- Regeln (Wissensverwaltungsebene) ----------- */


/* liefert Stoffklasse von vorgegebenem Stoff                   */
stoff(Beispielstoff) :-
        stofflisten([Stoffklasse|Restliste]),
        element_aus(Beispielstoff,Restliste),
        formatiere, write('  Der Stoff --> "'),
        write(Beispielstoff),
        write('"   gehoert zu der Stoffklasse --> '),
        writeln(Stoffklasse), formatiere.


/* liefert Stoffe aus vorgegebener Stoffklasse                  */
stoffklasse(KLASSE) :-
        stofflisten([KLASSE|Restliste]),
        element_aus(Beispielstoff, Restliste),
        formatiere, nl,
        write('  In die Stoffklasse --> '), write(KLASSE),
        write(' gehoert der Stoff --> "'), write(Beispielstoff),
        writeln('"'), nl, formatiere.


/* liefert Trennvorschriften fuer Ladung von Stoffen            */
ladung([Erst|Rest]) :-
        stofflisten([KLASSE1|Rest1]),
        element_aus(Erst,Rest1),
        element_aus(X,Rest),
        stofflisten([KLASSE2|Rest2]),
        element_aus(X,Rest2),
        Kombinationen(Erst,X,_).

/* liefert Trennvorschriften fuer Ladung von Stoffklassen       */
ladung([Erst|Rest]) :-
        element_aus(X,Rest),
        KlassenKombinationen(Erst,X,_).
```

```
/* rekursiver Aufruf                                            */
ladung([_|Rest]) :-  ladung(Rest).

/* liefert  Stoffe und Trennvorschriften fuer einen Stoff       */
/* bei  Ladung  mit anderen Stoffen                             */
verladung(STOFF) :-
        stofflisten([KLASSE|Liste]),
        element_aus(STOFF,Liste),
        verladung(KLASSE),
        write('   Der Stoff '), write(STOFF),
        write(' gehoert zur Klasse '), writeln(KLASSE).

/* w.o. fuer StoffKlassen                                       */
verladung(ELEMENT) :-
        stoffklassen_matrix([ELEMENT,KLASSE],Rest),
        element_aus(KLASSE2,Rest),
        not(ELEMENT = '6.1'),
        ausgabe2(ELEMENT,KLASSE,KLASSE2).

/* liefert Kombinationen einer vorgegebener StoffKlasse mit     */
/* anderen StoffKlassen                                         */
verladung(ELEMENT) :-
        stoffklassen_matrix([KLASSE,TRENNVORSCHRIFT],Restliste),
        element_aus(ELEMENT,Restliste),
        not(KLASSE = '6.1'),
        ausgabe2(KLASSE,TRENNVORSCHRIFT,ELEMENT).

/***************************************************************/


/***************************************************************/
/*                                                             */
/* ---------- Hilfsfunktionen zur Benutzerfuehrung  ---------- */

help :-
        formatiere,
        writeln('*       MINI- "Wissensbasiertes System"        *'),
        writeln('*   zur Bestimmung von  Trennvorschriften     *'),
        writeln('*  fuer den Transport gefaehrlicher Gueter    *'),
        writeln('*                                             *'),
        writeln('*    WS 1985/86,  Hochschule Bremerhaven      *'),
        formatiere,
        writeln('* Sie Koennen eingeben:                       *'),
        writeln('*                                             *'),
        writeln('*  (a.)  Bestimmung von StoffKlassen          *'),
        writeln('*  (b.)  Bestimmung von Stoffen               *'),
        writeln('*  (c.)  Ladung zusammenstellen               *'),
        writeln('*  (d.)  Stoffe und TrennKlassen Kombinieren *'),
        writeln('*  (e.)  GueterKlassen Kombinieren            *'),
        writeln('*  (f.)  Verladungsmoeglichkeiten             *'),
        writeln('*  (g.)  Qualifizierte/Teilqualifizierte      *'),
        writeln('*                    Abfrage                  *'),
        writeln('*                                             *'),
```

```
      writeln('* dann erhalten Sie mehr Informationen.      *'),
      formatiere.


a :-  writeln('*                                            *'),
      writeln('*  Fuer einen vorgegebenen Stoff wird        *'),
      writeln('*     die Stoffklasse ausgegeben.            *'),
      writeln('*                                            *'),
      writeln('*   Syntax:    stoff(<Stoff>).               *'),
      writeln('*   Beispiel:  stoff(''Aceton'').            *').

b :-  writeln('*                                            *'),
      writeln('*  Fuer eine vorgegebene Stoffklasse werden *'),
      writeln('*        Beispielstoffe ausgegeben.          *'),
      writeln('*                                            *'),
      writeln('*   Syntax:    stoffklasse(<Klasse>).        *'),
      writeln('*   Beispiel:  stoffklasse(''2.1'').         *').

c :-  writeln('*                                            *'),
      writeln('* Fuer eine Ladung wird die Trennvorschrift *'),
      writeln('*     fuer die Stoffpaare ermittelt.         *'),
      writeln('*                                            *'),
      writeln('*     Syntax:    ladung([<Stoff_1>, ...,     *'),
      writeln('*                        <Stoff_n>]).        *'),
      writeln('*     Beispiel:  ladung([''Aceton'',         *'),
      writeln('*           ''Schwefel'',''Bleiperoxid'']). *'),
      writeln('*                                            *'),
      writeln('* Fuer Stoffklassen einer Ladung werden      *'),
      writeln('*       Trennvorschriften ermittelt.         *'),
      writeln('*                                            *'),
      writeln('*   Syntax:    ladung([<Klasse 1>, ...,      *'),
      writeln('*                     <Klasse n>]).          *'),
      writeln('*   Beispiel:  ladung([''2.1'', ''3.1'',     *'),
      writeln('*                     ''4.3'']).             *'),

d :-  writeln('*                                            *'),
      writeln('*  Stoffpaare und Trennklassen lassen sich  *'),
      writeln('*  ebenso wie ein Stoff und eine Trennklasse *'),
      writeln('*  kombinieren.                              *'),
      writeln('*  Trennvorschriften werden ausgegeben       *'),
      writeln('*                                            *'),
      writeln('*   Syntax:    Kombinationen(<Stoff 1>,      *'),
      writeln('*          <Stoff 2>,<Trennvorschrift>). *'),
      writeln('*   Beispiel:  Kombinationen(''Aceton'',     *'),
      writeln('*               ''Bleiperoxid'',''2'').     *'),
      writeln('*                                            *'),
      writeln('*                 oder                       *'),
      writeln('*                                            *'),
      writeln('*   Syntax:    kombinationen(STOFF,          *'),
      writeln('*                        TRENNVORSCHRIFT). *'),
      writeln('*   Beispiel:  Kombinationen(''Aceton'',     *'),
      writeln('*                          ''2'').           *'),
```

```
e :-    writeln('*                                              *'),
        writeln('*   Stoffklassen mit Trennvorschriften         *'),
        writeln('*   lassen sich kombinieren.                   *'),
        writeln('*   Trennvorschriften werden ausgegeben.       *'),
        writeln('*                                              *'),
        writeln('*    Syntax:    Kombinationen(<Klasse 1>,      *'),
        writeln('*                       <Klasse 2>,<Trennvorschrift>). *'),
        writeln('*    Beispiel:  kombinationen(''3.1'',         *'),
        writeln('*                            ''5.1'',''2'').   *'),
        writeln('*                          oder                *'),
        writeln('*                                              *'),
        writeln('*    Syntax:    Kombinationen(<Klasse>,        *'),
        writeln('*                                 <Trennvorschrift>). *'),
        writeln('*    Beispiel:  kombinationen(''3.1'',         *'),
        writeln('*                                  ''2'').     *').

f :-    writeln('*                                              *'),
        writeln('*   Fuer einen Stoff oder eine Klasse          *'),
        writeln('*   werden die Trennvorschriften ermittelt.    *'),
        writeln('*                                              *'),
        writeln('*    Syntax:    verladung(<Stoff>).            *'),
        writeln('*    oder                                      *'),
        writeln('*    Syntax:    verladung(<Klasse>).           *'),
        writeln('*    Beispiel:  verladung(''Aceton'').         *'),
        writeln('*    oder                                      *'),
        writeln('*    Beispiel:  verladung(''3.1'').            *').

g :-    writeln('*                                              *'),
        writeln('*   Es gibt die Moeglichkeit drei Arten        *'),
        writeln('*   von Abfragen zu stellen.                   *'),
        writeln('*   1: "Qualifizierte"      Abfragen,          *'),
        writeln('*   2: "Teilqualifizierte" Abfragen,           *'),
        writeln('*   3: "Generierende"       Abfragen.          *'),
        writeln('*                                              *'),
        writeln('*   Bsp. fuer 1: Kombinationen(''Aceton'',     *'),
        writeln('*                                ''3.1'').     *'),
        writeln('*   Bsp. fuer 2: Kombinationen(''Aceton'',     *'),
        writeln('*                                  X).         *'),
        writeln('*   Bsp. fuer 3: Kombinationen(X,Y).           *').

/*  ----  Ende der Hilfsfunktionen zur  Benutzerfuehrung ----  */

/**************************************************************/


/**************************************************************/

/* -------------------- Service-Regeln --------------------- */
/*                                                            */
/* Schreibe Zeile mit Zeilenvorschub auf dem Bildschirm       */
writeln(Variable) :-
        write(Variable), nl.
```

```
/* Formatierzeile wird angezeigt                                    */
formatiere :-
       write('* ---------------------------------------------'),
       writeln('------------------ *').

/* Ausgabeformate fuer den Bildschirm                              */
ausgabe1(KLASSE1,KLASSE2,TRENNVORSCHRIFT) :-
       formatiere, nl,
       write(' Stoffe der Gruppe   "'), write(KLASSE2),
       write('" Koennen mit Stoffen der Gruppe "'),
       write(KLASSE1), writeln('"'),
       write(' nach der Trennvorschrift     '),
       write(TRENNVORSCHRIFT), writeln(' Kombiniert werden'),
       nl, formatiere.

ausgabe2(KLASSE,TRENNVORSCHRIFT,BeliebigeKlasse) :-
       formatiere, nl,
       write('  Der Stoff der Klasse       : '), write(KLASSE),
       write(' Kann nach der Trennvorschrift  : '),
       writeln(TRENNVORSCHRIFT),
       write('  mit dem Stoff der Klasse   : '),
       write(BeliebigeKlasse), writeln(' verladen werden '),
       nl, formatiere.

ausgabe3(KLASSE1,KLASSE2) :-
       formatiere, nl,
       write('  Bei der Kombination Klasse "'),
       write(KLASSE1), write('" mit der Klasse "'),
       write(KLASSE2), writeln('"'),
       writeln(' sind Keine generellen Trennvorschriften, '),
       writeln(' Einzelheiten sind auf den Stoffblattseiten! '),
       nl, formatiere.

ausgabe4(KLASSE1,KLASSE2,TRENNVORSCHRIFT) :-
       formatiere, nl,
       write('  Bei der Kombination "'), write(KLASSE1),
       write('" mit "'), write(KLASSE2), writeln('" ist '),
       writeln('  Trennvorschrift '),
       write('  "'), write(TRENNVORSCHRIFT),
       writeln('" anzuwenden'),
       nl, formatiere.

ausgabe5 :-
       formatiere, nl,
       writeln(' Es gilt fuer die Klasse 1 die Bestimmung des '),
       writeln(' Abschnittes 5.4 der Einleitung zur Klasse  1 '),
       nl, formatiere.

/* Test, ob ein Element in einer Liste etc.: s. Abschn. 5.3    */
element_aus(Variable,[Variable|_]).
element_aus(Variable,[_|Liste]) :-  element_aus(Variable,Liste).

/**************************************************************/
```

14.2.8 Grenzen und Schwächen der Lösung

Die oben vorgeschlagene Lösung für die Beratung in Problemen des Transports gefährlicher Güter stellt selbstverständlich keinen Anspruch auf Vollständigkeit bez. der zu behandelnden Fragestellungen eines Sachbearbeiters in diesem Gebiet. Eine weitere, häufig an den Experten gerichtete Fragestellung ist die sog. "Ladungsberatung": Wenn bez. der Ladungskapazität des Transportfahrzeuges ein Grenzwert und bez. der zu transportierenden Stoffe Risiko- bzw. Gewinnfaktoren vorgegeben werden, ist eine Optimierung nötig, von welchen Gütern welche Mengeneinheiten zu transportieren sind ("Knappsack-Problem"). Die Ladungsberatung wurde - mittels eines einfachen Algorithmus - im Rahmen der Musterlösung in PROLOG ebenfalls implementiert. Von einer Wiedergabe dieser Implementierung im vorliegenden Buch wurde jedoch abgesehen, denn das relativ umfangreiche Programm wirft wenig Licht auf Stärken von PROLOG bzw. logischer Programmierung. Hier wäre jede konventionelle Programmiersprache mindestens genauso geeignet.

Die Stärke der PROLOG-Lösung liegt wohl in der leichten, natürlichen Umsetzung und Erweiterbarkeit (s. auch die folgenden Ausführungen im Abschn. 14.2.9) des Wissens in ein direkt ausführbares Rechen-Programm, das in wenigen Stunden zu erstellen ist und den Fachmann in diesem Gebiet "sehr positiv beeindruckt" (So der hinzugezogene Kollege für das Fachgebiet "Gefährliche Güter" bei der Vorführung des Programms), obwohl es sich bei der Lösung höchstens um einen Prototypen handelt.

Die wohl stärkste Kritik an der Lösung kann bez. der Dialog-Gestaltung ausgeübt werden, die recht dürftig ist. Sieht man von aufwendigeren Verfahren (z.B. Implementierung einer Grammatik) ab, so ist eine komfortablere Gestaltung des Dialogs durch PROLOG tatsächlich etwas mühsam.

Schließlich ist zu ergänzen, daß ein Anspruch auf die Darstellung einer besonders effizienten oder eleganten Lösung genausowenig angestrebt wurde wie der Anspruch auf die Vollständigkeit. Durch die Auswahl der Problemstellung konnte hoffentlich gezeigt werden, daß es mit Hilfe der logischen Programmierung und PROLOG möglich ist, mit relativ geringem Aufwand das Wissen auf einem dem Implementierer völlig fremden Sachgebiet in ein lauffähiges Programm umzusetzen, mit dem die Beratung eines Fachmanns in diesem Gebiet erfolgen kann.

14.2.9 Versuch der Identifizierung der Komponenten wissensbasierter Systeme am Beispiel

Zum Schluß wird der Versuch unternommen, die im Abschn. 1.2 dargestellten Komponenten wissensbasierter Systeme zu identifizieren und den Titel des Abschnitts (hoffentlich) zu rechtfertigen.

Die Komponente "Wissensbasis" ist direkt zu identifizieren. Die Komponente "Dialoggestaltung" kann ebenfalls identifiziert werden (siehe die Diskussion im Abschn. 14.2.8). Die Problemlösungs-Komponente wird durch die Regeln in der Wissensverwaltungsebene realisiert.

Die Komponente "Wissensakquisition" ist nur "in Grundzügen" vorhanden: Dem Programmierer selbst ist zwar möglich, die Wissensbasis zu erweitern, jedoch nicht dem

Benutzer. Durch Erweiterung der Dialog-Komponente könnte hier eine bescheidene Abhilfe geschaffen werden. Analoges gilt für die Komponente "Lösungserklärung", die ebenfalls in die Dialoggestaltung einbezogen werden könnte, in dem Programm allerdings nicht enthalten ist.

Nicht vorhanden ist die Komponente "Wandtafel" mit ihren Teilkomponenten "Planer", "Agenda" und "Konsistenz-Prüfer" (s. Abschn. 1.2), weil von der behandelten Problemstellung das Wissen eines einzelnen Fachgebiets ("Einzel-Experte") betroffen ist. Der Versuch der Realisierung einer Wandtafel in PROLOG wäre auch wenig erfolgsversprechend, denn die eigentlichen Stärken der PROLOG liegen nicht in der Umsetzung des Kontrollwissens, sondern in der Umsetzung des deklarativen und prozeduralen Wissens (s. Abschn. 1.2 und 15).

Wissenserweiterung, -änderung

Wie bereits zu Anfang erwähnt, kann das Wissen leicht erweitert bzw. geändert werden.

Beispielsweise soll die Stoffklasse 2.1 um den Stoff Ethan erweitert werden:

vorher:

```
stofflisten(['2.1', 'Acetylen', 'Fluessig-Luft',
                    '..', 'Chlorinzyanid']).
```

nachher:

```
stofflisten(['2.1', 'Acetylen', 'Fluessig-Luft',
                    ... , 'Chlorinzyanid', 'Ethan']).
```

Eine andere Erweiterung kann auch durch Aufnahme einer neuen Sondertrennvorschrift s für die Stoffe x und y in die Wissensbasis erfolgen:

vorher:

```
sonderstoffpaare(['s', 'a'], ['b']).
```

nachher:

```
sonderstoffpaare(['s', 'a', 'x'], ['b', 'y']).
```

14.3 Fehlerquellen und -verfolgung bei PROLOG

Im Abschn. 14.1 wurden einige allgemeine Aspekte zur Erstellung von PROLOG-Programmen (Fehlerbehandlung "im Großen" in Analogie zu "programming in large") erläutert, um etwaige Fehler zu vermeiden . Die Praxis zeigt jedoch, daß trotz Beachtung solcher Vorsichtsmaßnahmen Fehler auftreten. Daher werden im folgenden weitere Aspekte der Fehlerbehandlung (Fehlerbehandlung "im Kleinen", oder "debuggen") erläutert.

Übliche Fehler in PROLOG

Während der PROLOG-Programmierpraxis von Studenten im Hauptstudium, die einige Semester in konventionellen Sprachen (z.B. Pascal, COBOL) ausgebildet wurden, konnten folgende Fehler häufig beobachtet werden:

- Syntaktische Fehler: Diese Fehler werden schnell entdeckt, kosten jedoch Zeit. Einige Beispiele sind:

  -- Vergessen, die Datei mit Standard-Operatoren aufzurufen,

  -- Vergessen von Punkt nach Klauseln,

  -- Vergessen von <Return> nach Punkt und nach der letzten Klausel in der Benutzer-PROLOG-Datei,

  -- Ungepaarte bzw. falsche Klammerung bei Operationen, Strukturen, Disjunktionen etc.,

  -- Tippfehler bei Bezeichnern eingebauter Prädikate,

  -- Fehler bei der Listenbenutzung (wie[A|B , C|D]).

- Semantische Fehler: Diese Fehler werden mühsamer entdeckt und beseitigt. Einige Beispiele sind:

  -- Miß- oder Nicht-Verstehen der Rekursivität; es wird z.B. versucht, Iterationen zu realisieren, Zähler einzubauen, Feldvariable zu benutzen etc.

  -- Die Bezeichner (vor allem für Variable) werden verwechselt oder falsch geschrieben.

  -- Anzahl und Reihenfolge der Argumente von Prädikaten oder Funktoren werden nicht beachtet.

  -- Die Reihenfolge der Ausführung der Operatoren wird mißachtet. Mit anderen Worten: Allzu sparsames Umgehen mit Klammern!

-- Es wird nicht beachtet, daß viele Variablen bei der Abarbeitung von Prozeduren gleichzeitig instanziert bzw. zurück instanziert werden.

-- Die Wirkung eingebauter Operatoren werden mißverstanden, vor allem die von "CUT", "=..", ";", "fail".

-- Sehr oft entstehen Endlos-Schleifen durch

- nicht ausreichende, vergessene oder an falscher Stelle notierte Abbruch-Bedingungen,

- Verwendung der Bezeichner eingebauter Prädikate für eigene Regeln, Strukturen etc.,

- gegenseitigen Aufruf von Prädikaten,

- Mißachtung der Anzahl und Reihenfolge der Argumente.

Die meisten anfänglichen Fehler entstehen durch Gewohnheiten in konventioneller Programmier-Praxis (Falsch-Interpretation der PROLOG-Konstrukte). Als "Lektüre" guter PROLOG-Beispiele s. z.B. /BRAT86, CAMP84, GIAN86, ROGE86, GROT87, LI__85, STER86, WALK87/.

Fehlerverfolgung

Die wahrscheinlich beste aber mühsamste Methode der Fehlerverfolgung sind die Hand-Simulation und/oder ein

Walk-through der betrachteten Prozedur. Denn, etwaige Anomalien im Programm merkt eher der Außenstehende.

Bei hartnäckigen Fehlern kann das sog. "Instrumentalisieren" der Prozedur helfen: Einbau von "display"-Operatoren an kritischen Stellen der Prämissen-Teile der Regeln.

Das wirksamste Hilfsmittel beim Debuggen ist und bleibt das Umschalten in den Trace-Modus, der ein Verfolgen, Anhalten und Manipulieren des Backtracking-Vorgangs ermöglicht. Beachten Sie hierzu die System-Dokumentation (s. auch /GARA87, LEIT86, MyOK84, PERE86/).

<u>MERKE</u>: PROLOG-Prozeduren mit mehr als 10 Regeln oder Regeln mit mehr als 10 Prämissen sind nicht nur schwer verständlich, sondern auch sehr "fehlerfreundlich", d.h. fehlereinladend. Daher ist in solchen Fällen manchmal ein "redesign" zeitsparender: Neu konzipieren und implementieren (s. auch /FURU83, IEE85, MARU85/).

14.4 Übungsaufgabe

Ergänzen Sie den Implementierungsvorschlag vom Abschn. 14.2 durch Bearbeitung folgender Fragestellungen:

- Wenn bei einer Ladung für einige Stoffpaare aufwendige Trennvorschriften (z.B. 3 oder 4) zu beachten sind, sollen dem Benutzer Teilladungen vorgeschlagen werden, die aus "verträglicheren" Stoffpaaren bestehen (Trennvorschrift 1 oder 2).

- Implementieren Sie die Ladungsberatung (s. Abschn. 14.2.8 und 14.2.9).

- Gestalten Sie die Dialog-Komponente etwas komfortabler

- Erweitern Sie die Dialog-Komponente so, daß eine Erweiterung der Wissensbasis durch den Benutzer erfolgen kann.

- Versuchen Sie eine Erklärungs-Komponente einzubauen.

15. Schlußbemerkungen: Rückblick und Ausblick

Zum Schluß unserer einführenden Betrachtungen in die logische Programmierung mit PROLOG sollen noch folgende Aspekte erläutert werden:

- Bereits im Abschn. 4 wurde erwähnt, daß recht unterschiedliche Notationen für die Syntax verschiedener PROLOG-Dialekte existieren. Diese Notationen werden kurz zusammengefaßt.

- Im laufenden Text wurden Stärken und Schwächen von PROLOG angesprochen. Diese werden im Zusammenhang behandelt.

- Eine wesentliche Kritik an PROLOG betrifft die Effizienz existierender Implementierungen. Maßnahmen zur Steigerung der Effizienz durch Erweiterung des ursprünglichen PROLOG-Sprachumfangs werden erläutert.

- "Im Eifer des Gefechts" wurden bisher die Begriffe "logische Programmierung" und "konventionelle Programmierung" ohne vorherige Klärung benutzt. Dies soll nachgeholt und im Zusammenhang mit anderen "Programmier-Arten" (oder "Programmier-Paradigmen") wie "funktionale Programmierung", "objekt-orientierte Programmierung" etc. diskutiert werden.

15.1 Andere Syntax-Notationen der PROLOG

Wie bereits angedeutet, existieren verschiedene Syntax-Notationen für PROLOG. Wir haben hier in Anlehnung an

/CLOC84/ eine der weit verbreiteten Versionen beschrieben, die im Sprachgebrauch geringfügige Änderungen aufweisen.

Eine andere, ebenfalls verbreitete Version ist die sog. "Marseilles-PROLOG" (s. z.B. /COLM85/). Die wichtigsten Unterschiede dieser Version sind(/COHE85/):

- Variablen-Bezeichnungen beginnen mit Klein-Buchstaben und können von max. einem weiteren Buchstaben oder dem Sonderzeichen (') gefolgt werden:

  x, a, xl, x'

- Atome werden wie Variablen gebildet, mit dem Unterschied, daß sie mehr als zwei Zeichen enthalten müssen und in ihnen beliebige Sonderzeichen vorkommen können.

  otto, otil2

- Klauseln beinhalten als Implikationszeichen "-->" statt ":-" und werden mit ";" statt mit "." beendet. Die Fakten müssen vor dem Semikolon "-->" beinhalten:

  a -->;

  Einzelne Aussagen im Prämissen-Teil der Regeln werden durch Blanks " ", und nicht durch "," getrennt:

  a --> b c;

- Listen-Elemente werden durch Punkt getrennt, das letzte Element ist die leere Liste "nil":

  ell.el2.el3.nil

Listen-Komponenten (Erst-Element, Rest-Liste) können getrennt werden, wenn die Liste nur zwei Elemente und keine leere Liste enthält:

ell.el2 entspricht [ell|el2]

Andere PROLOG-Systeme weisen weitere, geringfügige Unterschiede in der Syntax auf, wie z.B. "&" statt "," als Konjunktions-Zeichen, "*" als Einleitung der Variablen-Bezeichnungen ("*VAR") etc. Ein Unterschied besteht oft in der Notierung des Prädikats als erstes Element der Klausel wie z.B. MPROLOG oder MLOG (/ClGr84, GUST85/ etc.), um etwa eine optische LISP-Analogie zu schaffen.

Über unterschiedliche Eigenschaften verschiedener PROLOG-Systeme wird in z.B. /CLOC84, NOEL84/ berichtet.

15.2 Stärken und Schwächen von PROLOG

Die Kritik an PROLOG ist teilweise darauf zurückzuführen, daß der an konventionelle Programmier-Sprachen gewöhnte Programmierer bei praktischen Anwendungen in PROLOG einige Bequemlichkeiten vermißt. Einige Beispiele seien hier genannt: eine komfortable Programmier- und Entwicklungs-Umgebung, Anschluß an andere Programmier-Arten und damit an -Sprachen, eine bessere Benutzer-Schnittstelle, Mittel für konstruktive Fehlerbehandlung ("exception handling") etc (s. z.B. /BOBR85, BROD84, DEGA83, QUIN82, SCHE85, SMIT80/). Dazu kommen einige

"Kleinigkeiten" wie Endlos-Schleifen, die durch symmetrische Relationen ("mag(x, y) :- mag(y, x)") und transitive Relationen ("mag(x, z) :- mag(x, y), mag(y, z)") entstehen (/COVI85/) oder Ausschluß von explizit negierten Aussagen ("Otto mag alles, was Utta nicht mag und mag alles nicht, was Utta mag.") (/SUBR85/). Diese der PROLOG inherenten, unerwünschten Seiten-Effekte sind mit relativ wenig Aufwand zu umgehen; sie verursachen jedoch bei dem "Energie geladenen" Anfänger einigen Ärger und manche Ratlosigkeit. Ein anderer kritischer Punkt ist die Effizienz, die vor allem bei größeren Wissensbasen eine praktische Arbeit wesentlich erschwert.

Trotz dieser ernsthaften Probleme ist jedoch zu beobachten, daß immer mehr Anwendungsgebiete von PROLOG erschlossen werden: Hardware-Verifikation (/MARU85/), Prozeß-Steuerung (/SZUB84/) oder VLSI-Entwurf (/SUZU85/) sind in diesem Zusammenhang als etwas aus dem Rahmen fallend zu nennen, sie sind jedoch charakteristisch für die steigende Tendenz der Einsatz-Freude (s. auch /BUCH83, OLIV84, SANT83/ etc.). Das wichtigste Einsatzgebiet ist unstrittig die Erstellung von wissensbasierten ("Experten-") Systemen. Diese Systeme sind i.A. in ihrer Arbeitsweise "regelorientiert" bzw. "regelgesteuert", d.h. die Erfüllung bestimmter Voraussetzungen sollen bestimmte Aktionen auslösen. PROLOG eignet sich hierfür auf eine natürliche Weise (/CLAR82, COOM84, DAVI82, GSCH85, HAYE85, KELL86, MICH80, MIZO84, NAU_83, SCHN86/ u.a.). Ein anderes, inzwischen ebenfalls "klassiches" Anwendungsgebiet der PROLOG ist "prototyping", das vor allem zur Validation der Anforderungs-Definition in der System-Entwicklung eine wichtige Rolle spielt. Auch hier eignet sich PROLOG auf eine natürliche Weise (s. auch die Ausführungen im Abschn. 14 und z.B. /LEIB83, VENK83/).

Die bisherigen Erfahrungen zeigen, daß selten eine Programmier-Sprache in so kurzer Zeit solch eine lebhafte und fruchtbare Diskussion ausgelöst und so starke Anerkennung gefunden hat wie PROLOG. Das liegt wohl daran, daß es sich bei PROLOG nicht nur um eine Programmier-Sprache, sondern um ein neuartiges Problemlösungs-Konzept einschl. der Werkzeuge zur Realisierung der Lösungen handelt (/GOTO83, KOWA84, LINDA84/). Diese Aspekte werden im Abschn. 15.4 besprochen; zunächst sollen jedoch im nächsten Abschnitt die Möglichkeiten der Effizienz-Steigerung von PROLOG erläutert werden.

15.3 Erweiterungen von PROLOG zur Effizienz-Steigerung

Die Geschwindigkeit der Ausführung eines Programms kann durch Parallel-Verarbeitung wesentlich erhöht werden. Während bei den meisten Programmier-Sprachen das Schreiben von Programmen, die die Vorteile der Parallel-Verarbeitung automatisch ausnutzen, etwas aufwendig ist, ist dies bei PROLOG leichter möglich. PROLOG besitzt quasi "per Definition" Eigenschaften, die eine Parallel-Ausführung der Operationen ermöglichen:

- "UND-Parallelismus" besteht in der Ausführung der Prozeduren im Prämissen-Teil der gerade aufgerufenen Regeln. Man beachte z.B. die Klausel kl:

  ```
  kl(A, B, C) :- k2(A, B), k3(D, A), k4(E, C).
  ```

  Hier sollten die Klauseln k2 und k3 nicht gleichzeitig ausgeführt werden, weil sie gleichzeitig gebunden werden, d.h. daß die Variable "A" gleichzeitig für k2 und k3 instanziert werden muß ("unification"). Wenn k2 und k3 parallel ausgeführt werden und bei einer von ihnen der Beweis mißlingt, wäre die geleistete Arbeit für die Ausführung der anderen Klausel vergeblich gewesen. Die Klausel k4 kann jedoch unabhägig von k2 und k3 ausgeführt werden, weil sie keine gemeinsamen Variablen mit k2 und k3 besitzt.

- "ODER-Parallelismus" ist gegeben, wenn für ein Prädikat mehrere Klauseln vorhanden sind. In diesem Fall können diese Klauseln gleichzeitig ausgeführt werden. Man betrachte z.B. die Prozedur kl:

```
kl(A, B) :- k2(B), k3(A).
kl(A).
kl(C, D) :- k4(D).
```

  Hier können alle Klauseln für "kl" gleichzeitig ausgeführt werden.

- "Unifizieren" ("unification") und "pattern matching" während der Abarbeitung von Prozeduren kann grundsätzlich parallel erfolgen.

Eine der wichtigsten Erweiterungen der PROLOG stellt "Concurrent PROLOG" (/SHAP83, HOGG83/) dar, welche die "UND-" und "ODER-"Parallelität ausnutzt. Zusätzlich zu üblichen PROLOG-Elementen sind in "Concurrent PROLOG" u.a. folgende Operationen enthalten:

- Suffix "?" ("read only") zum "Einfrieren der Instanzierung" der Variablen: In vielen Fällen der Unifizierung reicht das Lesen einer Variable, wenn sie z.B. lediglich für die Eingabe benötigt wird. In diesem Fall wird eine gleichzeitige Instanzierung mit gleichlautenden Variablen anderer Klauseln nicht vorgenommen.

- Das Trenn-Zeichen "|" ("guard bar") hat die Bedeutung von CUT.

Die "read-only"-Variablen ermöglichen eine Kommunikation zwischen den parallel auszuführenden Prozeduren und eine Prozedur mit einer solchen Variable wird nach dem Initiieren erst dann fortgeführt, wenn für eine andere, parallel auszuführende Prozedur das Instanzieren gelingt.

<u>Beispiel:</u> Folgende Prozedur soll für einen Vater die Tochter und für eine Mutter den Sohn ausgeben (/HIRA83/):

```
kind_versch_Geschl(P) :- mann(P) | tochter(P, T),
                                   write(P, T?).
kind_versch_Geschl(P) :- frau(P) | sohn(P, S),
                                   write(P, S?).
```

Hier können die Klauseln

- "mann" und ("tochter", "write")
- "frau" und ("sohn", "write")

im "UND"-Parallelismus gleichzeitig ausgeführt werden.

Die beiden Klauseln "kind_versch_Geschl" können im "ODER"-Parallelismus gleichzeitig ausgeführt werden. Die "write"-Klauseln werden allerdings dann ausgeführt, wenn die "CUT"-Stelle in irgendeiner Klausel erreicht wurde.

Weitere Beispiele für die Erweiterung von PROLOG für Parallel-Verarbeitung sind PARLOG, POPS (/ClGr83, HIRA83/; s. /BEER88, BRAU85, PLÜM86, ROBI86, TAKE86, WEST86/).

15.4 Logische Programmierung und andere Programmier-Paradigmen

Eine Programmiersprache fixiert nicht nur die Syntax und Semantik einer Terminologie als besondere Notation der Vermittlung der Lösung eines Programmier-Problems zu einem Rechner, sondern sie beeinflußt auch die Vorgehensweise und damit die Arbeitsweise des Programmierers bei der Lösung . Anders ausgedrückt, eine Programmiersprache kann Methoden und "Schablonen" (oder "Muster") als abstrakte Werkzeuge zur Erleichterung der Arbeit des Entwicklers einführen. Diese Methoden und abstrakten Werkzeuge setzen sich dann zu einem "Paradigma" zusammen (Hier wird auf den Zusammenhang "Ursache-Wirkung" nicht eingegangen, d.h. die Fragestellung, ob zuerst die Paradigmen und dann die Sprachen kommen oder umgekehrt, wird nicht behandelt.).

Die Block-orientierten Sprachen wie ALGOL, Pascal etc. ermutigen den Programmierer zur Erstellung block-strukturierter, sequentieller, imperativer Programme. Unter einem "Programmier-Paradigma" wird hier die globale Vorgehenssweise verstanden, ein Programmier-Problem "anzupacken". Dabei kommt es darauf an, welche Einschränkungen bez. der Lösungs-Konzepte als Abstraktions-Mechanismen und bez. der Lösungs-Mittel gemacht werden; das Paradigma "strukturierte Programmierung" schreibt z.B. vor, daß als Konzepte nur "Daten-" und "Prozeß-Abstraktion" und als Mittel nur bestimmte Sprach-Konstrukte (z.B. Sequenz, Selektion und Iteration für den Kontrollfluß) erlaubt werden.

Wir haben uns bei unseren bisherigen Betrachtungen recht wenig um andere Paradigmen als "logische" oder "regelorientierte" Programmierung gekümmert. Wir haben auch bisher bewußt unterlassen, eine Definition der logischen Programmierung zu geben, weil dies jetzt (d.h. nach der Einführung in eine konkrete Sprache wie PROLOG) auf dem erarbeiteten Fundus wesentlich leichter vorgenommen werden kann. Im folgenden werden wir zunächst diese Definition skizzieren und dann die logische Programmierung mit anderen Programmier-Paradigmen vergleichen.

Nach /PERE85/ wird die logische Programmierung wie folgt definiert: "... logic programming is the study and use of carefully-controlled deductive procedures as computing mechanisms. Programs are statements in a logical language, and a program execution is a proof from the axioms comprising the program of a formula that specifies the inputs and outputs for this particular program invocation." Auf den ersten Blick könnte man meinen, jede Aktivität im Gebiet der automatischen Beweisführung fiele nach dieser Definition unter logische Programmierung. Der Unterschied zwischen allgemeiner, mechanisierter Beweisführung und logischer Programmierung liegt in der Maßnahme "carefully controlled", denn durch diese "sorgfältig gesteuerte" Vorgehensweise bei der Deduktion wird die Beweisführung eine vorhersagbare, effektive und effiziente Rechenprozedur, die von einem Rechner als Programm ausgeführt werden kann. Eine Realisierung dieser "sorgfältigen Steuerung" des Beweis-Mechanismus haben wir durch die "Horn-Klauseln" als Spezialisierung der Prädikatenlogik (s. Abschn. 3) kennengelernt (s. auch /CLAR82, KOWA84, WOS_85/).

Die bereits mehrfach angesprochene "prozedurale, imperative, block-orientierte, strukturierte" Programmierung bezeichneten wir bisher auch als "konventionelle" Programmierung. Elemente konventioneller Programmierung benutzten wir für Vergleichzwecke zur Erläuterung der logischen Programmierung in den Abschn. 1, 13 und 14; für die Vergleiche wurde oft die Programmier-Sprache Pascal verwendet, die inzwischen mehr und mehr als "Esperanto" der konventionellen Programmierung anerkannt wird. (Die treffendere Bezeichnung dieses Paradigmas ist "imperative Programmierung"; dies impliziert bereits die (prozedurale) Sequentialität und (strukturierte) Block-Orientierung. Hier werden alle Attribute gleichzeitig in der Bezeichnung dieses Paradigmas aufgeführt, weil sie in der Literatur nebeneinander als gleichberechtigte Synonyme der "konventionellen" Programmierung benutzt werden.)

Um verschiedene Programmier-Paradigmen zu erläutern und dem Leser einen Vergleich zu ermöglichen, wird im folgenden zunächst eine Implementierung des Algorithmus zur Berechnung der Fakultät in Pascal angegeben, der anschließend in anderen Programmier-Arten formuliert wird:

```
FUNCTION fakultaet (zahl: INTEGER): INTEGER;

BEGIN
  IF zahl = 0 THEN fakultaet := 1  /* 0! := 1 */
               ELSE fakultaet := zahl * fakultaet(zahl-1)
                               /* rekursive Abarbeitung */
END;
```

Eine Implementierung in PROLOG ist z.B. durch folgende Prozedur gegeben (s. auch Abschn. 6.7.1):

```
fakultaet(0, 1) :- !.  /* 0! := 1 */

fakultaet(Zahl, Fak) :- (Zahl1 is Zahl-1),
                        fakultaet(Zahl1, Fak1),
                        (Fak is Fak1*Zahl).
                      /* rekursive Abarbeitung  */
```

Eine elegantere (jedoch im Sinne unserer Syntax nicht erlaubte!) Implementierung wäre (/KOWA79, TIBE84/):

```
fakultaet(0, 1) :- !.  /* 0! := 1 */

fakultaet(Zahl, Zahl*Fak) :- fakultaet(Zahl-1, Fak).
                           /* rekursive Abarbeitung */
```

Ein anderes Programmier-Paradigma wird durch "funktionale Programmierung" gegeben, die auf /BACK78/ zurückzuführen ist und eine reine mathematische Spezifikation der Lösung eines Problems darstellt. Dadurch wird eine Befreiung der Programmierung von den üblichen Einschränkungen der klassischen von-Neumann-Architektur angestrebt. Diese Einschränkungen sind insbesondere

- Sequentialität der Ausführung der Programme,
- Knappe Speicher-Kapazität und
- "Strenge" Handhabung der Variablen z.B. bez. Wertzuweisung

Diese Einschränkungen verlieren durch neue Rechner-Architekturen allmählich an Bedeutung.

Ausgehend von diesen, etwas "gelasseneren" Überlegungen bez. der Betriebsmittel wird in der "funktionalen Programmierung" den Aussagen und den Zuweisungen von Variablen große Bedeutung beigemessen. Sie müssen nicht - wie auch in der logischen Programmierung - sequentiell ausgeführt werden und es gibt keine Notwendigkeit, die übliche Interpretation der Wertzuweisung ("assignment") beizubehalten.

Die funktionalen Programme bestehen aus einer Reihe von Gleichungen, die Berechnungen spezifizieren und in beliebiger Reihenfolge ausgeführt werden können. Die Bestimmung der Reihenfolge der Ausführung dieser Gleichungen - d.h. die Steuerung - ist nicht Sache des Programmierers und wird durch das System im Hinblick auf die Daten-Abhängigkeiten vorgenommen, die eine Parallel-Verarbeitung ermöglichen.

Inzwischen existiert eine Reihe von funktionalen Programmier-Sprachen, die in den Unter-Klassen

- "single assignment languages" und
- "applicative languages"

zusammengefaßt werden. Diese Klassifizierung ist etwas umstritten, denn die erste Gruppe wird auch als "data flow languages" bezeichnet, durch die ein weiteres Paradigma definiert wird: Die Spezifikation des "Datenstromes" durch ein Netz von Operationen (Bemerkung: Der Begriff "Datenstrom" ("dataflow") bezeichnet eine Form der parallelen, dezentralen Programm-Ausführung durch mehrere Prozessoren).

Programme in "single assignment languages" sehen auf den ersten Blick fast irreführend einfach und "konventionell" aus: Jede Variable im Programm darf nur einmal auf der linken Seite einer Wertzuweisung vorkommen. Andere Konstrukte entsprechen den Konstrukten der konventionellen Sprachen, welche die Bildung arithmetischer Ausdrücke, Iterationen etc. ermöglichen.

Der Algorithmus "Fakultät" kann z.B. in der Sprache "VAL" wie folgt formuliert werden (/ACKE79, TIBE84/):

```
FOR fak: INTEGER := 1;  zahl: INTEGER := n;  DO
  IF zahl>0 THEN ITER
                      fak := fak*zahl; zahl := zahl-1;
                    ENDITER
               ELSE fak
  ENDIF
ENDFOR
```

In diesem Programm sind die Schleifen-Variablen "fak, zahl" des Datentyps "integer". Sie sind auf "1" bzw. "n" initialisiert. Den Rumpf des Konstuktes bildet die Selektion ("IF-THEN-ELSE-Konstrukt"), welche die Variablen "fak, zahl" neu definiert oder die Iteration mit dem Ergebnis "fak" terminiert.

Weitere Beispiele für "single assignment languages" oder "dataflow languages" bilden die Sprachen "VALID" (/ANON81/), LUCID" (/ASHC77, WADG85/) etc.

Der gleiche Algorithmus kann in "SASL", einem Vertreter der "applicative languages", wie folgt formuliert werden (/TURN79, TIBE84/):

```
fakultaet zahl WHERE fakultaet 0 = 1  /* 1. Regel */
/* 2. Regel */  fakultaet zahl = zahl*fakultaet(zahl-1)
```

Auch hier existieren zwar Variablen; die Wertzuweisungen werden jedoch völlig unterschiedlich interpretiert, was auch gelegentlich als "constructive assignment" bezeichnet wird: Im Gegensatz zum konventionellen "destructive assignment", das ein Überschreiben der alten Werte der Datenstrukturen bedeutet, werden in der "applicative programming" die Datenstrukturen niemals überschrieben. Jede Zeile kann im obigen Beispiel vielmehr als eine Substitutions-Regel angesehen werden, die für die Ausführung des Programms angibt, daß jede Erscheinung des Ausdrucks "fakultaet zahl" auf der linken Seite durch einen entsprechenden Ausdruck auf der rechten Seite ersetzt werden kann. Der Ausdruck "fakultaet 2" wird wie folgt ausgewertet:

```
(fakultaet 2)            /* Aufruf */
(2*fakultaet 1)          /* 2. Regel */
(2*(1*fakultaet 0))      /* 2. Regel */
(2*(1*1))                /* 2. Regel */
(2*(1))                  /* 2. Regel */
(2)                      /* 1. Regel */
```

Weitere Beispiele für "applicative languages" bilden die Sprachen "pure LISP" (/WINS84/), "FP" (/BACK78/), HOPE (/BAIL85/) etc. (s. auch /FRIE78/).

Im folgenden werden noch sonstige, wichtige Programmier-Paradigmen kurz erläutert:

- "Objekt-orientierte" oder "actor-" Programmierung: Die Daten werden in bestimmten "Objekten" oder abstrakten Datentypen zusammengefaßt, wobei die Manipulation der in diesen Objekten gespeicherten Daten nur mittels Operationen ("methods") erfolgen, die eigens für jedes Objekt oder für jede Objekt-Klasse definiert werden. Die Objekte kommunizieren miteinander durch Botschaften ("messages"). Das Programm beschreibt die zu sendenden Botschaften als Aktionen und die Reaktionen der Empfänger auf diese Botschaften. Beispiele für Sprachen dieses Paradigmas: Smalltalk (/BYTE81, GOLD83, INBGA78/), Simula, CLU.

- "Zugriff- ('access')-orientierte" Programmierung: Der Austausch von Botschaften zwischen Objekten kann Seiteneffekte auslösen, die durch Manipulationen an Daten der Objekte dargestellt werden. Die Objekte sind in zwei Klassen eingeteilt: Die Verarbeitungs-Komponenten und Aufsichts- ("monitoring") -Komponenten. Beispiel für zugriffs-orientierte Sprachen: LOOPS (/STEF83/).

- "Datenstruktur-orientierte" Programmierung: Dieses Paradigma versucht, mit Hilfe einer einzigen Datenstruktur die Problemlösung zu formulieren, z.B. durch Listen wie in LISP, durch Felder ("arrays") wie in APL oder durch Mengen wie in SETL, DAP (/KRUC84, KACS87/).

Die bisher grob beschriebenen Paradigmen sind nicht disjunkt; sie haben Eigenschaften, die sich gegenseitig ergänzen. Daher scheint ein "Multiparadigma" nicht nur wünschenswert, sondern mittelfristig unvermeidbar zu sein (/BANC86, HIND86, IESW86, KOWA84, LASS87/). In groß angelegten Forschungs- und Entwicklungs-Vorhaben wie die "5. Rechner-Generation" wird der logischen Programmierung und insbesondere PROLOG eine besondere Rolle zugewiesen (/ANON81, BUND84, HERT84/).

Einzelne "Verheiratungen" von Paradigmen wurden bereits an bestehenden Sprachen vorgenommen, z.B. LOGLISP (/ROBI82, NARA85/). Ob diese "Vernunft-Ehen" (s. /BOCC86/) auch glückliche Ehen werden, wird die Zeit zeigen. Die bisherigen Erfahrungen mit solchen "Super-Sprachen" (z.B. PL/1, Ada) geben allerdings eher Anlaß zur Vorsicht aufgrund der Komplexität der dadurch entstehenden Gebilde (/HOAR81/). Die von der Flexibilität existierender Sprachen überzeugten Evolutionisten dagegen behaupten, all diese schönen, neumodischen Paradigmen werden "sowieso-irgendwann-bald" von der Programmier-Sprache BASIC einverleibt, die dann - wie bisher auch - metamorphosierend alles überleben wird (frei nach /FORS84/, S. 16)! Diese Prognose spricht so eindeutig für (oder "gegen") sich, daß wir gelassen ihr Eintreffen (oder Nicht-Eintreffen) abwarten können. Der trotz dieser Mahnungen weiterhin an PROLOG interessierte Leser möge inzwischen die letzten Übungsaufgaben dieser Einführung lösen!

15.5 Übungsaufgaben

Aufgabe 15.1

Machen Sie sich die Entstehung der Endlos-Schleifen

- bei Reflexivität und
- bei Transitivität

der den Prädikaten entsprechenden Relationen in PROLOG-Klauseln (s. Abschn. 15.2) und

- die Schwierigkeit der expliziten Darstellung der Negation (s. Abschn. 15.2)

klar und versuchen Sie, Kompromiß-Lösungen zu finden.

Aufgabe 15.2

Warum ist die erste Implementierung des "Fakultät"-Algorithmus in PROLOG (Abschn. 15.4) syntaktisch falsch?

Aufgabe 15.3

Welche Möglichkeiten Sehen Sie, die im Abschn. 15.4 dargestellten Programmier-Paradigmen in PROLOG und in BASIC zu realisieren?

Anhang I: Syntax-Diagramme von PROLOG

Bemerkungen:

- Die verwendete Notation der Syntax-Diagramme entspricht weitgehend der Pascal-Notation gemäß DIN-Norm 66256 (siehe /DAES85, JeWi85/). Daher sind die Knoten von links nach rechts zu durchlaufen, es sei denn, sie enthalten einen entgegengesetzten Pfeil.

- Die eingebauten Operatoren wie "write, read, not, ;" etc. sind hier nicht enthalten (siehe Abschn. 4, 5, 7, 8 und die jeweilige System-Dokumentation.).

Legende

Nichtterminales Symbol (Meta-Zeichen)

Terminales Symbol (Zeichen)

Programm

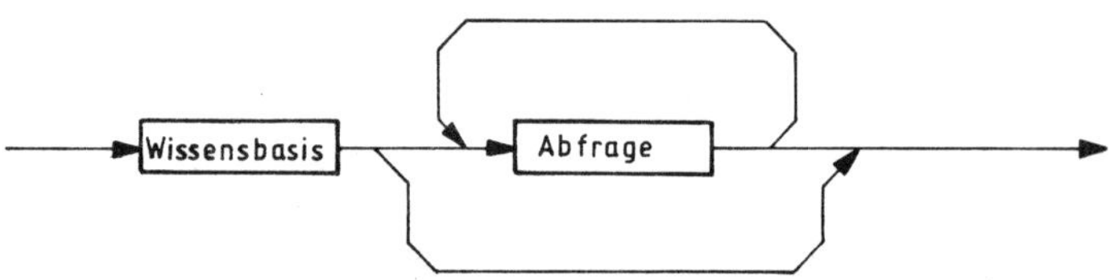

Wissensbasis

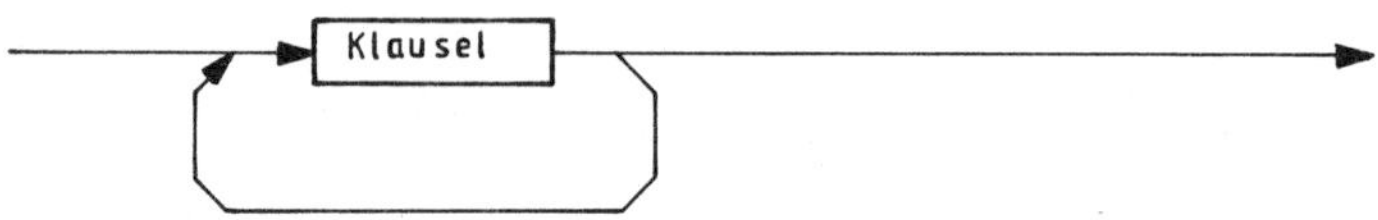

Abfrage

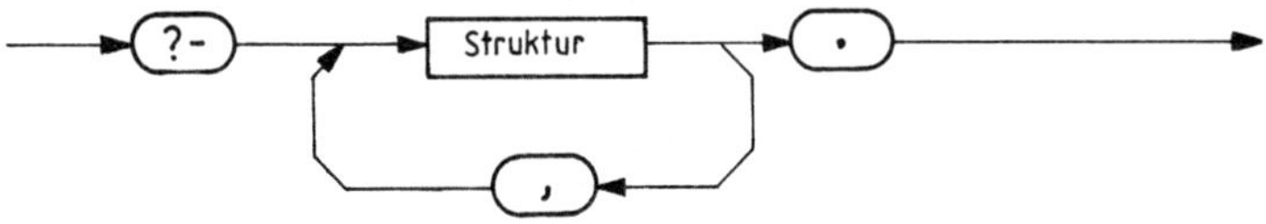

Klausel

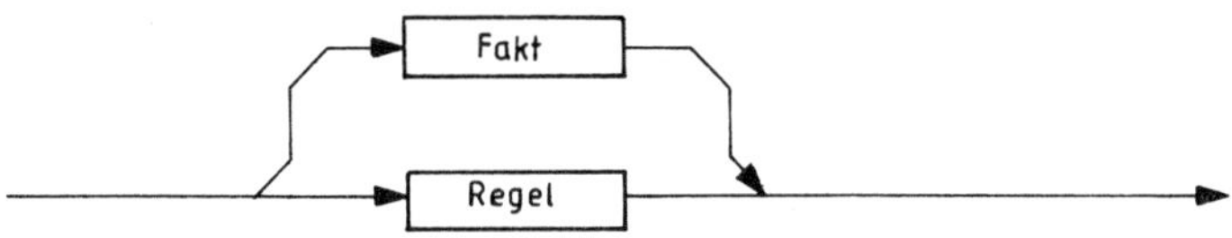

Fakt (Tatsache)

Regel

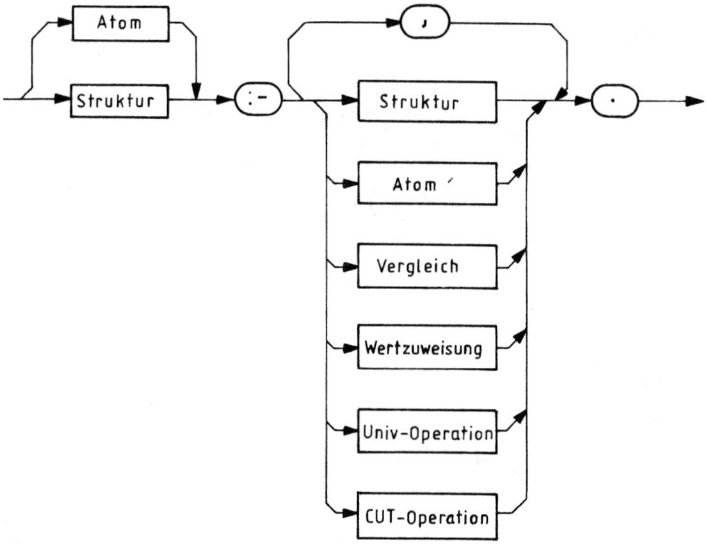
Atom
Struktur
:-
,
Struktur
Atom
Vergleich
Wertzuweisung
Univ-Operation
CUT-Operation
.

Term

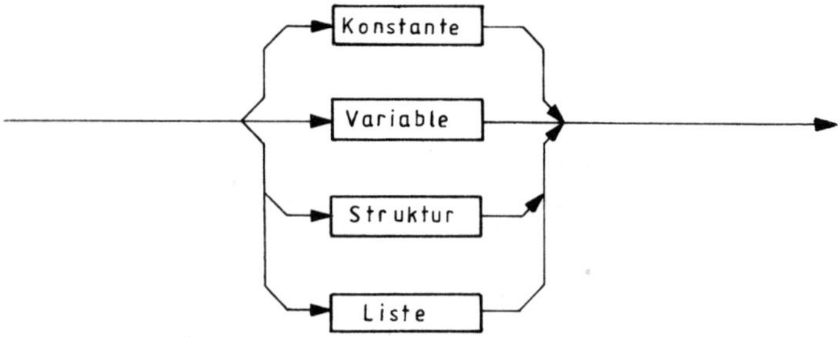
Konstante
Variable
Struktur
Liste

Konstante

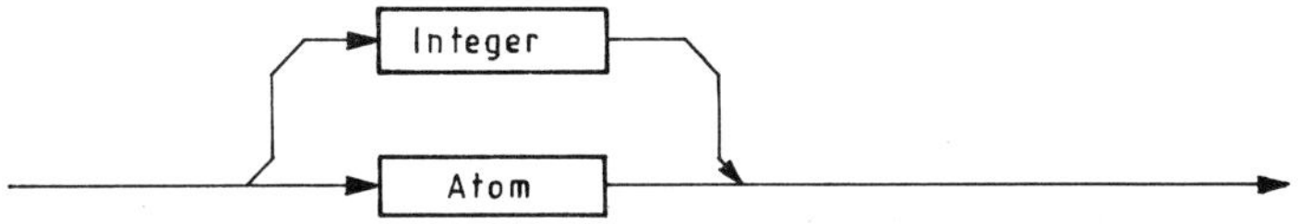

Atom

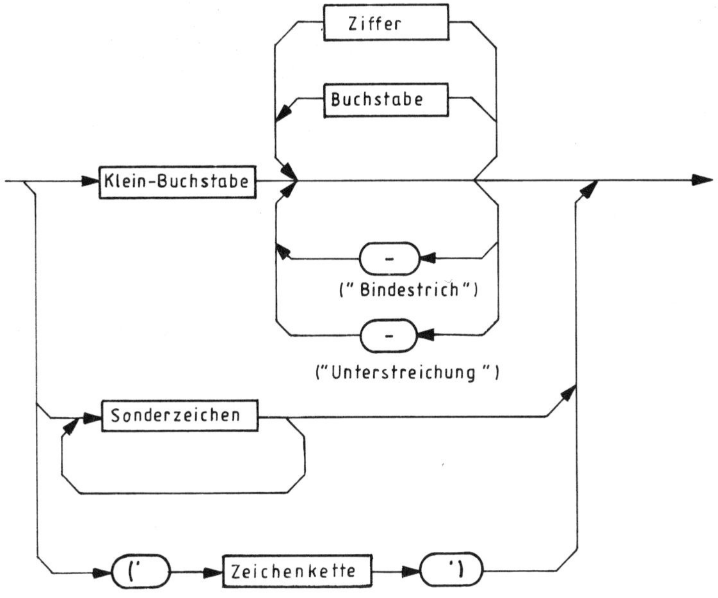

Variable

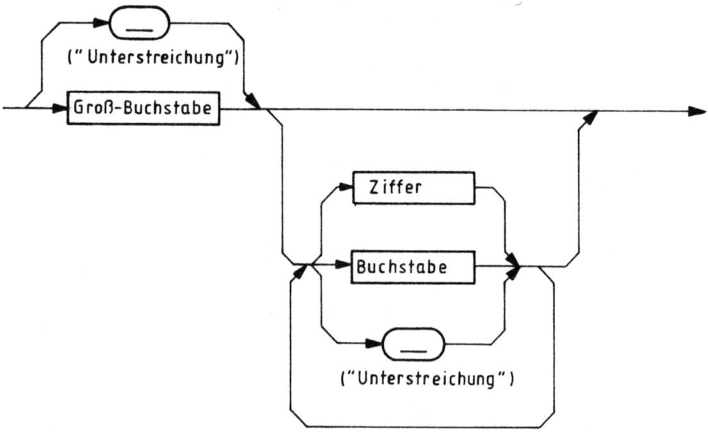

Struktur

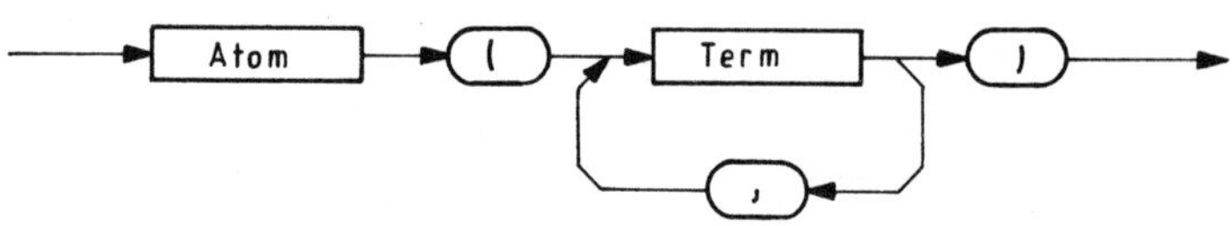

Liste

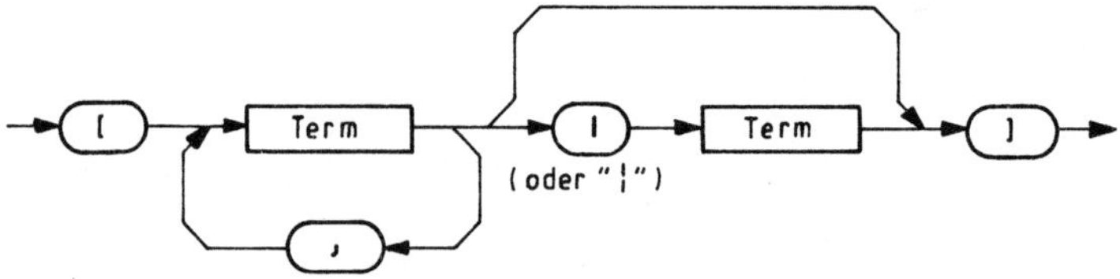

Vergleich

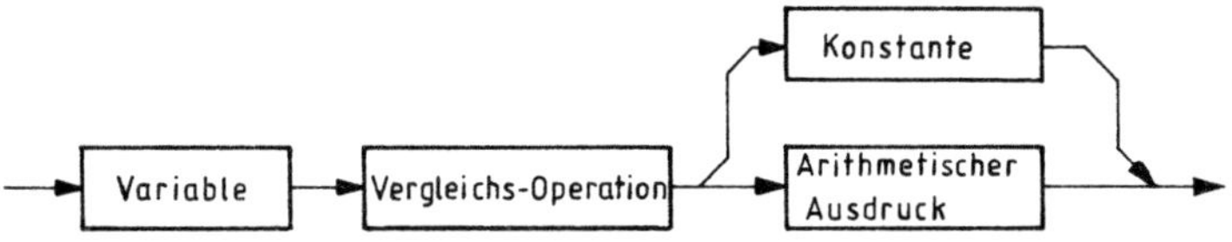

Wertzuweisung

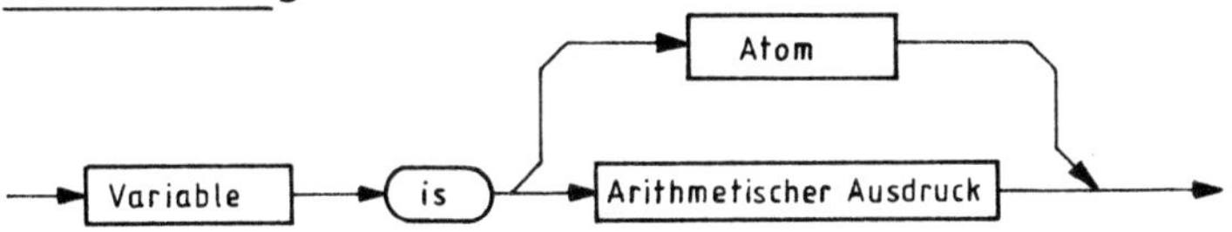

Arithmetischer Ausdruck

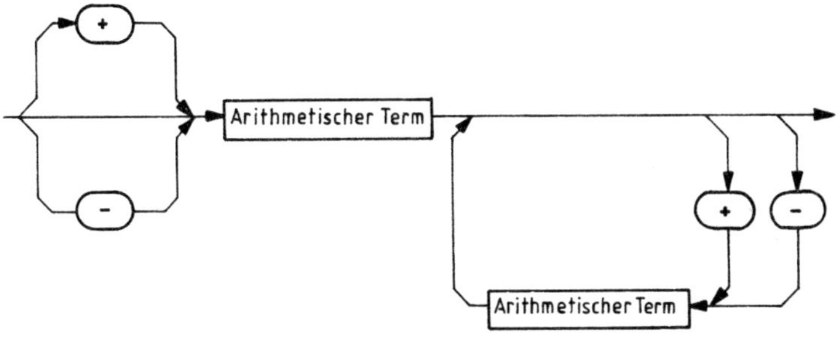

Arithmetischer Term

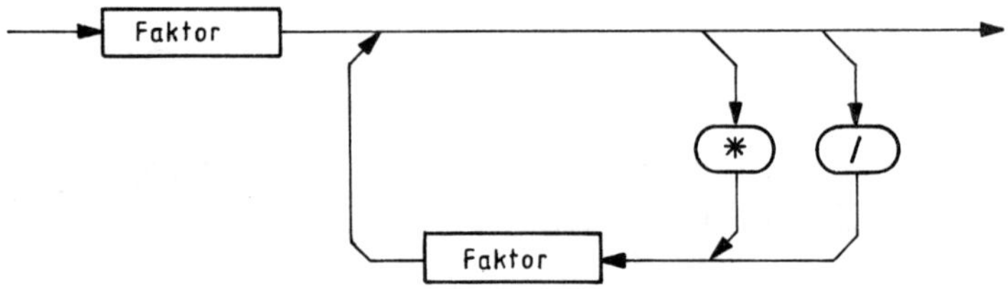

Faktor

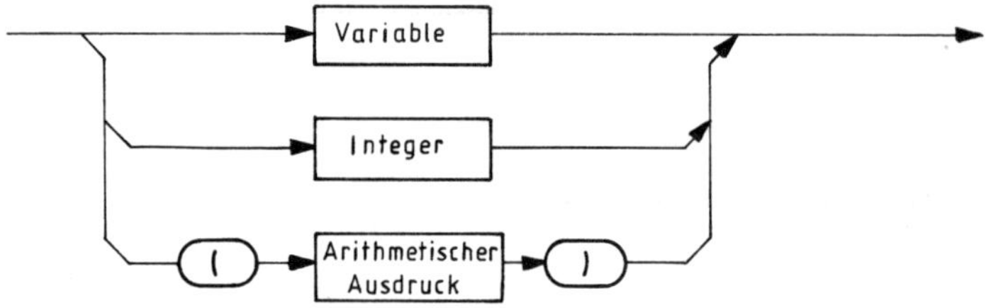

Univ-Operation

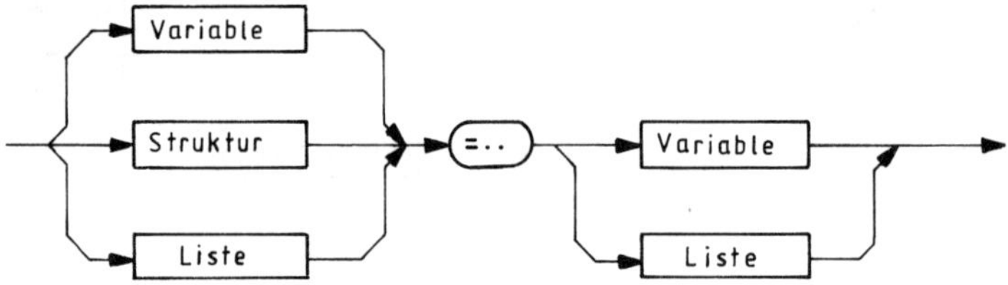

CUT-Operation

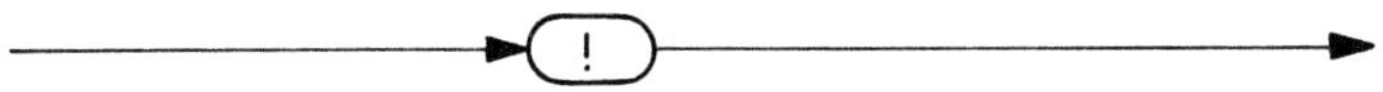

Vergleichs-Operation

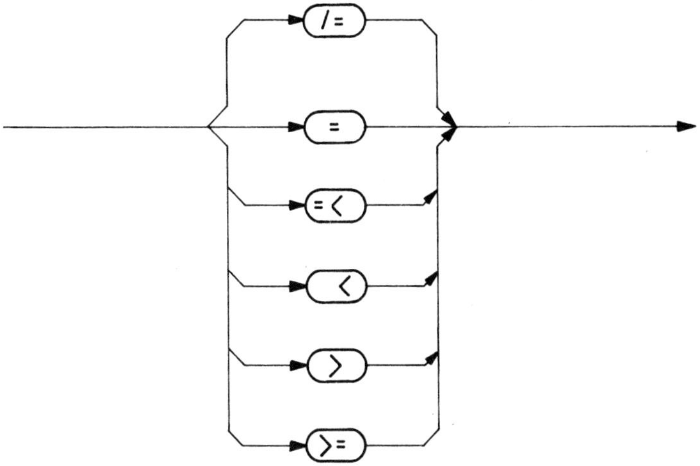

Integer (positive ganze Zahl)

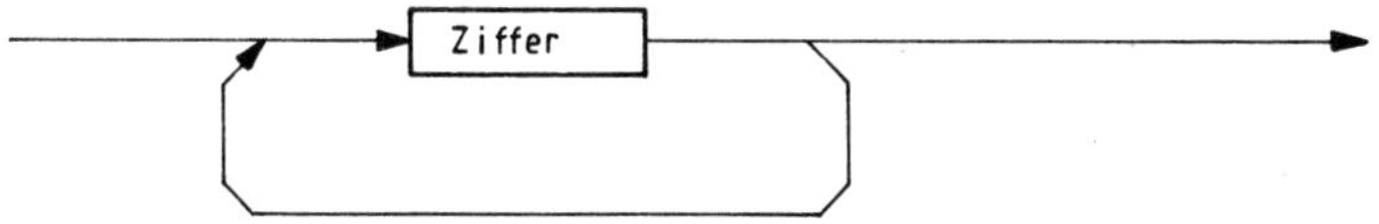

Zeichenkette

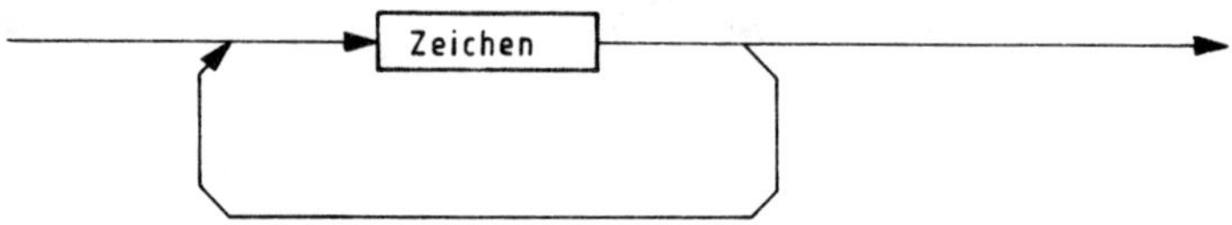

Zeichen

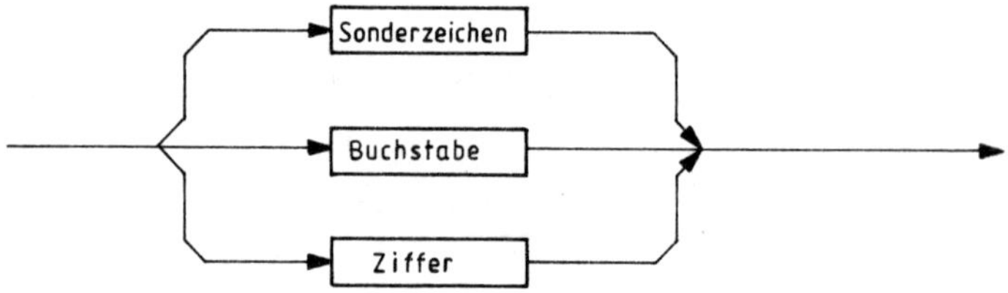

Buchstabe

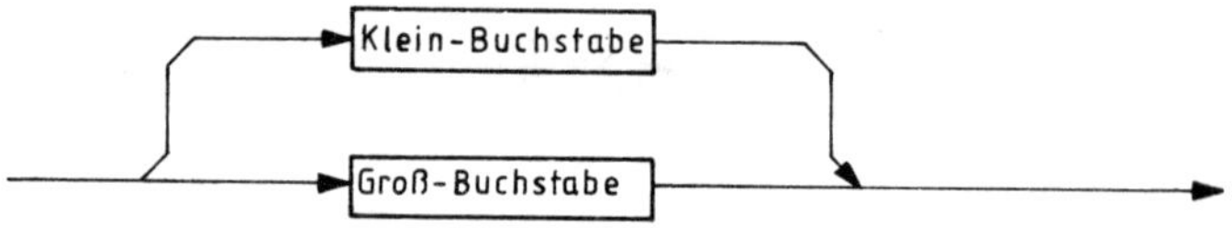

Groß-Buchstabe

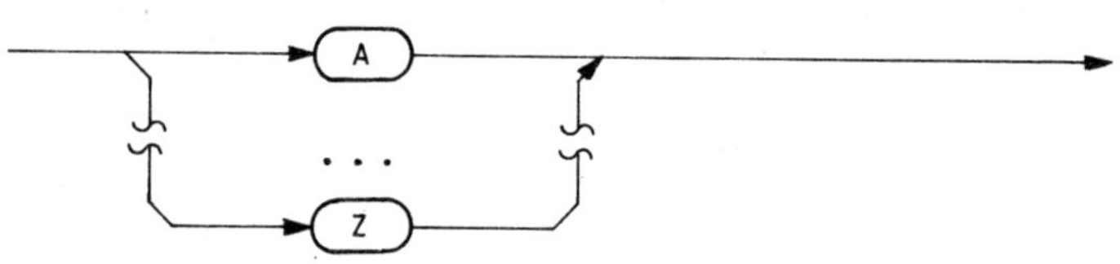

Klein-Buchstabe

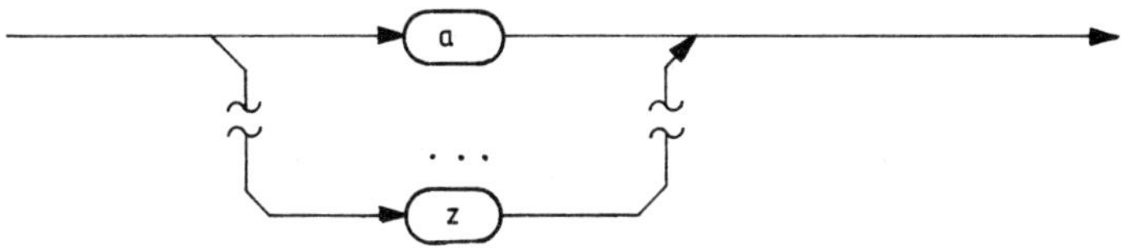

Sonderzeichen (maschinenabhängig)

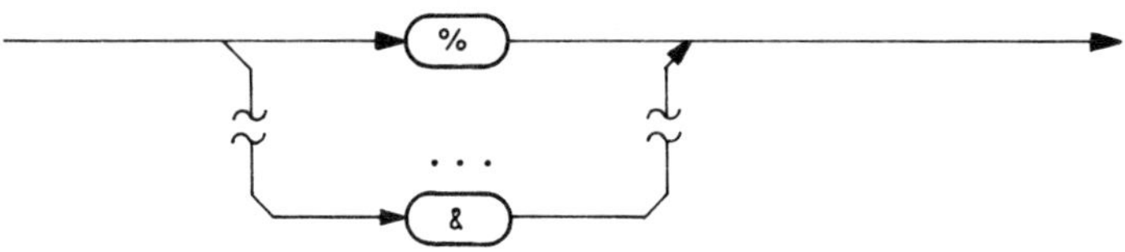

Ziffer

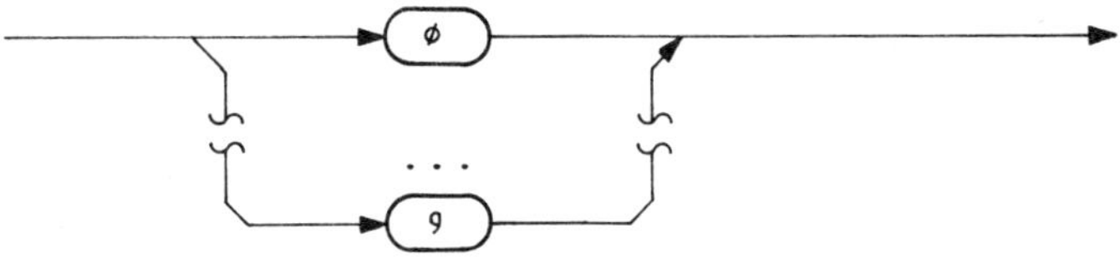

Anhang II: Literaturhinweise

/ABEL85/ Abelson, H. et al., "Structure and Interpretation of Computer Programs", The MIT Press, Cambridge, Mass. (1985)

/ACKE79/ Ackermann, W.B., Dennis, J.B., "VAL - A Value Oriented Algorithmic Language, Preliminary Reference Manual", Laboratory for Computer Science, MIT, Tech. Report TR-218 (1979)

/AHO_74/ Aho, A.V., et al, "The Design and Analysis of Computer Algorithms", Addison-Wesley Publishing Comp., Reading, Mass. (1974)

/AHO_83/ Aho, A.V., et al, "Data Structures and Algorithms", Addison-Wesley Publishing Comp., Reading, Mass. (1983)

/AHOU77/ Aho, A.V., Ullman, J.D., "Principles of Compiler Design", Addison-Wesley Publishing Comp., Reading, Mass. (1977)

/ANON81/ Anonym, "Research Reports in Japan", Japan Information Processing Development Center (ICOT), Technical Report (1981)

/APTE82/ Apt, K.R., van Emden, M.H., "Contributions to the Theory of Logic Programming", J. of ACM, 29/3 (1982), pp. 841-862

/ASHC77/ Ashcroft, E.A., Wadge, W.W., "LUCID, a Nonprocedural Language with Itaration", Comm. ACM, 207 (1977), pp.519-526

/BACK78/ Backus, J., "Can Programming be Liberated from the von Neumann Style? A Functional Style and its Algebra of Programs", Comm. ACM, 21/8 (1978), pp. 613-641

/BAIL85/ Bailey, R., "A Hope Tutorial", Byte (1985), pp. 235-258

/BALZ82/ Balzert, H., "Entwicklung von Software-Systemen", B.I.-Wissenschaftsverlag, Mannheim etc. (1982)

/BALZ85/ Balzert, H., "Allgemeine Prinzipien des Software Engineering", Angew. Inform. (1985), pp. 1-8

/BANC86/ Bancilhon, F., "A Logic Programming / Object-Oriented Cocktail", ACM SIGMOD Record 15(3) (1986)

/BAUE74/ Bauer, F.L. (ed.), "Software-Engineering", Springer-Verlag (1974)

/BEER88/ Beer, J., Giloi, W.K., "POPE - a Parallel-Operating PROLOG Engine", in "Future Generation Systems" (1988)

/BELL88/ Belli, F., "PROLOG-Systeme in der Praxis", HTB 631, B.I.-Wissenschaftsverlag, Mannheim etc. (erscheint voraussichtlich 1988)

/BeFJ88/ Belli, F., , Filipowicz, W., Jedrzejowicz, P. "Load Optimization and Load Consulting for the Transport and Segregation of Dangerous Goods", Arbeitsberichte des Fachbereichs 2 Hochschule Bremerhaven, Technischer Bericht 1988/6 (1986)

/BERG77/ Bergmann, E., Noll, H., "Mathematische Logik mit Informatik-Anwendungen", Springer-Verlag, Sammlung Informatik (1977)

/BIBE82/ Bibel, W., Siekmann, J.H. (Hrsg.), "Künstliche Intelligenz - Frühjahrsschule", Informatik-Fachberichte 59, Springer-Verlag, Berlin etc. (1982)

/BIBE85/ Bibel, W., "Wissensbasierte Software-Entwicklung", in /BRAU85/, pp. 17-41

/BOBR85/ Bobrow, D.G., "If Prolog is the Answer, What is the Question? or What it Takes to Support AI Programming Paradigms", in /IESW85/, pp. 1401-1408

/BOCC86/ Bocca, J.B., "EDUCE. A Marriage of Convenience: Prolog and a Relational DBMS", Symposium on Logic Programming, Salt Lake City (1986)

/BÖRG85/ Börger, E., "Berechenbarkeit, Komplexität, Logik", Vieweg & Sohn, Braunschweig/Wiesbaden (1985)

/BRAT86/ Bratko,I., "Prolog Programming for Artificial Intelligence", Addison-Wesley Publishing Comp., Wokingham, England etc. (1986)

/BRAU85/ Brauer, W., Radig, B., "Wissensbasierte Systeme - GI-Kongreß 1985", Informatik-Fachberichte 112, Springer-Verlag, Berlin etc. (1985)

/BROD84/ Brodie, M.L. et al., "On Conceptual Modeling - Perspectives from Artificial Intelligence, Databases, and Programming Languages", Springer-Verlag, New York etc. (1984)

/BUCH83/ Buchanan, B.G., Duda, R.O., "Principles of Rule-Based Systems", in "Advances in Computers", New York (1983), pp. 163-216

/BUND79/ Bundy, A. et al., "Solving Mechanics Problems using Meta-Level Inference", in "Expert Systems in Micro Electronic Age" (ed. Michie, D.), Edinburgh University Press, Edinburgh (1979)

/BUND84/ Bundy, A. (ed.), "Catalogue of Artificial Intelligence Tools", Springer-Verlag (1984)

/BYTE81/ Byte, "Special issue on the Smalltalk Programming Language", Byte (1981)

/CACM85/ Comm. ACM, Sonderheft "Architectures for Knowledge-Based Systems", 28/9 (Sep. 1985) und Sonderheft "PROLOG", 28/12 (Dec. 1985)

/CAMP84/ Campbell, J.A., "Implementations of Prolog", Ellis Horwood Ltd., Chichester (1984)

/CHEN85/ Chen,G., Williams,M.H., "The Value of an Array Facility in Prolog", Information Processing Letters 23 (1986), pp. 247-251

/CLAR81/ Clark, K.L., "An Introduction to Logic Programming", in "Introduction Readings in Expert Systems", Michie, D. (ed.) New York (1982), pp. 93-112

/CLAR82/ Clark, K.L., Tarnlund, S.A., "Logic Programming",Academic Press, London, New York etc. (1982)

/CLAR83/ Clark, K.l., McCabe, F.G., "PROLOG: A Language for Implementing Expert Systems", "Machine Intelligence", 10 (1983), pp. 455-470

/ClGr83/ Clark, K.L., Gregory, S., "PARLOG: A Parallel Logic Programming Language", Research Report 83/5, Dept. of Comp. Imperial College of Science and Technology Uni. London (1983)

/CLOC84/ Clocksin, W.F., Mellish, C.S., "Programming in Prolog", 2nd ed., Springer Verlag, Berlin etc. (1984)

/CLOC86/ Clocksin, W.F., "Automatic Specialisation of Standard Design", The Computer Journal, 29/6 (1986), pp. 495-499

/COHE85/ Cohen, J., "Describing Prolog by its Interpretation and Compilation", Comm. ACM (1985), pp. 1311-1324

/COLM85/ Colmerauer, A., "Prolog in 10 Figures", Comm. ACM (1985), pp. 1296-1310

/COOM84/ Coombs, M., Alty, J., "Expert systems: an Alternative Paradigm", Int. J. Man-Machine Studies, 20 (1984), pp. 21-43

/CONN86/ Connolly, J.H., "Testing Functional Grammar Placement Rules Using PROLOG", Int. J. Man-Machine Studies (1986), pp. 623-632

/COST87/ Costanzo, S., et al., "Towards an Expert System for Logic Circuit Synthesis" in /IEEE87/

/COVI85/ Covington, M.A., "A Further Note on Looping in Prolog", Sigplan Notices ACM (1985), pp. 28-31

/DAES85/ Däßler, K., Sommer, M., "Pascal", Springer-Verlag, Berlin etc. (1985)

/DAVI85/ Davis, R.E., "Logic Programming and Prolog: A Tutorial", IEEE Trans. on Software-Engineering, 2/5 (1985), pp. 53-62

/DAVR82/ Davis, R., "Expert Systems: Where Are We? And Where Do We Go From Here?", The AI Magazine, 3 (1982), pp. 3-22

/DEGA83/ Degano, P., Sandewall, E., "Integrated Interactive Computer Systems", North-Holland, Amsterdam etc. (1983)

/DIJK72/ Dijkstra, E.W. , "Notes on Structured Programming", in "Structured Programming", Dahl, O.-J. et al. (eds.), Academic Press, London (1972), pp. 1-82

/DIJK76/ Dijkstra, E.W. , "A Discipline of Programming", Prentice Hall, Englewood Cliffs (1976)

/DOBR87/ Dobry, T., "A Coprocessor for AI; LISP, Prolog and Data Bases", in /IEEE87/

/DOUG85/ Douglas, R.J., "A Qualitative Assessment of Parallelism in Expert Systems", IEEE Trans. on Software-Engineering, 2/3 (1985), pp. 70-82

/DUDA83/ Duda, R.O., Shortliffe, E.H., "Expert System Research", Science Washington (1983), pp. 261-268

/EGGE85/ Eggers, B., "The Towers of Hanoi: Yet Another Nonrecursive Solution", ACM SIGPLAN Notices, 20/9 (1985), pp. 33-42

/EISE85/ Eisenbach, S., Sadler, Ch., "Declarative Languages: an Overview", BYTE (1985), pp. 181-197

/FERG81/ Ferguson, R., "PROLOG: A Step Toward the Ultimate Computer Language", BYTE (1981), pp. 384-399

/FICH85/ Fichtelmann, M., "The Expert Mechanic", Byte (1985), pp. 205-216

/FORS84/ Forsyth, R. (ed.), "Expert Systems", Chapman and Hall Co., London, New York (1984)

/FRIE78/ Friedmann, D.P., Wiese, D.S., "Aspects of Applicative Programming for Parallel Processing", IEEE Trans. on Computers C-27-4 (1978), pp. 289-296

/FURU83/ Furukawa, K. et al, "Modularization and Abstraction in Logic Programming", New Generation Computing (1983) pp. 169-177

/GALL86/ Gallier, J.H., "Logic For Computer Science - Foundations of Automatic Theorem Proving", Harper & Row Publishers, New York (1986)

/GARA87/ Garavaglia, S., "Prolog - Programming Techniques and Applications", Harper & Row Publishers, New York (1987)

/GEVA82/ Gevarter, W.B., "An Overview of Expert Systems", Proceedings of the International Conference on Cybernetics and Society, Seattle (1982), pp. 156-160

/GIAN86/ Giannesini, F., et al, "PROLOG", Addison-Wesley, Wokingham, England etc. (1986)

/GLIN83/ Glinert, E.P., "Introduction to Computer Science Using Pascal", Prentice Hall Int., Englewood Cliffs (1983)

/GONN84/ Gonnet, G.H., "Handbook of Algorithms and Data Structures", Addison-Wesley Publishing Co., London, Reading, Mass. (1984)

/GOTO83/ Goto, S., "Logic and Computers", ICOT (Instit. of New Generation Computer Technology) Journal, Tokyo (1983), pp. 4-10

/GROS86/ Grosz, B., Sparck Jones, K., Webber, B.L., "Readings in Natural Language Processing", Morgan Kaufmann Publishers, Los Altos, CA. (1986)

/GSCH85/ Gschwind, A., et al, "Fehlerdiagnose und Störungsbeseitigung mit wissensbasierten Systemen", Rundbrief GI-FA 1.2 (Künstliche Intelligenz & Mustererkennung) (1985), pp. 35-47

/GROT87/ Grothaus, M., Gust, H., "Turbo Prolog", Vogel-Buchverlag, Würzburg (1987)

/GUST84/ Gust, B., Gust, H., "Einführung in das Prolog-System MLOG, Sprachbeschreibung" (1984)

/HAKE82/ Haken, H., "Synergetik" (Übersetzt von A. Wunderlin), Springer-Verlag, Berlin etc. (1982)

/HALE87/ Haley, P.V., "A Search Strategy for Commonsense Logic Programming", Byte (1987), pp. 173-175

/HAND87/ Handke, J., "Sprachverarbeitung mit LISP und PROLOG auf dem PC", Friedr. Vieweg & Sohn, Braunschweig, Wiesbaden (1987)

/HARE80/ Harel, D., "And/Or Programs: A New Approach to Structured Programming", ACM Trans. Programming Land. and Syst., 2/1 (1980), pp. 1-17

/HAYE83/ Hayes-Roth, F. et al. (eds.), "Building Expert Systems", Addison-Wesley, London etc. (1983)

/HAYE84/ Hayes-Roth, F., "Knowledge-Based Expert Systems", IEEE Comp., 17/10 (1984) (Sonderheft "The State of Computing"), pp. 263-273

/HAYE85/ Hayes-Roth, F., "Rule-Based Systems", Comm. ACM 28/9 (1985), pp. 921-932

/HERI84/ Hering, E., "Software-Engineering", Viewegs Fachbücher der Technik, Braunschweig/Wiesbaden (1984)

/HERT84/ Hertzberger, L.O., "The Architecture of Fifth Generation Inference Computers", Future Generations Computer Systems, 1/1 (1984), pp. 9-22

/HIND86/ Hinde, C.J., "Fuzzy Prolog", Int. J. Man-Machine Studies (1986), pp. 569-595

/HIRA83/ Hirakawa, H., et al, "Implementing an OR-Parallel Optimizing Prolog System (POPS) in Concurrent Prolog", ICOT (1983)

/HOAR62/ Hoare, C.A.R., "Quicksort", Computer J., 5/1 (1962), pp. 10-15

/HOAR69/ Hoare, C.A.R. "An Axiomatic Basis for Computer Programming", Comm. ACM (1969), pp. 576-580, 583

/HOAR81/ Hoare, C.A.R., "The Emperor`s Old Clothes", Comm. ACM, 24/2 (1981), pp. 75-83

/HOGG83/ Hogger, C.J., "Concurrent Logic Programming", in /CLAR83/

/HOGG84/ Hogger, C.J., "Introduction to Logic Programming", Academic Press, London etc. (1984)

/HORN51/ Horn, A., "On Sentences which are True of Direct Unions of Algebras", The Journal of Symbolic Logics (1951), pp. 14-21

/IEEE85/ IEEE Trans. on Software-Engineering, Sonderheft "Artificial Intelligence and Software Engineering", SE-11/11 (1985)

/IEEE87/ "COMPCON '87: Intellectual Leverage", Digest of Papers, 32nd IEEE Comp. Society Int. Conf., IEEE Computer Society Press, Washington, D.C. (1987)

/IESW85/ IEEE Software, Special Section "International Parallel Processing Projects: A Software Perspective", 2/4 (1984). pp. 65-81

/IESW86/ IEEE Software, Sonderheft "Multiparadigm Languages and Environments", SE-1/1 (1986)

/INGA78/ Ingalls, D., "The Smalltalk-76 Programming System Design and Implementation", Proc. of the SIGPLAN Conf. on Principles of Programming Languages (1978), pp. 9-15

/JENS79/ Jensen, R.W., Tonies, C.C., "Software-Engineering", Prentice-Hall, Englewood Cliffs, N.J. (1979)

/JEWI85/ Jensen, K., Wirth, N., "Pascal User Manual and Report", Springer Verlag Berlin etc. (1985)

/KACS87/ Kacsuk, P., Bale, A., "DAP Prolog: A Set-oriented Approach to Prolog", The Computer Journal 30/5 (1987), pp. 393-403

/LASS87/ Lassez, C., "Constraint Logic Programming", Byte (1987), pp. 171-176

/LEIT86/ Leith, P., "Fundamental Errors in Legal Logic Programming" The Computer Journal, 29/6 (1986), pp. 545-552

/LI__84/ Li, D.,"A PROLOG Database System", Research Studies Press, Letchworth (1984)

/KELL86/ Kellog, Ch., "From Data Management to Knowledge Management", IEEE Computer Society (1986), pp. 75-84

/KERN81/ Kernighan, B.W., Plauger, P.J., "Software Tools in Pascal", Addison-Wesley Publishing Co., Reading, Mass. (1981)

/KIMM79/ Kimm, R. et al., "Einführung in Software-Engineering", Walter de Gruyter, Berlin, New York (1979)

/KNUT73/ Knuth, D.E., "The Art of Programming - Sorting and Searching", Addison-Wesley, Reading, Mass. (1973)

/KOWA79/ Kowalski, R., "Algorithm = Logic + Control", CACM, 22/7 (1979), pp. 424-435

/KOWA84/ Kowalski, R., "Software Engineering and Knowledge-Based Systems in New Generation Computing", Future Generations Computer Systems, 1/1 (1984), pp. 39-50

/KOWA85/ Kowalski, R., "Logic Programming", BYTE (1985), pp. 161-176

/KRUC84/ Kruchten, P. et al., "Software Prototyping Using SETL Programming Language", IEEE Software, 1/4 (1984), pp. 66-75

/LAKA79/ Lakatos, I., "Beweise und Widerlegungen: die Logik mathematischer Entdeckungen", Friedr. Vieweg & Sohn, Braunschweig, Wiesbaden (1979)

/LEIB84/ Leibrandt, U., Schnupp, P., "An Evaluation of Prolog as a Prototyping System", in "Approaches to Prototyping", Budde, R. et al. (eds.), Springer, Berlin etc. (1984), pp. 424-433

/LLOY84/ Lloyd, J.W., "Foundations of Logic Programming", Springer-Verlag, Berlin etc. (1984)

/MAIE88/ Maier, D., Warren, D.S., "Computing with Logic", The Benjamin/Cummings Publishing Comp. (1988)

/MARK85/ Markusz, Z., Kaposi, A.A., "Complexity Control in Logic-based Programming", The Comp. Journal, 28/5 (1985), pp. 487-496

/MARU85/ Maruyama, F., Fujita, M., "Hardware Verification", IEEE Comp., 18/2 (1985), pp. 22-32

/MATT86/ Matthiessen, G., "Logik", Arbeitsberichte des Fachbereichs 2 Hochschule Bremerhaven, Vorlesungsskript 1986/5 (1986)

/MICH85/ Michaelsen, R.H., et al, "The Technology of Expert Systems", Byte (1985), pp. 303-312

/MICH80/ Michie, D., "Expert-System", Computer Journal, London (1980), pp. 369-376

/MyOK84/ Mycroft, A., O'Keefe, R., "A Polymorphic Type System for Prolog", Artificial Intelligence 23 (1984), pp. 295-307

/NARA85/ Narain, S., "Mycin: The Expert System and its Impementation in Loglisp", IEEE Trans. on Software-Engineering, 2/3 (1985), pp. 83-88

/NAU_83/ Nau, D.S., "Expert Computer Systems", IEEE Comp. (1983), pp. 63-79

/NEES80/ Nees, G,. "Der Mensch und sein Dialog mit der Maschine", Notizen zum Interaktiven Programmieren (Organ der GI-Fachgruppe Interaktives Programmieren), Heft 4 (1980)

/NOEL84/ Noelke, U., Savory, S., "PROLOG-Systeme im Vergleich", Angew. Informatik 3/84 (1984), pp. 108-112

/NUSS87/ Nussbaum, M., Appelrath, H.-J., "Delayed Evaluation in Function Free Linear Horn Clauses", Technical Report No. 87/5, ETH Zürich (1987)

/OLIV84/ Oliveira, E., "Developing Expert Systems Builders in Logic Programming", New Generation Computing, 2/2 (1984), pp. 187-194

/O'SH84/ O'Shea, T., Eisenstadt, M. (eds.), "Artificial Intelligence", Harper & Row, Publishers, New York (1984)

/PARN72/ Parnas, D.L., "On the Criteria to be Used in Decomposing Systems into Modules", Comm. ACM 15/5 (1972), pp. 1053-1058

/PERE78/ Pereira, L., et al., "User`s Guide to DEC-system 10 Prolog", Edinburgh University, Dept. of AI (1978)

/PERE85/ Pereira, L., "Logic Programming", Journal of Automated Reasoning 1/1 (1985). pp. 9-12

/PERE86/ Pereira, L.M., "Rational Debugging in Logic Programming" in /SHAP86/

/PLÜM86/ Plümer, L., "Und-Parallelismus und Effizientes Backtracking von Prolog-Prozeduren, Proc. GI-'86, Informatik-Fachberichte, Springer, Berlin etc. (1986), pp. 137-150

/PUPP86/ Puppe, F., "Expertensysteme", Informatik Spektrum 9/1 (1986), pp. 1-13

/QUIN82/ Quinlan, J.R., "Fundamentals of the Knowledge Engineering Problem", in "Studies in Cybernetics: 1 (Introductory Readings in Expert Systems)", Mitchie, D. (ed.), New York (1982), pp. 33-46

/RAUL82/ Raulefs, P. "Expertensysteme", in /BIBE82/

/RETT84/ Retti, J., "Artificial Intelligence", B.G. Teubner, Reihe Leitfaden der Angewandten Informatik (1984)

/ROBI65/ Robinson, J.A., "A Machine-Oriented Logic Based on the Resolution Principle", JACM, 12 (1965), pp. 23-41

/ROBI82/ Robinson, J.A., "Problems and Trends for the Future of Logic Programming", in "Studies in Cybernetics: 1 (Introductory Readings in Expert Systems)", Mitchie, D. (ed.), New York (1982), pp. 135-143

/ROBI86/ Robinet, B., Wilhelm, R. (Hrsg.) "ESOP 86", Springer Verlag, Lecture Notes in Comp. Sience 213, Berlin etc. (1986)

/ROGE86/ Rogers, J.B., "A Prolog Primer", Addison-Wesley Publishing Comp., Reading Mass. (1986)

/ROSE85/ Rosenbeck, P., "Programmiersprache Prolog", c't, Heft 10 und 11 (1985), pp. 56-61 und 42-49

/ROUS75/ Roussel, P. (Groupe d'Intelligence Artificielle, U.E.R. de Luminy, University d'Aix), "PROLOG, Manuel de Reference et d'Utilisation" (1975)

/SANT83/ Santane-Toth, E., Szeredi, P., "Prolog Applications in Hungary", in /CLAR83/

/SCHE85/ Schefe, P., "Informatik - Eine konstruktive Einführung", Reihe Informatik, Band 48, B.I. Wissenschaftsverlag (1985)

/SCHN83/ Schnupp, P., "Prolog - eine nichtprozedurale Sprache zur Programmierung von Expertensystemen und zum "rapid prototyping", InterFace Gmbh, München (1983)

/SCHN84/ Schnupp, P. et al., "Was ist Prolog?", Elektonische Rechenanlagen, 26/4 (1984), pp. 194-200

/SCHN86/ Schnupp, P., Leibrandt, U., "Expertensysteme", Springer-Verlag, Berlin etc. (1986)

/SCHU88/ Schulte, M., "Methoden der künstlichen Intelligenz bei Entwurf und Analyse fehlertoleranter Rechensysteme", Informatik Berichte der Fern-Universität Gesamthochschule Hagen, Nr. 77/2 (1988)

/SEDG84/ Sedgewick, R., "Algorithms", Addison-Wesley Publishing Comp., Reading, Mass. (1984)

/SHAP86/ Shapiro, E. J. (ed.) Proceedings "Third International Conference on Logic Programming", Springer, Berlin etc. (1986)

/SMIT80/ Smith, H.T., Green, T.R.G. (eds.), "Human Interactions with Computers", Academic Press, London etc. (1980)

/STEF82/ Stefik, M., et al. "The Organization of Expert Systems, A Tutorial", Artificial Intelligence, Amsterdam (1982), pp. 135-173

/STEF83/ Stefik, M. et al., "Knowledge Programming in LOOPS: Report on an Experimental Course", The AI Magazine, 4 (1983), pp. 3-13

/STER86/ Sterling, L., "The Art of Prolog", The MIT Press, Cambridge,Massachusetts (1986)

/STER87/ Sterling, L., "Mathematical Reasoning", Byte (1987), pp. 177-180

/STET81/ Stetter, F., "Softwaretechnologie - Eine Einführung", B.I.-Wissenschaftsverlag, Mannheim etc. (1981)

/SUBR85/ Subrahmanyam, P.A., "The 'Software Engineering' of Expert Systems: Is Prolog Appropriate?", in /IESW85/, pp. 1391-1400

/SUZU85/ Suzuki, N., "Concurrent Prolog as an Efficient VLSI Design Language", IEEE Comp., 18/2 (1985), pp. 33-41

/SZPA87/ Szpakowicz, S., "Logic Grammars", Byte (1987), pp. 185-193

/SZUB84/ Szuba, T., "PROLOG as a Real Time Language for Process Control", Angew. Informatik (1984), pp. 370-374

/TAKE86/ Takeuchi, A., Furukowa, K., "Parallel Logic Programming Languages" in /SHAP86/

/TIBE84/ Tiberghien, J. (ed.), "New Computer Architectures", Academic Press, London (1984)

/TURN79/ Turner, D.A., "A New Implementation Technique for Applicative Languages", Software-Practice and Experience, 9 (1979), pp. 31-49

/TURN84/ Turner, R., "Logics for Artificial Intelligence", Ellis Horwood Ltd., Chichester (1984)

/VENK84/ Venken, R., Bruynooghe, M., "Prolog as a Language for Prototyping of Information Systems", in "Approaches to Prototyping", Budde, R. et al. (eds.), Springer-Verlag Berlin (1984)

/WALK87/ Walker, A. (ed.), "Knowledge Systems and Prolog", Addison-Wesley Publishing Comp., Reading, Mass. (1987)

/WARR83/ Warren, D.H.D., "An Abstract PROLOG Instruction Set", Artificial Intelligence Center, SRI, Technical Note 309, Menlo Park (1983)

/WARR85/ Warren, D.H.D., "Logic Programming and Knowledge Bases", Proc. of the Islamadora Workshop on Large Scale Knowledge Bases and Reasoning Systems, Islamadora, Fla. (1985)

/WEST86/ Westphal, H., "Eine Beurteilung paralleler Modelle für Prolog", Proc. GI-'86, Informatik-Fachberichte, Springer, Berlin etc., (1986)

/WILL84/ Willmer, H., Balzert, H., "Fallstudie einer industriellen Software-Entwicklung", B.I.-Wissenschaftsverlag, Mannheim etc. (1984)

/WINS84/ Winston, P.H., "Artificial Intelligence", 2nd ed., Addison-Wesley Publ. Co., Reading, Massachusetts (1984)

/WIRT76/ Wirth, N., "Algorithms + Data Structures = Programs", Prentice-Hall, Englewood Cliffs, N.J. (1976)

/WOS_85/ Wos, L. et al., "An Overview of Automated Reasoning and Related Fields", J. of Automated Reasoning, 1/1 (1985), pp. 5-48

/YOUR79/ Yourdon, E., Constantine, L.L., "Structured Desin: Fundamentals of a Discipline of Computer Program and Systems Design", Prentice-Hall, Englewood Cliffs, N.J. (1979)

Stichwortverzeichnis

(Bezeichner der Standard-Prädikate und der Prozeduren sind durch " " gekennzeichnet.)

V

W

Z

Symbole

Abkürzungsverzeichnis

Ada eine Programmiersprache (genannt nach Lady Augusta Ada Byron, der Programmiererin der "analytical engine", von Babbage (ca. 1830))

APL A Programming Language

ASCII American Standard Code for Information Exchange

BASIC Beginner's All-purpose Symbolic Instruction Code

bez. bezüglich

CP/M Control Program for Microcomputers (eingetragenes Warenzeichen der Firma Digital Research, Inc. für ein Betriebssystem)

DEC-10 ein Rechner (PDP-10) der Firma DEC

d.h. das heißt

EDV elektronische Datenverarbeitung

ES Expertensystem

FP functional programming

ggf. gegebenenfalls

HOPE eine Programmiersprache

i.A. im Allgemeinen

KI künstliche Intelligenz

LISP List Processing

LL(1) left-to-right scanning, leftmost generation (eine Analyse-Methode in parsing-Teil der Übersetzer)

LOGLISP Logical LISP

LOOPS eine Programmiersprache

m.E. meines Erachtens

MMI Man Machine Interface (Mensch-Maschine-Schnittstelle)

MMS Mensch-Maschine-Schnittstelle

MS-DOS Microsoft Disk Operating System (ein Betriebssystem für Mikro-Computer)

o.g. oben genannte

OPS 5 eine Produktion-(Regel-)orientierte Programmiersprache

PL/1 evtl. nach "Programming Language 1"

q.e.d. quod erat demonstrandum ("Was zu beweisen war")

SETL Set Language

s.o. siehe oben

sog. sogenannte

VLSI Very Large-Scale Integration (Sehr hohe Verdichtung elektronischer Schaltkreise)

Bezugsquellen für PROLOG-Übersetzer

Folgende PROLOG-Systeme (in willkürlicher Reihenfolge) sind uns durch die Fachpresse bzw. durch den Einsatz im Übungsbetrieb an unserer Hochschule bekannt. Den meisten dieser Übersetzer liegt die Edinburgh-Syntax zugrunde.

Eine ausführliche Betrachtung vieler PROLOG-Systeme finden Sie in /BELL88/ der Literaturhinweise.

- "prolog-1" (ca. US $ 400,--), Expert Systems International, 1150 First Avenue, King of Prussia, PA 19406, USA (MS-DOS)

- "PROLOG II" (ca. DM 1.200,--), PhiloLogos-Software, Rauschener Str. 1-B, 8060 Dachau, (MS-DOS, MacIntosh; Marseilles-Syntax)

- "PROLOG V" (ca. US $ 70,--), "PROLOG V-PLUS", Chalcedony Software, 5580 La Jolla Blvd., Suite 126B, La Jolla, CA 92037, USA (MS-DOS)

- "PROLOG-86" (US $ 125,--), Solution Systems, 335-P Washington Street, Norwell, MA 02061, USA (MS-DOS)

- "A.D.A. PROLOG" (von US $ 30,-- bis 300,--, je nach Umfang), Automata Design Associates, 1570 Arran Way, Dresher. Pa. 19025 (MS-DOS)

- "Arity PROLOG" (ca. US $ 500,-- bis 1.000,-- je nach Umfang), Arity Corporation, 358 Baker Avenue, Concord, MA 01742, USA (MS-DOS)

- "DEC-PROLOG": s. /PERE78, CLOC84/

- "IF/Prolog", Interface Computer, Garmischer Straße 4, 8000 München 2 (UNIX, MS-DOS und weitere Betriebssysteme)

- "mprolog", Epsilon GmbH, Kurfürstendamm 188/189, 1000 Berlin 15 (MS-DOS und weitere Betriebssysteme)

- "MProlog" (US $ 725,--), Logicware, Inc., 5000 Birch Street West Tower, Suite 3000, Newport Beach, CA 92660 USA (MS-DOS)

- "Micro-PROLOG" (ca. US $ 400,--), Logic Programming Associates, 31 Crescent Drive, Milford, CT 06460, USA (MS-DOS)

- PROLOG-System der Firma Nixdorf: s. /SAVO84/

- "Portable PROLOG" (GB Sterling 200,--), University of York, York, YO1 5DD, England (IBM/MVS; Siemens BS 3000)

- "Quintus-PROLOG", Expertise GmbH, Pankstr. 43, 1000 Berlin 65, (MS-DOS, UNIX)

- "Sigma-PROLOG", Brainware GmbH, Kirchgasse 24, 6200 Wiesbaden, (MS-DOS, UNIX)

- "PROLOG by Schorn & Schulz", ca. DM 200,--, Peter Schorn, c/o B. Glavina, Neidhartstr. 19 1/2, 8900 Augsburg oder Prinz-Eugen-Str. 6, 8 München 40 (CP/M)

- "Turbo PROLOG", ca. US $ 100,--, DM 350,--, Borland International, 4585 Scotts Valley Drive, Scotts Valley, CA 95066, USA; Vertretung in Deutschland: Heimsoeth Software GmbH & Co., Fraunhoferstr. 13, 8000 München 5 (MS-DOS)

Diese Liste hat natürlich keinen Anspruch auf Vollständigkeit und auf Genauigkeit der Preise.

Für System-Vergleiche s. folgende Artikel:

- Covington, M.A., "Programming in Logic: Prolog on the IBM PC", PC Tech Journal Magazine, vol. 3, no. 12 (Dec. 1985), pp. 82-95; and vol. 4, no. 1 (Jan. 1986), pp. 145-155

- Covington, M.A., "Reviews of Prolog Systems", PC Tech Journal Magazine, vol. 4, no. 11 (Nov. 1986)

- Kelsh, J.P., Hansen, J. C., "Reasonably Priced Compilers and Interpreters for the IBM PC and Compatible Computers", ACM SIGPLAN Notices, vol. 21, no. 4 (April 1986), pp. 67-69

- Morein, R., "PD PROLOG", Byte, October 1986, pp. 155-165

- /SAVO84/ der Literaturhinweise

- Shammas, N. C., "Turbo PROLOG", Byte, September 1986, pp. 293-295

Für Ergänzungshinweise, Erfahrungsberichte etc. an folgende Adresse wäre ich dankbar:

F. Belli, FB 2 (Systemanalyse), Hochschule Bremerhaven, "Bürger" 20, 2850 Bremerhaven

Lösungen zu den Aufgaben

Aufgabe 1 (S. 28)

Unser Beispiel kann (und wird voraussichtlich) von Ihrem stark abweichen. Das macht aber überhaupt nichts und ist bei der Vielzahl an Möglichkeiten nur natürlich.

Beispiel:

Herr Meyer bekommt vom Finanzamt einen per EDV erstellten Steuerbescheid, aus dem hervorgeht, daß er 100 DM Steuern nachzahlen soll. Nebenbei sei bemerkt, daß Herr Meyer eigentlich eine Rückzahlung erwartet hatte und nun einmal mehr die Unzuverlässigkeit von EDV-Anlagen bestätigt sieht.

Wenn wir in diesem Zusammenhang die MMI betrachten, so ist die Maschine aus der Sicht von Herrn Meyer keineswegs eine gewöhnliche technische, passive Einrichtung, sondern eine bösartige und verselbstständigte EDV-Anlage, die die langerwartete Rückzahlung unterschlägt.

Als Kommunikationsformen der MMI haben wir

- Kommandosprache: Herr Meyer mußte, um das System benutzen zu können, eine spezielle Sprache erlernen: "Behördendeutsch" (für das Ausfüllen der Formulare, die die ganze in Maschinerie in Bewegung setzen),

- Benutzerführung: Um das Formular überhaupt ausfüllen zu können, sind Hinweise (meist kryptischer Natur) und kleine Beispiele oder Erläuterungen gegeben,

- Menü-Technik: Herr Meyer erhält bald den Eindruck, als diente der Rechner einer speziellen Aufgabe: der Verwirrung. Es stehen oft so viele Alternativen in den Formularfeldern (= Menü-Feldern) zur Verfügung, daß sich Herr Meyer nicht mehr zurechtfindet,

- Objekt-orientierte Kommunikationsform: findet in unserem Fall leider nicht statt, denn alle Eintragungen müssen im Klartext, schriftlich erfolgen.

Die hier beschriebene Situation stellt übrigens kein Expertensystem dar. Es wird zwar Wissen akquiriert, zweckmäßig gespeichert und erweitert, aber beraten wird Herr

Meyer nicht. Ein "Expertensystem" in diesem Sinne wäre z.B. ein Steuerberater.

Es fehlt hier im wesentlichen die Problemlösungskomponente. Dagegen sind Wissensakquisition und Erklärungskomponente vorhanden (die Erklärung im Steuerbescheid z.B. ist die Aufschlüsselung der zu zahlenden Steuern in Bezug auf das Einkommen).

Aufgabe 2.1 (S. 49)

Die vorangegangenen Beispiele waren am Rechner auszuführen (s. den Text).

Aufgabe 2.2 (S. 50)

Es handelt sich bei dem PROLOG-Programm um folgende Familie:

- Johann und Berta sind die Eltern von Walter, Lieselotte und Ilse,

- Lieselotte ist mit Rolf-Martin verheiratet,

- Lieselotte und Rolf-Martin sind die Eltern von Alfred, Uschi, Rolf und Gabi.

```
/* Programm Aufgabe 2.2 */

/* 1. Fakten: */
/* 1.1 welche Familienmitglieder sind weiblich? */
weiblich(berta).
weiblich(lieselotte).
weiblich(ilse).
weiblich(uschi).
weiblich(gabi).

/* 1.2 ... und welche sind maennlich? */
maennlich(johann).
maennlich(walter).
maennlich(rolf_martin).
maennlich(alfred).
maennlich(rolf).
```

```
/* 1.3 Eltern: z.B. Johann und Berta sind die Eltern von
   Walter. ACHTUNG: Die Reihenfolge ist immer
              Vater, Mutter, Kind! */
eltern(johann,berta,walter).
eltern(johann,berta,lieselotte).
eltern(johann,berta,ilse).
eltern(rolf_martin,lieselotte,alfred).
eltern(rolf_martin,lieselotte,rolf).
eltern(rolf_martin,lieselotte,uschi).
eltern(rolf_martin,lieselotte,gabi).

/* 2. Regeln: */
/* 2.1 Vater-Beziehung */
ist_vater(Vater,Kind) :- maennlich(Vater),
                         eltern(Vater,_,Kind).
/* "_": "Platzhalter", s. Abschn. 4.1.2 */

/* 2.2 Mutter-Beziehung */
ist_mutter(Mutter,Kind) :- weiblich(Mutter),
                           eltern(_,Mutter,Kind).

/* 2.3 Bruder-Beziehung */
ist_bruder(Bruder,Person) :- maennlich(Bruder),
                             eltern(Vater,Mutter,Bruder),
                             eltern(Vater,Mutter,Person).

/* 2.4 Schwester-Beziehung */
ist_schwester(Schwester,Person) :-
                        weiblich(Schwester),
                        eltern(Vater,Mutter,Schwester),
                        eltern(Vater,Mutter,Person).

/* 2.5 Onkel_Beziehung */
/* vaeterlicherseits: */
ist_onkel(Onkel,Person) :- maennlich(Onkel),
                           ist_vater(Vater,Person),
                           ist_bruder(Vater,Onkel),
                           Vater \= Onkel.
                             /* "\=" heisst "ungleich" */

/* muetterlicherseits: */
ist_onkel(Onkel,Person) :- maennlich(Onkel),
                           ist_mutter(Mutter,Person),
                           ist_schwester(Mutter,Onkel).

/* 2.6 Tante_Beziehung */
/* vaeterlicherseits: */
ist_tante(Tante,Person) :- weiblich(Tante),
                           ist_vater(Vater,Person),
                           ist_bruder(Vater,Tante).
```

```
/* muetterlicherseits: */
ist_tante(Tante,Person) :- weiblich(Tante),
                           ist_mutter(Mutter,Person),
                           ist_schwester(Mutter,Tante),
                           Mutter \= Tante.

/* 2.7 Grossvater */
/* vaeterlicherseits: */
ist_grossvater(Grossvater,Person) :-
              eltern(Grossvater,_,Kind),
              eltern(Kind,_,Person).

/* muetterlicherseits: */
ist_grossvater(Grossvater,Person) :-
              eltern(Grossvater,_,Kind),
              eltern(_,Kind,Person).

/* 2.8 Grossmutter */
/* vaeterlicherseits: */
ist_grossmutter(Grossmutter,Person) :-
              eltern(_,Grossmutter,Kind),
              eltern(Kind,_,Person).

/* muetterlicherseits: */
ist_grossmutter(Grossmutter,Person) :-
              eltern(_,Grossmutter,Kind),
              eltern(_,Kind,Person).

/* 2.9 zwei Personen Person1 und Person2 sind dann
   verwandt, wenn ... */
ist_verwandt(Person1,Person2) :-
              ist_vater(Person1,Person2).
ist_verwandt(Person1,Person2) :-
              ist_vater(Person2,Person1).
ist_verwandt(Person1,Person2) :-
              ist_mutter(Person1,Person2).
ist_verwandt(Person1,Person2) :-
              ist_mutter(Person2,Person1).
ist_verwandt(Person1,Person2) :-
              ist_bruder(Person1,Person2).
ist_verwandt(Person1,Person2) :-
              ist_bruder(Person2,Person1).
ist_verwandt(Person1,Person2) :-
              ist_schwester(Person1,Person2).
ist_verwandt(Person1,Person2) :-
              ist_schwester(Person2,Person1).
ist_verwandt(Person1,Person2) :-
              ist_onkel(Person1,Person2).
ist_verwandt(Person1,Person2) :-
              ist_onkel(Person2,Person1).
ist_verwandt(Person1,Person2) :-
              ist_tante(Person1,Person2).
```

```
ist_verwandt(Person1,Person2) :-
                ist_tante(Person2,Person1).
ist_verwandt(Person1,Person2) :-
                ist_grossvater(Person1,Person2).
ist_verwandt(Person1,Person2) :-
                ist_grossvater(Person2,Person1).
ist_verwandt(Person1,Person2) :-
                ist_grossmutter(Person1,Person2).
ist_verwandt(Person1,Person2) :-
                ist_grossmutter(Person2,Person1).
/* Ende Programm Aufgabe 2.2 */
```

Abfragen können z.B. gestellt werden:

```
?- maennlich(alfred).
```

oder

```
?- ist_tante(ilse,uschi).
```

oder

```
?- ist_bruder(X,gabi).
/* durch Eingabe eines Strichpunktes koennen so alle
   Brueder von Gabi ermittelt werden */
```

oder

```
?- ist_mutter(lieselotte,alfred).
```

oder

```
?- ist_verwandt(johann,rolf).
```

Bemerkung: Diese Aufgabe läßt sich durch Listen viel bequemer lösen. Denken Sie daran, wenn Sie den Abschn. 5.2 ausgearbeitet haben.

Aufgabe 2.3 (S. 50)

Die Regel "ist_bruder" schließt nicht aus, daß jemand nicht Bruder von sich selbst sein kann! Im Abschn. 9.3.3 wird als eine Hilfestellung für unser Problem die Negation in Form des Prädikats "not" vorgestellt. Wir brauchen lediglich in das Prädikat "ist_bruder" eine weitere Prämisse mit dem Inhalt

```
not (Bruder = Person)    /* oder "Bruder \= Person" */
```

einzufügen und schon ist das Problem gelöst.

Das neue Prädikat "ist_bruder" sieht jetzt so aus:

```
ist_bruder(Bruder,Person) :-
          maennlich(Bruder),
          eltern(Vater,Mutter,Bruder),
          eltern(Vater,Mutter,Person),
          not (Bruder=Person).
```

Aufgabe 3.1 (S. 68)

Zur Beantwortung der in dieser Aufgabe gestellten Frage mulieren wir zunächst den Satz in die Prädikatenlogik:

$$\forall x\ (a1(x) \wedge a2(a1(x))) \dashrightarrow b1$$

a1 = "alle respektieren"
a2 = "hat die entsprechende Eigenschaft dazu"
b1 = "ist ein großartiger Otto"

Rückübersetzt heißt unsere Formel nun:

"Für alle x gilt:
Wenn x
die Eigenschaft a1 und
die Eigenschaft a2 zur Eigenschaft a1 hat
dann
hat x die Eigenschaft b1."

Die umgangssprachliche (und unpräzise) Formulierung "Wenn es jemanden gibt ..." haben wir durch den Allquantor präzisiert, denn offensichtlich ist jeder ein "großartiger Otto", wenn die vorangegangenen Prämissen gelten.

Wir können nun an die Beantwortung der Fragen gehen:

- Es handelt sich hier **nicht** um eine zusammengesetzte Aussage der Prädikatenlogik erster Ordnung, da über ein Prädikat quantifiziert wird, nämlich "... den alle respektieren, und der alle entsprechenden Eigenschaften (dazu) hat, ...".
- Um eine Aussage im Sinne der Prädikatenlogik erster Ordnung zu erhalten, muß der Satz umgeformt werden. Dies könnte so aussehen (Ihre Lösung kann hier stark abweichen!):

"Wenn es jemanden gibt, den alle respektieren, und der ein guter Mensch ist", dann ist er ein großartiger Otto."

- Die neue Formel für unsere Lösung ist:

  $\forall x\ (a1(x) \wedge a2(x)) \dashrightarrow b1(x)$

  wobei a2 = "ist ein guter Mensch" gilt (die Prädikate a1 und b1 sind bereits oben erklärt),

- Behauptet wird b1 (Konklusion); Die Prämissen sind durch die Aussagen a1 und a2 gegeben. Die Klauselform lautet:

  b1 <-- a1 ∧ a2

  Es handelt sich hier bereits um eine "Horn"-Klausel.

- Als eine PROLOG-Regel wird diese Klausel wie folgt ausgedrückt:

```
grossartiger_otto(X) :- wird_respektiert(X),
                        guter_mensch(X).
```

- Mit dieser Regel allein kann man noch nicht "viel" anfangen, es fehlen Fakten, z.B.

```
wird_respektiert(otto).
wird_respektiert(fred_feuerstein).
wird_respektiert(barney).

guter_mensch(otto).
guter_mensch(fred_feuerstein).
```

  Sie haben jetzt ein vollständiges, wenn auch rudimentäres PROLOG-Programm. Z.B. ist folgende Frage möglich:

```
?- grossartiger_otto(otto).
```

  Als Antwort erfahren Sie von Ihrem Übersetzer, ob Otto wirklich großartig ist.

Aufgabe 3.2 (S. 69)

Wir betrachten die drei von Asimov postulierten Gesetze erst einmal separat:

1. Das erste Gesetz können wir wie folgt formulieren:

   "Wenn ein Roboter eine Tätigkeit ausführt oder eine Tätigkeit unterläßt, dann darf er dabei keinen Menschen verletzen."

   Genauer formuliert heißt dies:

   "Für alle x und alle y gilt:
   Wenn x ein Roboter ist und y ein Mensch ist und des weiteren gilt, daß x eine Tätigkeit ausführt oder x eine Tätigkeit nicht ausführt,
   dann darf nicht gelten: y ist verletzt."

   Wir setzen also folgende Prädikate (Eigenschaften):

   a1 = "ist ein Roboter"
   a2 = "ist ein Mensch"
   a3 = "führt eine Tätigkeit aus"
   b1 = "ist verletzt"

   Die prädikatenlogische Formulierung lautet nun:

   $$\forall x \forall y\ (a1(x) \wedge a2(y) \wedge (a3(x) \vee \neg a3(x))) \dashrightarrow \neg b1(y)$$

2. Das zweite Gesetz bezieht das erste mit ein, jedoch kommen als neue Prädikate hinzu:

   a4 = "hat Befehl gegeben"
   b2 = "muß gehorchen"

   Wir können also umgangssprachlich formulieren:

   "Wenn alles gilt, was unter 1. formuliert wurde und zusätzlich gilt, daß ein Mensch einen Befehl gegeben hat, dann muß ein Roboter gehorchen."

   Die prädikatenlogische Formulierung lautet:

   $$\forall x \forall y(((a1(x) \wedge a2(y) \wedge (a3(x) \vee \neg a3(x))) \dashrightarrow \neg b1(y))$$
   $$a4(y)) \dashrightarrow b2(x)$$

3. Das dritte Gesetz beinhaltet die beiden ersten, d.h. da das zweite Gesetz das erste beinhaltet, brauchen wir nur die erstellte Formulierung "einzubauen". Als ein weiteres Prädikat benötigen wir:

   b3 = "muß sich wehren"

   Die umgangssprachliche Formulierung lautet nun:

"Wenn alles gilt, was unter 2. formuliert wurde, dann muß ein Roboter sich wehren."

Die prädikatenlogische Formulierung ist:

∀x∀y((((a1(x)∧ a2(y)∧ (a3(x) v ¬ a3(x))) --> ¬b1(y))
∧a4(y)) --> b2(x)) --> b3(x)

Umwandlung in die Klauselform

Der Übersichtlichkeit halber schreiben wir im folgenden die Argumente unmittelbar hinter den Prädikaten (ohne Klammern). Statt z.B.
a1(x)
schreiben wir also
a1x
, da die Terme komplexer werden. Man möge sich jedoch vor Augen halten, daß diese Schreibweise eigentlich nicht zulässig ist!

Ebenso lassen wir in den Umformungsschritten die Quantoren weg, die Sie bitte (in Gedanken) mitführen.

Schritt 1 - Entfernen der Implikationen:

- erste Implikation:

(((¬(a1x∧ a2y∧ (a3x v ¬a3x)) v ¬b1y) ∧ a4y)
--> b2x) --> b3x

- zweite Implikation:

(¬((¬(a1x ∧ a2y ∧ (a3x v ¬a3x)) v ¬b1y) ∧ a4y) v b2x)
--> b3x

- dritte Implikation:

¬(¬((¬(a1x ∧ a2y ∧ (a3x v ¬a3x)) v ¬b1y) ∧ a4y) v b2x)
v b3x

Schritt 2 - Negation nach innen ziehen:

(Wir gehen hierbei von innen nach außen vor. Doppelte Negationen wurden teilweise sofort entfernt!)

- Das Teilstück ¬((a1x a2y) ∧ (a3x v ¬a3x)) betrachten wir erst einmal separat und setzen es später wieder ein:

a) (¬(a1x ∧ a2y) v ¬(a3x v ¬a3x))
b) ((¬a1x v ¬a2y) v (¬a3x ∧ ¬¬a3x))
c) ((¬a1x v ¬a2y) v (¬a3x ∧ a3x))

Die Formulierung muß nun heißen:

¬(¬((((¬a1x v ¬a2y) v (¬a3x ∧ a3x)) v ¬b1y) ∧ a4y) v b2x)
v b3x

- Das nächste Teilstück ist:

¬((((¬a1x v ¬a2y) v (¬a3x ∧ a3x)) v ¬b1y) ∧ a4y)

a) (¬(((¬a1x v ¬a2y) v (¬a3x ∧ a3x)) v ¬b1y) v ¬a4y)
b) ((¬((¬a1x v ¬a2y) v (¬a3x ∧ a3x)) ∧ ¬¬b1y) v ¬a4y)
c) (((¬(¬a1x v ¬a2y) ∧ ¬(¬a3x ∧ a3x)) ∧ b1y) v ¬a4y)
d) ((((¬¬a1x ∧ ¬¬a2y) ∧ (¬¬a3x v ¬a3x)) ∧ b1y) v ¬a4y)
e) ((((a1x ∧ a2y) ∧ (a3x v ¬a3x)) ∧ b1y) v ¬a4y)

Die neue Formulierung ist:

¬(((((a1x ∧ a2y) ∧ (a3x v ¬a3x)) ∧ b1y) v ¬a4y) v b2x)
v b3x

- Die letzte äußere Negation:

a) (¬((((a1x ∧ a2y) ∧ (a3x v ¬a3x)) ∧ b1y) v ¬a4y) ∧ ¬b2x)
v b3x
b) ((¬(((a1x ∧ a2y) ∧ (a3x v ¬a3x)) ∧ b1y) ∧ a4y) ∧ ¬b2x)
v b3x
c) (((¬((a1x ∧ a2y) ∧ (a3x v ¬a3x)) v ¬b1y) ∧ a4y) ∧ ¬b2x)
v b3x
d) ((((¬(a1x ∧ a2y) v ¬(a3x v ¬a3x)) v ¬b1y) ∧ a4y) ∧
¬b2x) v b3x
e) (((((¬a1x v ¬a2y) v (¬a3x ∧ a3x)) v ¬b1y) ∧ a4y) ∧
¬b2x) v b3x

Es befindet sich nun keine Negation mehr vor einer Klammer.

Anwendung der Distributivgesetze:

a) (((((¬a1x v ¬a2y) v (¬a3x ∧ a3x)) v ¬b1y) ∧ a4y) v
b3x) ∧ (¬b2x v b3x)
b) (((((¬a1x v ¬a2y) v (¬a3x ∧ a3x)) v ¬b1y) v b3x) ∧
(a4y v b3x) ∧ (¬b2x v b3x)
c) (((¬a3x v (¬a1x v ¬a2y)) ∧ (a3x v (¬a1x v ¬a2y)) v
¬b1y) v b3x) ∧ (a4y v b3x) ∧ (¬b2x v b3x)
d) ((¬a3x v ¬a1x v ¬a2y v ¬b1y) ∧
(a3x v ¬a1x v ¬a2y v ¬b1y) v b3x) ∧ (a4y v b3x) ∧
(¬b2x v b3x)

e) $(\neg a3x \lor \neg a1x \lor \neg a2y \lor \neg b1y \lor b3x) \land$
$(a3x \lor \neg a1x \lor \neg a2y \lor \neg b1y \lor b3x) \land (a4y \lor b3x) \land$
$(\neg b2x \lor b3x)$

Aus den Gliedern der hier entstandenen konjunktiven Kette bilden wir unsere Klauseln, z.B. kann

$$(\neg a3x \lor \neg a1x \lor \neg a2y \lor \neg b1y \lor b3x)$$

wie folgt dargestellt werden:

$$b3x \lor \neg a3x \lor \neg a1x \lor \neg(a2y \land b1y)$$

Dies ist gleichbedeutend mit:

$$(a2y \land b1y) \text{ --> } b3x \lor \neg a3x \lor \neg a1x$$

Als ein umfangreicheres Beispiel soll an dieser Stelle die Umsetzung der Asimovschen Postulate in ein PROLOG-Programm erfolgen. Dieses Programm bietet eine Möglichkeit, einen Roboter zu steuern. Das Handeln des Roboters entspricht dabei den bereits bekannten Gesetzen.

Stellen Sie sich folgende Situation vor (in Anlehnung an /FERG81/):

Ein Mensch und ein Roboter befinden sich in einer Rakete auf der Oberfläche eines unbekannten Planeten. Die einzige Verbindung der Rakete zur Außenwelt ist eine Luftschleuse. Auf dem Planeten befindet sich ein Gebäude mit Raketentreibstoff. Ebenso gibt es eine Höhle, in der sich ein Schlüssel zu dem Gebäude und Gold befinden. Der Roboter kann den Schlüssel, das Benzin (Treibstoff) und das Gold heben, nicht aber die Rakete.

Diese Situation ist in der Wissensbasis und in den Regeln des Programms abgebildet. Sie kommunizieren mit dem Roboter über Ihren Interpreter durch den Aufruf einiger Kommandos. Die Asimovschen Gesetze werden explizit durch das Kommando "befehl(<argumente>)" abgebildet. Sie werden hier einiges wieder entdecken, was bereits langwierig umgeformt wurde.

Hier das Programm, in dem einige Sprachkonstrukte späterer Abschnitte als "Vorgeschmack" benutzt werden:

```
/* Programm Aufgabe 3.2 */

/* Fakten */
/* Abbildung der Anfangssituation */
befindet_sich(mensch,rakete).
befindet_sich(roboter,rakete).
befindet_sich(benzin,gebaeude).
befindet_sich(eindringling,gebaeude).
befindet_sich(gold,hoehle).
befindet_sich(schluessel,hoehle).

eingang(luftschleuse,rakete).
eingang(tuer,gebaeude).
eingang(loch,hoehle).

geschlossen(luftschleuse).
geschlossen(tuer).
geschlossen(nichts). /* Dummy, d.h. Trivialitaet; fuer
                        alles andere */

transportierbar(schluessel).
transportierbar(benzin).
transportierbar(gold).

/* weitere Dummies */
verletzt(bisher_keiner).
haelt(irgendetwas).

/* Regeln */
/* Kommandos zur Steuerung des Roboters */
transportiere(Objekt,Ort) :-
    befindet_sich(Objekt,Platz);
    /* ";" = "oder", s. Abschn. 9.3.2 */
    (nehme(Objekt), gehe_nach(Ort), lege(Objekt)).

nehme(Objekt) :- transportierbar(Objekt),
                 befindet_sich(Objekt,Ort),
                 gehe_nach(Ort), frei,
                 assertz(haelt(Objekt)).
                 /* "assert": s. Abschn. 9.5 */

frei :- (haelt(Objekt), lege(Objekt)); true.
                 /* "true": s. Abschn. 9.3.2 */

lege(Objekt) :- retract(haelt(Objekt)).
                /* "retract": s. Abschn. 9.5 */

gehe_nach(Ort) :- befindet_sich(roboter,Ort);
                  (befindet_sich(roboter,Ort2),
                   verlasse(Ort2), betrete(Ort));
                  (draussen(roboter), betrete(Ort)).
```

```
verlasse(Ort) :- eingang(X,Ort),
                 ((geschlossen(X), oeffne(X));
                  true),
                 retract(befindet_sich(roboter,Ort)),
                 assertz(draussen(roboter)),
                 ((haelt(Objekt),
                  retract(befindet_sich(Objekt,Ort)),
                  assertz(draussen(Objekt)));
                  true).

betrete(Ort) :- eingang(X,Ort),
                ((geschlossen(X), oeffne(X)); true),
                 retract(draussen(roboter)),
                 assertz(befindet_sich(roboter,Ort)),
                 ((haelt(Objekt),
                  retract(draussen(Objekt)),
                  assertz(befindet_sich(Objekt,Ort)));
                  true).

oeffne(tuer) :- (haelt(schluessel);
                (befindet_sich(schluessel,Ort),
                 nehme(schluessel), verlasse(Ort))),
                retract(geschlossen(tuer)).
oeffne(luftschleuse) :-
                retract(geschlossen(luftschleuse)).

/* Kleiner Kommandointerpreter */
befehl((X,Y)) :- !, befehl(X), befehl(Y).
                 /* "!": s. Abschn. 6.1 */
befehl((X;Y)) :- !, befehl(X); befehl(Y).
befehl(GOAL)  :- clause(GOAL,SUBGOALS),
                 /* "clause": s. Abschn. 9.5 */
/* die obersten Prinzipien sind: */
                  beschuetze(mensch),
                  beschuetze(roboter),
                  befehl(SUBGOALS), !.

beschuetze(X) :- (in_gefahr(X,GEFAHR),
                   beseitige(GEFAHR)); true.

in_gefahr(X,eindringling) :- not (verletzt(eindringling)),
                             befindet_sich(eindringling,ORT),
                             befindet_sich(X,ORT).

beseitige(GEFAHR) :- schiesse_auf(GEFAHR).

schiesse_auf(X) :- X \= mensch,
                   befindet_sich(X,ORT),
                   gehe_nach(ORT),
                   assertz(verletzt(X)).

/* Ende Programm Aufgabe 3.2 */
```

Nachfolgend geben wir das Protokoll einer Beispielsitzung

```
?- oeffne(luftschleuse).
yes
?- verlasse(rakete).
yes
?- gehe_nach(hoehle).
yes
?- nehme(schluessel).
yes
?- verlasse(hoehle).
yes
?- gehe_nach(gebaeude).
yes
?- nehme(benzin).
yes
```

Wenn Sie an dieser Stelle ein Listing des Prädikats "befindet_sich" aufrufen durch Eingabe von:

```
?- listing(befindet_sich).
   /* "listing": s. Abschn. 10.1 */
```

erhalten Sie folgende neue Situation:

```
befindet_sich(mensch,rakete).
befindet_sich(gold,hoehle).
befindet_sich(schluessel,gebaeude).
befindet_sich(roboter,rakete).
befindet_sich(benzin,rakete).
```

Sie können jetzt noch getrost das Gold in Ihre Rakete verfrachten. Wenn Sie jedoch versuchen, auf einen Menschen zu schiessen, "spielt" der Interpreter nicht mehr mit:

```
?- schiesse_auf(mensch).
no
```

Lassen Sie Ihrer Phantasie freien Lauf und bauen Sie die Situation aus. Das Programm bietet hier eine Reihe weiterer Möglichkeiten.

Aufgabe 4 (S.85)

```
/* Programm Aufgabe 4 */

/* 1. Fakten: */
/* Wer war in welchem Zeitraum Vertretungsminister
   oder Bierminister? */
vertretungsminister(otto,1946,1952).
vertretungsminister(aloisius,1952,1956).
vertretungsminister(rollo,1956,1980).

bierminister(aloisius,1946,1985).
bierminister(xaver,1985,1988).

/* 2. Regeln: */
/* 2.1: in welchem Zeitraum hat ein Minister regiert? */
regiert(Minister,Anfang,Ende) :-
        vertretungsminister(Minister,Anfang,Ende).
regiert(Minister,Anfang,Ende) :-
        bierminister(Minister,Anfang,Ende).

/* 2.2: waren zwei Minister einmal gleichzeitig
                                          im Amt?  */
gleichzeitig(Minister1,Minister2) :-
        regiert(Minister1,Anfang1,Ende1),
        regiert(Minister2,Anfang2,Ende2),
        Minister1 \= Minister2,
        Anfang1 =< Anfang2,
        Ende1 >= Ende2.
gleichzeitig(Minister1,Minister2) :-
        regiert(Minister1,Anfang1,Ende1),
        regiert(Minister2,Anfang2,Ende2),
        Minister1 \= Minister2,
        Anfang1 >= Anfang2,
        Ende1 =< Ende2.

/* 2.3: wann ist jemand ein Klasse-Minister? */
klasse_minister(Minister,Dauer) :-
        vertretungsminister(Minister,Von,Bis),
        bierminister(Minister,Anfang,Ende),
        Von >= Anfang, Bis =< Ende,
        Dauer is Bis - Von.
klasse_minister(Minister,Dauer) :-
        vertretungsminister(Minister,Von,Ende),
        bierminister(Minister,Anfang,Bis),
        Von >= Anfang, Bis =< Ende,
        Dauer is Bis - Von.
```

```
klasse_minister(Minister,Dauer) :-
        vertretungsminister(Minister,Anfang,Ende),
        bierminister(Minister,Von,Bis),
        Von >= Anfang, Bis =< Ende,
        Dauer is Bis - Von.
klasse_minister(Minister,Dauer) :-
        vertretungsminister(Minister,Anfang,Bis),
        bierminister(Minister,Von,Ende),
        Von >= Anfang, Bis =< Ende,
        Dauer is Bis - Von.
/* Ende Programm Aufgabe 4 */
```

Mögliche Abfragen sind:

```
  ?- regiert(otto,Von,Bis).
```

oder

```
  ?- gleichzeitig(otto,aloisius).
```

oder

```
  ?- klasse_minister(aloisius,Dauer).
```

Aufgabe 5 (S. 100)

```
/* Programm Aufgabe 5 */
/* Pruefen,ob zwei Mengen verschieden sind. */

/* Erst einmal das bekannte Service-Praedikat
   "element_aus" definieren: */
element_aus(X,[X|_]).
element_aus(X,[_|Y]) :- element_aus(X,Y).

/* Zweite Menge enhaelt ein Element, das in der ersten
   nicht vorkommt? */
verschieden(Mengee1,Menge2) :-
     element_aus(X,Menge1),
     not (element_aus(X,Menge2)),
     write(X), nl.  /* Ausgabe: s. Abschn. 7.2.2 */

/* Erste Menge enhaelt ein Element, das in der zweiten
   nicht vorkommt? */
verschieden(Menge1,Menge2) :-
     element_aus(X,Menge2),
     not (element_aus(X,Menge1)),
     write(X), nl.  /* Ausgabe: s. Abschn. 7.2.2 */
```

Soll "verschieden" auf Listen (anstelle von Mengen) angewendet werden, dann muß auf die Reihenfolge der Elemente geachtet werden.

```
/* Element fuer Element wird auf Gleichheit geprueft */
gleich([],[]). /* Fertig! */
/* rekursives Abarbeiten der Listen: */
gleich([Erst|Restliste1],[Erst|Restliste2]) :-
                          gleich(Restliste1,Restliste2).

/* Zwei Listen sind verschieden, wenn sie nicht gleich
   sind ... */
verschieden(Liste1,Liste2) :-
           not (gleich(Liste1,Liste2)).

/* Ende Programm Aufgabe 5 */
```

Mögliche Abfragen sind:

```
?- verschieden([a,b,c],[d,e,f]).
```

oder

```
?- verschieden([a,b,c],[a,b,c]).
```

Aufgabe 6 (S. 127)

```
/* Programm Aufgabe 6 */

/* 1.  Fakten:  Die Raum-Anordnung.  Beachten Sie,  dass
   alle Wege auch umgekehrt moeglich sind */
weg(flur,wohnzimmer).
weg(flur,kueche).
weg(flur,wc1).

weg(wohnzimmer,kinderzimmer1).
weg(wohnzimmer,nebenzimmer).
weg(wohnzimmer,balkon).

weg(kinderzimmer1,kinderzimmer2).
weg(kinderzimmer1,schlafzimmer).

weg(schlafzimmer,nebenzimmer).
weg(schlafzimmer,kinderzimmer2).
weg(schlafzimmer,balkon).
weg(schlafzimmer,wc2).

weg(kueche,esszimmer).
weg(kueche,wohnzimmer).
```

```
/* 2. Regeln: Einen Weg ermitteln und ausgeben */
erreichbar(Start,Ziel,Route) :-
      erreichbar0(Start,Ziel,[],R),
      umk(R,Route).

/* Die eigentliche Arbeit erledigt ein Uebergangs-
   praedikat "erreichbar0": */

/* Fertig: Start und Ziel sind gleich */
erreichbar0(Start,Start,Wegliste,[Start|Wegliste]).
/* eine Wegliste generieren */
erreichbar0(Ort,Ziel,Wegliste,R) :-
      moeglicher_weg(Ort,Wegliste,Naechster_Ort),
      erreichbar0(Naechster_Ort,Ziel,[Ort|Wegliste],R).

/* darf ein Ort in die Wegliste aufgenommen werden? */
moeglicher_weg(Von,Wegliste,Nach) :-
      weg(Von,Nach),
      not (element_aus(Nach,Wegliste)).
/* die umgekehrte Richtung ist ebenso moeglich */
moeglicher_weg(Von,Wegliste,Nach) :-
      weg(Nach,Von),
      not (element_aus(Nach,Wegliste)).

/* hier die benoetigten Service-Praedikate: */
/* siehe S. 98 ff. */
element_aus(X,[X|_]).
element_aus(X,[_|Y]) :- element_aus(X,Y).
/* siehe S. 162 */
umk(Liste1,Liste2) :- umk0(Liste1,[],Liste2).

umk0([],L,L).
umk0([X|L1],L2,L3) :- umk0(L1,[X|L2],L3).

/* Ende Programm Aufgabe 6 */
```

Probieren Sie die folgende Abfrage:

```
?- erreichbar(flur,kinderzimmer2,Weg).
```

Das System schlägt nun einen möglichen Weg, über den Sie das Kinderzimmer 2 vom Flur aus erreichen können, vor. Alle möglichen Wege erhalten Sie durch wiederholte Eingabe eines Strichpunktes ";" solange, bis der Übersetzer mit "no" antwortet, also keine weitere Lösung vorhanden ist.

Aufgabe 8 (S. 137)

```
/* Programm Aufgabe 8 */

/* Operator fuer die Berechnung der Fakultaet einer
   natuerlichen Zahl */
/* Operatordefinition --> op(Prioritaet,Typ,Name) */

:- op(400,fx,fak).

/* Aufrufpraedikat */
fak(N) :- fak0(N,Ergebnis), write(Ergebnis).

/* Berechnung der Fakultaet */
fak0(0,1). /* Die Fakultaet von 0 ist 1 */
fak0(N,Ergebnis) :- M is N - 1,
                    fak0(M,Zwischen),
                    Ergebnis is Zwischen * N.


/* Operator fuer die Berechnung des groessten gemein-
   samen Teilers */

/* Operatordefinition --> op(Prioritaet,Typ,Name) */
:- op(400,fx,ggt).

/* Aufrufpraedikat */
ggt(N1,N2) :- ggt0(N1,N2,GGT), write(GGT).

/* Berechnung des GGT */
ggt0(N,0,N). /* Das war's:
                         Der Divisionsrest ist Null!  */
ggt0(N1,N2,Teiler) :- Rest is N1 mod N2,
                      ggt0(N2,Rest,Teiler).
                      /* "mod" (Modulo) ist eingebaute
                         Funktion */

/* Ende Programm Aufgabe 8 */
```

ACHTUNG! Beim Aufruf des "ggt" ist zu beachten, daß der erste Operand größer als der zweite oder gleich sein muß.

Mögliche Aufrufe sind:

```
?- fak 5.
```

oder auch (da es sich um einen Operator handelt!)

```
?- fak(5).
```

Für den größten gemeinsamen Teiler:

```
?- ggt(10,2).
```

oder

```
?- ggt(100,5).
```

Beim größten gemeinsamen Teiler dürfen die Klammern nicht weggelassen werden.

Aufgabe 9 (S. 149)

```
/* Programm Aufgabe 9 */

/* zuerst eine kleine Wissensbasis ... */
kommt_von(alf,melmac).
kommt_von(mork,ork).
kommt_von(donald_duck,entenhausen).

/* Starten des Programms */
start :- read(X), einlesen(X).

/* Es wird ein Integer-Wert eingegeben */
einlesen(X) :- integer(X),
               einlesen_int(X,0,Summe).

/* Es wird ein Atom, aber keine Zahl eingegeben */
einlesen(X) :- atom(X), not(integer(X)),
               kommt_von(X,Ort),
               nl, write(X), write(' kommt von '),
               write(Ort), nl,
               start.

/* Behandlung von Integerwerten */
einlesen_int(X,Sum,NeuSum) :-
        NeuSum is Sum + X,
        write('Die neue Summe ist: '),
        write(NeuSum), nl,
        read(Y),
        einlesen_int(Y,NeuSum,_).

/* Ende Programm Aufgabe 9 */
```

Starten Sie das Programm durch den Aufruf:

```
?- start.
```

Es wird jetzt eine Eingabe erwartet, z.B.

```
alf.
```

ACHTUNG! Jede Eingabe muß, wie gewohnt, mit einem Punkt abgeschlossen werden, egal ob es sich um einen Integer-Wert oder um ein sonstiges Atom handelt.

Wenn Sie einen Integer-Wert eingeben, wird dieser aufsummiert. Die Summe wird dann ausgegeben und der Vorgang wiederholt sich, bis Sie eine fehlerhafte Eingabe machen.

Aufgabe 10 (S. 158)

```
/* Programm Aufgabe 10 */

/* Uebergangspraedikat fuer Variablenanpassung */
abbild(L1,L2) :- abbild1(setz_um,L1,L2).

/* Terminierung bei leerer Liste */
abbild1(_,[],[]).
/* rekursives Abarbeiten des Satzes */
abbild1(Praed,[Erst_a|Rest_a],[Erst_n|Rest_n]) :-
        Struktur =.. [Praed,Erst_a,Erst_n],
        call(Struktur),
        abbild1(Praed,Rest_a,Rest_n).

/* Syntax-Regeln */
setz_um(ich,[ja,du]).
setz_um([koennen,du],[nein,ich,koennen]).
setz_um([ski,fahren],[prolog,rennen]).
setz_um(X,X). /* alles andere */

/* Ende Programm Aufgabe 10 */
```

Eingabe:

```
?- abbild([ich,essen,bohnen],L).
```

Ausgabe:

```
L = [ja,du,essen,bohnen]
```

Eingabe:

```
?- abbild([[koennen,du],[ski,fahren]],L).
```

Ausgabe:

```
L = [[nein,ich,koennen],[prolog,rennen]]
```

Durch die anschließende Eingabe eines Strichpunktes erhalten Sie alle möglichen Kombinationen.

Aufgabe 11.1 (S. 166)

```
/* Programm Aufgabe 11.1 */

/* 1. Fakten: */
/* 1.1 Geschaeftsbereiche */
gbereich(gb_1,[sf_1,sf_3,ab_1,ab_3]) .
gbereich(gb_2,[sf_2,sf_3,sf_4,ab_4,ab_5]) .
gbereich(gb_3,[sf_1,sf_5,sf_6,ab_2]) .

/* 1.2 Stabsfunktionen */
stab(sf_1) .
stab(sf_2) .
stab(sf_3) .
stab(sf_4) .
stab(sf_5) .
stab(sf_6) .

/* 1.3 Abteilungen */
abteilung(ab_1,[gr_11,gr_12,gr_13,gr_14,gr_15]) .
abteilung(ab_2,[gr_21,gr_22,gr_23,gr_24,gr_25]) .
abteilung(ab_3,[gr_31,gr_32,gr_33,gr_34,gr_35]) .
abteilung(ab_4,[gr_41,gr_42,gr_43,gr_44,gr_45]) .
abteilung(ab_5,[gr_51,gr_52,gr_53,gr_54,gr_55]) .

/* 1.4 Gruppen */
gruppe(gr_11,[m_111,m_112,m_113,m_114]) .
gruppe(gr_12,[m_121,m_122,m_123,m_124]) .
gruppe(gr_13,[m_131,m_132,m_133,m_134]) .
gruppe(gr_14,[m_141,m_142,m_143,m_144]) .
gruppe(gr_15,[m_151,m_152,m_153,m_154]) .
gruppe(gr_21,[m_211,m_212,m_213,m_214]) .
gruppe(gr_22,[m_221,m_222,m_223,m_224]) .
gruppe(gr_23,[m_231,m_232,m_233,m_234]) .
gruppe(gr_24,[m_241,m_242,m_243,m_244]) .
gruppe(gr_25,[m_251,m_252,m_253,m_254]) .
gruppe(gr_31,[m_311,m_312,m_313,m_314]) .
gruppe(gr_32,[m_321,m_322,m_323,m_324]) .
gruppe(gr_33,[m_331,m_332,m_333,m_334]) .
gruppe(gr_34,[m_341,m_342,m_343,m_344]) .
gruppe(gr_35,[m_351,m_352,m_353,m_354]) .
gruppe(gr_41,[m_411,m_412,m_413,m_414]) .
gruppe(gr_42,[m_421,m_422,m_423,m_424]) .
gruppe(gr_43,[m_431,m_432,m_433,m_434]) .
gruppe(gr_44,[m_441,m_442,m_443,m_444]) .
gruppe(gr_45,[m_451,m_452,m_453,m_454]) .
gruppe(gr_51,[m_511,m_512,m_513,m_514]) .
gruppe(gr_52,[m_521,m_522,m_523,m_524]) .
```

```
gruppe(gr_53,[m_531,m_532,m_533,m_534]) .
gruppe(gr_54,[m_541,m_542,m_543,m_544]) .
gruppe(gr_55,[m_551,m_552,m_553,m_554]) .

/* 2. Regeln: */
/* 2.1.1: Service-Praedikat  "schreibe_liste" gibt  eine
          Liste elementeweise aus */
schreibe_liste([]) .
schreibe_liste([ERST|REST]) :-
     write(ERST), write(','), schreibe_liste(REST) .

/* 2.1.2: "element_aus" */
element_aus(X,[X|_]).
element_aus(X,[_|Y]) :- element_aus(X,Y).

/* 2.2: Generieren der Zugehoerigkeiten fuer einen be-
        liebigen Bereich */
gen(X) :-        /* fuer Stabsfunktionen */
     stab(X) .
gen(X) :-        /* fuer Gesch.bereiche + Abteilungen */
     ((gbereich(X,LISTE);abteilung(X,LISTE))), write(X),
     write(' --> besteht aus: '),
     schreibe_liste(LISTE), nl,
       gen0(LISTE) .
gen(X) :-        /* fuer Gruppen */
     gruppe(X,LISTE), write(X),
     write(' --> besteht aus: '),
     schreibe_liste(LISTE), nl .

/* 2.3: Abarbeitung einer Liste durch Rekursion und
        rekursive Generierung der Zugehoerigkeiten */
gen0([]) .
gen0([ERST|REST]) :-
     gen(ERST), gen0(REST) .

/* 2.4: Zugehoerigkeit einer konstanten Groesse ueber-
        pruefen */
/* fuer Geschaeftsbereiche */
zugehoerig(Bereich1,Bereich2) :-
     gbereich(Bereich2,LISTE),
     element_aus(Bereich1,LISTE).
/* fuer Abteilungen */
zugehoerig(Bereich1,Bereich2) :-
     abteilung(Bereich2,LISTE),
     element_aus(Bereich1,LISTE).
/* fuer Gruppen */
zugehoerig(Bereich1,Bereich2) :-
     gruppe(Bereich2,LISTE),
     element_aus(Bereich1,LISTE).

/* Ende Programm Aufgabe 11.1 */
```

Generieren von Zugehoerigkeitslisten:

```
?- gen(gb_1).
```

erzeugt die folgende Ausgabe:

```
gb_1  --> besteht aus: sf_1,sf_3,ab_1,ab_3,
ab_1  --> besteht aus: gr_11,gr_12,gr_13,gr_14,gr_15,
gr_11 --> besteht aus: m_111,m_112,m_113,m_114,
gr_12 --> besteht aus: m_121,m_122,m_123,m_124,
gr_13 --> besteht aus: m_131,m_132,m_133,m_134,
gr_14 --> besteht aus: m_141,m_142,m_143,m_144,
gr_15 --> besteht aus: m_151,m_152,m_153,m_154,
ab_3  --> besteht aus: gr_31,gr_32,gr_33,gr_34,gr_35,
gr_31 --> besteht aus: m_311,m_312,m_313,m_314,
gr_32 --> besteht aus: m_321,m_322,m_323,m_324,
gr_33 --> besteht aus: m_331,m_332,m_333,m_334,
gr_34 --> besteht aus: m_341,m_342,m_343,m_344,
gr_35 --> besteht aus: m_351,m_352,m_353,m_354,
```

Überprüfen der Zugehörigkeit:

```
?- zugehoerig(sf_1,gb_1).
```

oder

```
?- zugehoerig(X,gb_1).
```

Aufgabe 11.2 (S. 167)

```
/* Programm Aufgabe 11.2 */

/* Modifiziertes "element_aus": es wird nur das erste
   Element einer Liste ausgegeben */
element_aus(X,[X|_]) :- !.
element_aus(X,[_|Y]) :- element_aus(X,Y).
/* Ende Programm Aufgabe 11.2 */
```

Probieren Sie zu dieser Lösung:

```
?- element_aus(X,[a,b,c]).
```

Als eine Antwort gibt der Übersetzer aus

```
X = a /* Sie geben ein Semikolon ein: --> */ ;
no
```

Es wurden keine weiteren Lösungen gefunden, da das Backtracking verhindert wurde.

Wie Sie sicherlich leicht festgestellt haben, war der zweite Teil der Aufgabe eine kleine Falle. Wie aus der Prozedur "teilliste" ersichtlich, müssen beide Listen (die Teilliste und die Liste, in der sie enthalten sein soll) sequentiell abgesucht werden, d.h. es werden die Kopfelemente verglichen und wenn diese übereinstimmen, wird dies solange wiederholt, bis die zu überprüfende Teilliste leer ist. Dies bedeutet, sie war Element für Element (die Reihenfolge ist entscheidend) in der Liste enthalten. Die Prozedur "element_aus" untersucht aber, ob ein Element in einer Liste vorhanden ist, d.h. die Position ist hier völlig unerheblich. Bei Mengenoperationen wäre "element_aus" eine bessere Hilfe (z.B. bei der Überprüfung auf eine Teilmenge).

Aufgabe 12 (S. 170)

```
/* Programm Aufgabe 12 */

/* SERVICE-Praedikate, s. Abschn. 11                          */

/* Zusammenfuegen zweier Listen                               */
fuege([],L,L).
fuege([X!L1],L2,[X!L3]) :- fuege(L1,L2,L3).

/* Permutation bilden                                         */
permutation([],[]).
permutation(L,[H!T]) :- fuege(V,[H!U],L),
                        fuege(V,U,W),
                        permutation(W,T).

/* Element einer Liste                                        */
element_aus(X,[X!_]).
element_aus(X,[_!Y]) :- element_aus(X,Y).

/* Eine Liste umkehren                                        */
umk(L1,L2) :- umk0(L1,[],L2).

umk0([],L,L).
umk0([X!L1],L2,L3) :- umk0(L1,[X!L2],L3).
```

```
/* Das letzte Element einer Liste loeschen              */
loesche_liste_letzt(L1,L2) :- liste_letzt(L1,[],L3),
                              umk(L3,L2).

liste_letzt([],L,L).
liste_letzt([X|L1],L2,L3) :- loesche_letzt(X,Y),
                             liste_letzt(L1,[Y|L2],L3).

loesche_letzt(L1,L2) :- letzt(L1,[],L3),
                        umk(L3,L2).

letzt([],L,L).
letzt([X],L,L).
letzt([H|T],L1,L2) :- letzt(T,[H|L1],L2).

/* Ein Element aus einer Liste entfernen                */
entferne(_,[],[]).
entferne(X,[X|L],L). /* :- entferne(X,REST,L). */
entferne(A,[B|L],[B|M]) :- entferne(A,L,M).

/* Listen auf Gleichheit ueberpruefen                   */
gleich([],[]).
gleich([X|L1],L2) :- element_aus(X,L2),
                     entferne(X,L2,L3),
                     gleich(L1,L3).

/* Eine Liste elementeweise ausgeben                    */
schreibe_liste([]).
schreibe_liste([ERST|REST]) :- write(ERST), nl,
                               schreibe_liste(REST).

schreibe_liste_m([]).
schreibe_liste_m([ERST|REST]) :- write([ERST]), nl,
                                 schreibe_liste_m(REST).

/* In einer Liste mit Listen die Elemente vergleichen
   und gleiche Listen entfernen */
vergleiche(L1,L2) :- vergleiche0(L1,L1,L2).

vergleiche0([X],L,L).
vergleiche0([ERST|REST],L1,L2) :-
                     vergleiche1(ERST,REST,L1,VV),
                     vergleiche0(REST,VV,L2).

vergleiche1(_,[],L,L).
vergleiche1(X,[ERST|REST],L1,L2) :-
                     gleich(X,ERST),
                     entferne(ERST,L1,NEU),
                     vergleiche1(X,REST,NEU,L2).
vergleiche1(X,[ERST|REST],L1,L2) :-
                     vergleiche1(X,REST,L1,L2).
```

```
/* Die Potenzmenge bilden                                   */
pmenge([]) :- write([]), nl.
pmenge(L) :- nl, write(L),
             pmenge0(L),
             schreibe_liste_m(L),
             write([]).

pmenge0([X]).   /* 1- und 2-elementige Mengen */
pmenge0([X,Y]). /* werden nicht permutiert    */
pmenge0(L) :- findall(X,permutation(L,X),LISTE),
              loesche_liste_letzt(LISTE,NEU),
              vergleiche(NEU,VNEU),
              nl, schreibe_liste(VNEU),
              pmenge1(VNEU).

/* Liste rekursiv abarbeiten */
pmenge1([ERST|REST]) :- pmenge0(ERST), pmenge1(REST).

/* Ende Programm Aufgabe 12 */
```

Die Potenzmenge wird wie folgt erzeugt:

- Ausgabe der identischen Menge,

- Ausgabe der Mengen mit n-1 bis 2 Elementen wie folgt: Es wird eine Liste mit sämtlichen Permutationen erzeugt, jeweils das letzte Element abgetrennt und alle Restmengen werden auf Gleichheit geprüft. Sind gleiche Mengen vorhanden, so werden die Doppel entfernt. Die jetzt verbleibenden Mengen sind Bestandteil der Potenzmenge, werden ausgegeben und neu permutiert, bis die Teilmengen die Elementeanzahl 2 erreicht haben,

- Ausgabe der einelementigen Teilmengen und

- Ausgabe der leeren Menge.

Nachteil dieser Methode ist die speicheraufwendige Generierung der Teilmengen.

Der Aufruf kann z.B. sein:

```
?- pmenge([a,b,c]).
```

Das System antwortet:

```
[a,b,c]
[a,b]
[a,c]
[b,c]
[a]
[b]
[c]
[]
yes
```

Aufgabe 13.1 (S. 192)

```
/* Programm Aufgabe 13.1 */

/* Service: "fuege" und "permutation" s. Abschn. 11.3 */
fuege([],L,L).
fuege([X|L1],L2,[X|L3]) :- fuege(L1,L2,L3).

permutation([],[]).
permutation(L,[ERST|REST1]) :-
            fuege(LHILF1,[ERST|REST2],L),
            fuege(LHILF1,REST2,LHILF2),
            permutation(LHILF2,REST1).

/* sortiere L1 durch Permutation und Ueberpruefen der
   richtigen Reihenfolge */
slowsort(L1,L2) :- permutation(L1,L2),
                   sortiert(L2).


/* Uebergangspraedikat - N initialisieren */
sortiert(L) :- sort(0,L).

/* Liste rekursiv abarbeiten und Sortierkriterium ueber-
   pruefen */
sort(_,[]). /* fertig! */
sort(N,[ERST|REST]) :-
                     N =< ERST, /* richtig sortiert? */
                     sort(ERST,REST).

/* Ende Programm Aufgabe 13.1 */
```

Der Aufruf erfolgt z.B. durch:

```
?- slowsort([4,3,2,1],L).
```

Das System meldet nach (relativ langer) Zeit:

```
L = [1,2,3,4]
```

Die Arbeitsweise ist folgende:

Es werden solange Permutationen erzeugt, bis das Sortierkriterium erfüllt ist. Jede erzeugte Permutation wird an das Prädikat "sortiert" übergeben. Hier folgt eine Initialisierung des ersten Vergleichswertes und die Überprüfung des Sortierkriteriums schließlich wird durch "sort" erledigt, wo die Liste rekursiv abgearbeitet und jedes Element mit dem Nachfolger verglichen wird.

Trotz dieses "Tuning" ist "slowsort" langsamer als die anderen, im Abschn. 13 vorgestellten Sortierverfahren. Der Grund liegt in der "Logik" dieses Verfahrens; eine Verbesserung der Steuerungskomponente dieses Algorithmus bedingt nur eine marginale Effizienz-Steigerung.

Aufgabe 13.2 (S. 192)

```
PROGRAM bubblesort (INPUT,OUTPUT);
CONST max = 10;  (* z.B. 10 Elemente *)
VAR   zahl_tab : ARRAY [1..max] OF INTEGER;
      sortindex, laufindex : 1..max;  tausch : INTEGER;
BEGIN (* bubblesort *)
  FOR laufindex := 1 TO max DO   (* Eingabe *)
  BEGIN
    WRITE(laufindex:2,'-tes Element: ');
    READLN(zahl_tab[laufindex])
  END; (* FOR *)
  FOR sortindex := 2 TO max DO    (* Sortiervorgang *)
    FOR laufindex := max DOWNTO sortindex DO
      IF zahl_tab[laufindex-1] > zahl_tab[laufindex]
      THEN BEGIN
        tausch := zahl_tab[laufindex-1];
        zahl_tab[laufindex-1] := zahl_tab[laufindex];
        zahl_tab[laufindex] := tausch
      END; (* THEN *)
  FOR laufindex := 1 TO max DO    (* Ausgabe *)
      WRITE(zahl_tab[laufindex]:4)
END. (* bubblesort *)
```

Nachdem Sie das Programm gestartet haben, werden Sie aufgefordert, 10 Zahlen einzugeben. Nach Eingabe der letzten Zahl werden die Zahlen sortiert und anschließend ausgegeben.

Der angegebene Algorithmus stellt eine rudimentäre Version des "bubblesort"-Verfahrens dar. Eine Verbesserung ist z.B. durch Überprüfung der Sortiertheit der Liste vor dem erneuten Start der inneren Schleife (innerhalb einer while-Schleife) durch eine boolean-Variable möglich.

Aufgabe 13.3 (S. 192)

Nein und noch einmal nein. Wie Sie sicherlich bemerkt haben, handelt es sich bei diesen Fragen um "rhetorische" Fragen; Sie sollen auf die anfänglichen Bemerkungen im Abschn. 1.1 erinnert werden. Zwar wird in Bubblesort wie in Quicksort das Sortieren durch direktes Vertauschen der Elemente erreicht, jedoch handelt es sich nicht um die gleiche Logik. Während in Bubblesort die Vertauschungen immer zwischen benachbarten Elementen durchgeführt werden, können die zu tauschenden Elemente im Quicksort-Verfahren weit auseinander liegen. Die zu sortierende Liste wird in zwei Teillisten zergliedert, deren Elemente kleiner als Kopfelement der Liste oder gleich dem Kopfelement bzw. größer als das Kopfelement sind. Sobald die Liste geteilt ist, wird das Verfahren auf die Teillisten angewandt (Rekursivität!). Dies wird wiederholt, bis die Teillisten leer sind.

Aufgabe 14 (S. 233)

Ausführliche Lösungen finden Sie in den Abschnitten 3, 4 und 5 in /BELL88/. In /BeFJ88/ finden Sie auch weitere Hinweise, z.B. zur Ladungsberatung oder -optimierung.

Aufgabe 15.1 (S. 250)

Symmetrische Relationen

Folgendes PROLOG-Programm ist gegeben:

```
weg(a,b).
weg(X,Y) :- weg(Y,X).
```

Die Regel besagt, daß wenn ein Weg in einer Richtung möglich ist, dieser auch in der Gegenrichtung benutzt werden kann.

Wenn Sie folgende Abfrage an das System stellen:

```
?- weg(X,Y).
```

erhalten Sie als Antworten bei fortwährender Eingabe eines Strichpunktes ";"

```
X = a
Y = b ;

X = b
Y = a ;

X = a
Y = b ;  /* usw.;  Endlos-Schleife */
```

Die hier vorgestellte symmetrische Relation können Sie vermeiden, indem Sie die Gegenrichtung in die Fakten abbilden, z.B.:

```
weg(a,b).
weg(b,a).
```

oder indem Sie (wieder auf unseren konkreten Fall bezogen) bei der Abfrage die Gegenrichtung berücksichtigen:

```
weg(a,b).
pred1 :- pred2, (weg(X,Y);weg(Y,X)), pred3.
```

Transitive Relationen

Betrachten Sie das folgende PROLOG-Programm:

```
weg(a,b).
weg(b,c).
weg(c,d).
weg(X,Y) :- weg(X,Z), weg(Z,Y).
```

Wenn Sie alle Lösungen durch Eingabe von

```
?- weg(X,Y).
```

abfragen, erhalten Sie folgende Antworten:

```
X = a
Y = b ;

X = b
Y = c ;

X = c
Y = d ;

X = a
Y = c ;

X = a
Y = d ;
```

... und an dieser Stelle geraten Sie eine nicht terminierende Schleife. Beachten Sie bitte, daß die Lösung (b,d) nicht generiert wurde!

Wie Sie sich aus einer solchen Falle befreien, konnten Sie in der Lösung zur Aufgabe 6 sehen.

Negationen

Eine explizit negierte Darstellung wie z.B.

> Otto mag alles, was Utta nicht mag und mag alles nicht, was Utta mag.

wird durch eine Abbildung in die Wissensbasis vermieden, wenn die hier dargestellten Fakten ausdrücken, daß z.B. Otto Eis mag, Utta aber lieber Torte:

```
mag(otto,eis).
mag(utta,torte).
```

Das Problem besteht in der Nicht-Darstellbarkeit dessen, was eben nicht beschrieben ist: Es kann zwar verifiziert, aber nicht falsifiziert werden.

ACHTUNG! Hier haben wir "erste-Hilfe"-Lösungen angegeben, die Ihnen zwar weiterhelfen, dem Problem jedoch nicht "auf den Grund" gehen. Das Erstellen grundsätzlicher Lösungen ist Gegenstand der Forschung (s. z.B. /COVI85/).

Aufgabe 15.2 (S. 251)

Es handelt sich hier zwar um eine elegante Implemtierung; diese Lösung führt jedoch zu einer Endlos-Rekursion, da die Terminierung nicht greift. Die Variable "Fak" ist nicht instanziert. Ihr Rechner wird bald mit einer Fehlermeldung "Trail Overflow" oder ähnlichem reagieren.

Aufgabe 15.3 (S. 251)

BASIC zählt zu den imperativen Programmiersprachen. Das prozedurale und block-orientierte Konzept findet bei den meisten BASIC-Implementierungen nur sehr rudimentär statt (Unterprogrammtechnik mit "GOSUB" und "RETURN", Funktionen mit nur einer Anweisung, keine Übergabeparameter usw.). Strukturierte Programmierung ist zwar möglich, das gesamte Sprachkonzept verleitet jedoch geradezu zum unstrukturierten Programmieren.

Beispielsweise ist eine Umsetzung des Fakultät-Algorithmus rekursiv über eine Funktionendefinition nicht möglich, da keine Terminierung eintrifft:

```
DEF FNFAK(n) = n * FNFAK(n-1)
```

Aufgrund der fehlende Blockstruktur kann das Terminierungskriterium nicht definiert werden. Die Lösung ist daher iterativ:

```
10 INPUT n
20 fak = 1
30 FOR lauf = n TO 1 STEP -1
40 fak = fak * lauf
50 NEXT lauf
60 PRINT fak
```

Diesen Überlegungen könnten BASIC-Anhänger entgegenhalten, daß BASIC durch Erweiterungen und Änderungen in die erwünschte "multi-paradigmatische" Bahn gebracht werden könnte. Was eine Geschmacksfrage wäre...